Eliška Hartmann • Eva Hahn

Ella auf historischer Pirsch

Gerolstein im Kaleidoskop der europäischen Geschichte

Impressum

Eliška Hartmann • Eva Hahn

Ella auf historischer Pirsch

Gerolstein im Kaleidoskop der europäischen Geschichte

1. Auflage 2024

Eifelbildverlag

Ein Imprint der Kraterleuchten GmbH,

Gartenstraße 3, 54550 Daun

Verlagsleitung: Sven Nieder

Gestaltung Umschlag: Björn Pollmeyer

Titelabbildung Gerolstein: Björn Pollmeyer, auf Grundlage

einer Landkarte von Gerhard Mercator aus dem 16. Jh. (gemeinfrei)

Gestaltung Innenteil: Kerstin Fiebig

Lektorat und Korrektorat: Tim Becker

Hergestellt in der Europäischen Union, bookpress, PL

ISBN 978-3-98508-048-9 (Print)

ISBN 978-3-98508-051-9 (E-Book)

www.eifelbildverlag.de

Eliška Hartmann • Eva Hahn

Ella auf historischer Pirsch

Gerolstein im Kaleidoskop der europäischen Geschichte

Eifelbildverlag

Inhalt

Einleitung

Gerolstein ist als ein malerisches Eifeler Städtchen bekannt; im 19. Jahrhundert wurde es sogar zu einem der schönsten Punkte der Eifel gekürt. Jede Stadt hat jedoch viele Gesichter, es kommt auf die Perspektive an, aus der wir sie betrachten. Gerolstein könnten wir heute als eine der zentralen Städte im Landkreis Vulkaneifel in Rheinland-Pfalz beschreiben, aber es gehört auch zu den über 300 in Deutschland staatlich anerkannten Luftkurorten. Mit seinen knapp 8 000 Einwohnern gilt es statistisch als eine sogenannte kleinere Kleinstadt (zwischen 5 000 und 10 000 Einwohner) und ist dennoch weit über die Grenzen Deutschlands hinaus bekannt. Das hängt nicht nur mit seinem weltweit exportierten Mineralwasser zusammen. Heute lockt Gerolstein Touristen von nah und fern vor allem zum Wandern an, aber schon im 19. Jahrhundert war es auch unter Wissenschaftlern, Malern, Schriftstellern und sogar auf internationalen Theaterbühnen erstaunlich populär. Die Spuren der Vergangenheit vermitteln uns ein ganz außerordentliches Bild von Gerolstein. Sie bieten einmalig anschauliche Einblicke in uralte Zeiten aus der Erdgeschichte ebenso wie in die »kurze«, jedoch dramatisch ereignisreiche zweitausendjährige Geschichte einer großen Region des europäischen Kontinents.

Die Stadt präsentiert sich gerne mit Hinweisen auf die Felsen »Hustley«, »Munterley«, »Drohende Ley«, »Große Kanzel« und »Auberg«, die »das Stadtbild prägen und das Wahrzeichen Gerolsteins bilden«, wie es auf ihrer Website heißt. Das Gestein dieser als »Gerolsteiner Dolomiten« bekannten Felsen gilt als einmalig außerhalb des alpinen Gebiets.[1] Sie liegen in einem seit 1990 als Naturschutzgebiet ausgewiesenen Landstück mit einer Fläche von ca. 10 Hektar und werden als eine landschaftliche Besonderheit gerne bewandert. Seine Besucher begegnen allerorts erklärenden Hinweisen auf die geologische Entstehungsgeschichte dieser Felsen.

Abb. 1: Die Vulkaneifel liegt in Deutschland

Gerolstein liegt im linksrheinischen Teil Deutschlands in einem Mittelgebirge: in der Eifel, mit ihrem höchsten Gipfel, der Hohen Acht bei Adenau (746,9 m). *Es gehört zu den zentralen Städten des Landkreises Vulkaneifel, der mit seinen knapp 62 000 Einwohnern und seinem Verwaltungssitz Daun zu den kleinsten Landkreisen Deutschlands zählt. Zur Orientierung der historisch interessierten Leser dieses Buches könnte man Gerolstein und seine Umgebung auch als das Herz eines an die deutsch-belgische und deutsch-luxemburgische Grenze angelehnten Vierecks zwischen vier Großstädten mit langer Geschichte bezeichnen: Trier, Aachen, Köln und Koblenz.*

Zwischen Bad Bertrich nahe der Mosel und Ormont an der belgischen Grenze erstreckt sich nämlich der »Geopark Vulkaneifel«, der im Jahre 2015 zu einem »UNESCO Global Geopark« gekürt wurde. So erfahren die Besucher, dass in der Gegend von Daun, Hillesheim und Gerolstein vor etwa 700 000 Jahren eine etwa 50 km lange, von Nordwesten nach Südosten verlaufende Kette von etwa 100 vulkanischen Schlackenkegeln und Kratern entstanden sei, in der es bis vor etwa 11 000 Jahren zu etwa 350 nachgewiesenen Eruptionen gekommen war. Aber nicht nur das! Besucher werden auch darüber informiert, dass sich hier die Erde immer noch bewegt. Das nach oben drückende Magma soll in dieser Region bis heute den Boden jedes Jahr um ca. einen Millimeter anheben, mit bis nach Luxemburg, Belgien und in die Niederlande spürbaren Folgen. Darüber hinaus ermöglichen die bis heute erhaltenen Krater und Maare den Wissenschaftlern sogar, klimatische und ökologische Entwicklungen in einem außerordentlich langen Zeitraum zu untersuchen, sodass die Vulkaneifel auch als ein wichtiges Klima- und Landschaftsarchiv Mitteleuropas gilt.

Die Geologie bietet Einblicke in die Erdgeschichte, die die hiesigen Landschaften formte. Die historische Pirsch in diesem Buch gilt primär den Spuren von Lebewesen, die diese Gegend bewohnten. Sie führt uns in uralte Zeiten zurück, zu Begegnungen mit beispielsweise den Trilobiten als den berühmtesten Repräsentanten eines sehr alten und langen Kapitels in der Geschichte des Lebens auf der Erde, aber auch zu Begegnungen mit den Neandertalern und frühen *Homo sapiens*, die an der Wiege der »kurzen« Geschichte der Menschen in Europa standen. Wenn wir die im mittleren Europa erst vor etwa 7 500 Jahren beginnende Sesshaftigkeit der Menschen als den Beginn unserer eigentlichen Geschichte begreifen, entdecken wir in Gerolstein und dessen Umgebung eine erstaunliche Dichte bemerkenswerter Spuren aus ungewöhnlich vielen Epochen der europäischen Geschichte. Dabei lernen wir unterschiedliche Kulturen, Völker und Staaten kennen, die hier vor den heutigen Gerolsteinern lebten und die Geschichte dieser Gegend prägten, bevor die Stadt vor nicht einmal 700 Jahren entstanden ist.

So ist ein Buch über die Geschichte Gerolsteins und zugleich über einen mosaikartigen Ausschnitt aus der Welt- und europäischen Geschichte entstanden. Die Gerolsteiner sind nämlich nicht die alleinigen Schöpfer ihrer Geschichte; ihre Geschichte ist eng verbunden mit dem Geschehen in der näheren Umgebung ebenso wie in manchmal sehr weit entfernten Regionen. Wenn wir die Geschichte Gerolsteins verstehen wollen, müssen wir weit über die Eifel hinausschauen. Dieses Buch bietet keine Lokalgeschichte Gerolsteins, sondern Einblicke in die Geschichte jener mehr oder weniger entfernten Städte und Regionen, Entwicklungen und Ereignissen aus der europäischen Geschichte, die die Schicksale der Gerolsteiner wesentlich mitbestimmt haben.

Es ist lose chronologisch aufgebaut und erzählt die Vergangenheit in Form eines Dialogs zwischen zwei literarisch erschaffenen Figuren »Ella« und »Oma«. Die Leser können ein plauderndes Mädchen und dessen belesene Oma auf ihrer historischen Pirsch in Gerolstein begleiten. Diese Darstellungsform haben die Autorinnen gewählt, um ihren Lesern nicht Datensammlungen vorzulegen und belehrend zu predigen. Vielmehr bieten sie sowohl Informationen als auch naheliegende Fragen und Überlegungen. Wenn sich »Ella« und »Oma« über alte Steine in Gerolstein unterhalten, erhalten die Leser Einblicke in die prähistorischen sowie historischen Zeiten Europas, gewürzt von »Ellas« und »Omas« Plaudereien über die Erfahrungen der Menschheit. Somit ist ein heiteres Buch zur Geschichte Gerolsteins ebenso, wie zur Geschichte des europäischen Kontinents entstanden.

Die beiden literarisch erschaffenen Figuren »Ella« und »Oma« wurden den beiden Verfasserinnen des Buches nachempfunden. Eliška Hartmann lebt in Haslemere südlich von London und verbringt ihre Schulferien regelmäßig in Gerolstein sowie in Prag, wo ihre Großmutter, die Historikerin Eva Hahn, einst geboren wurde und aufgewachsen war, bevor sie 1968 nach der Invasion der sowjetischen, polnischen, ungarischen und bulgarischen Truppen in die Tschechoslowakei in die Bundesrepublik flüchtete. Beide betrachten Gerolstein als ein zwischen London und Prag gelegenes Städtchen,

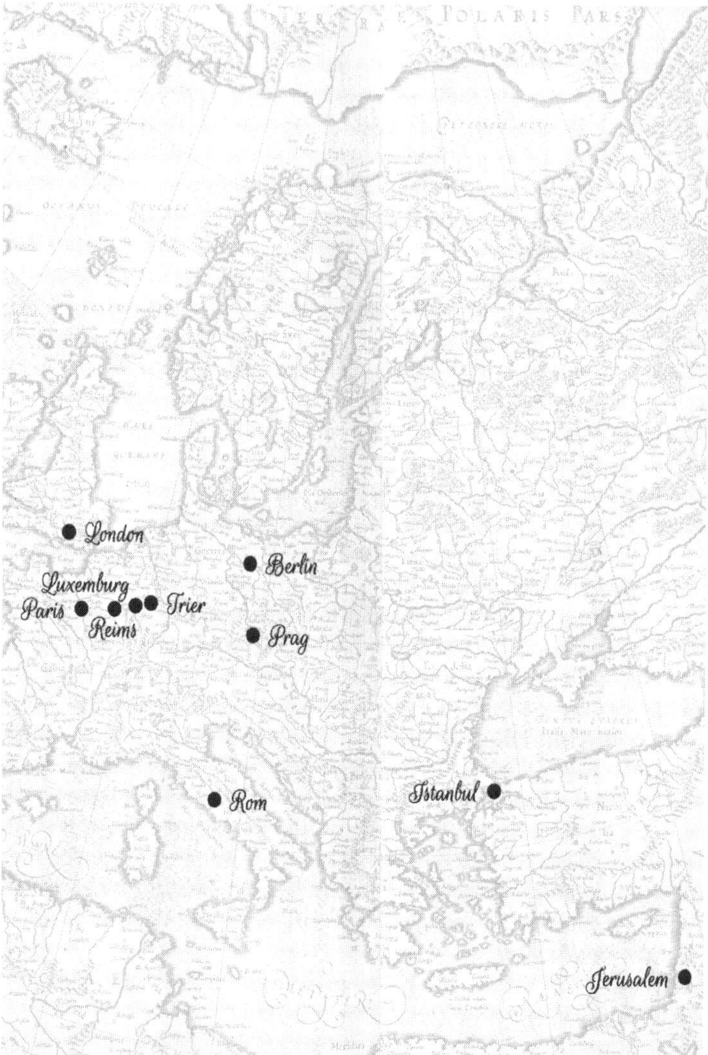

Abb. 2: Gerolstein in der europäischen Geschichte

Auf der historischen Pirsch in Gerolstein und seiner Umgebung entdecken wir Verbindungen zu zahlreichen mehr oder weniger entfernten Gegenden Europas. Sie lassen sich durch Städtenamen wie Rom, Trier oder Konstantinopel (heute Istanbul) veranschaulichen, aber auch Reims, Luxemburg, Paris sowie London und Prag und seit dem 19. Jahrhundert Berlin oder Jerusalem.

wobei sie zu ihrer eigenen Überraschung immer wieder auf bisher kaum bekannte historische Verbindungen des rund 600 km von London und 700 km von Prag entfernten Gerolsteins zu England sowie zu Tschechien gestoßen sind. Damit wird hier das malerische Eifelstädtchen Gerolstein von einem wahrlich einmaligen Licht beleuchtet.

Dieses amüsante Buch kann wie ein Begleitbuch auf der einen oder anderen historischen Pirsch in und um Gerolstein gelesen werden. Es kann aber auch als ein chronologischer Einblick in die Geschichte eines großen Teils des europäischen Kontinents, mit Veranschaulichungen anhand ihrer Spuren in und um Gerolstein dienen, ob man dieses bemerkenswerte Städtchen schon kennt oder noch nicht. Einigen lokalgeschichtlichen Besonderheiten begegnet man näher in den mitunter eingeflochtenen »Abstechern«.

***

Die Kenner der historischen Literatur zur Geschichte Gerolsteins sollten nicht hoffen, in diesem Buch alles zu finden, was sie schon mal gelesen haben. Manche traditionellen Themen werden hier nicht explizit behandelt, wie etwa die (kurze) Geschichte der Eifler Reformation, die Geschichte der in Gerolstein allgegenwärtigen Kreuze oder die Erinnerungen an die in dieser Gegend intensiv erlebten Deutsch-Französischen Kriege. Die Natur-, Agrar-, Bevölkerungs-, Wirtschafts- und Sozialgeschichte werden immer wieder nur kurz gestreift. Die Geschichte der Stadtverwaltung, der politischen Parteien oder das Zeitalter des Nationalsozialismus, die Frauen-, Religions- oder die Industrialisierungsgeschichte wurden hier nicht speziell thematisiert. Die Multikulturalität wird nicht im Zusammenhang mit den modernen Migrationen berücksichtigt, aber im historischen Sinne des Wortes als ein Aspekt langzeitlicher Formen des Kulturwandels spielt sie eine große Rolle. Auf die einschlägige und weiterführende Literatur wird in Anmerkungen sowie im »Verzeichnis der empfohlenen und abgekürzt zitierten Literatur« hingewiesen. Zur Grundorientierung für flüchtige Leser sind an dieser Stelle nur das im Jahre 2023 erschienene Buch *Um Munterley und Löwenburg* von Elisabeth Rieder, zwei wertvolle von der Stadt Gerolstein herausgegebene historische Sammelbände mit dem Titel »Gerolstein« aus den Jahren 1986 und 2003 sowie die Werke hiesiger Regionalhistoriker einschließlich der »Klassiker« unter ihnen, Batti Dohm (1897–1977), P. Josef Böffgen (1914–1981) und Karl-Heinz Böffgen (1939–2015) zu empfehlen.

Zur Illustration dieses Buch wurden Abbildungen aus unterschiedlichen Zeiten ausgewählt, um sie als eine Form historischer »Dokumente« einzusetzen. Somit finden sich hier neben Zitaten aus älteren Texten auch Reproduktionen alter Karten und Kunstwerke, Postkarten oder künstlerische Rekonstruktionen der Vergangenheit. Sie bieten Einblicke in unterschiedliche Zeiten ebenso wie in das kollektive Erinnern über Jahrhunderte hin.

Zur Entstehung des Buches haben nicht nur gelehrte Bücher und heimatkundliche Zeitschriften, sondern auch zahlreiche wohlwollende Personen beigetragen, denen wir zu großem Dank verpflichtet sind. In der ersten Reihe sei der Historiker sowie Ehemann und Opa Hans Henning Hahn erwähnt; er hat uns mit seinen historischen Kenntnissen ebenso wie seinen Kindheits- und Jugenderinnerungen an Gerolstein zu unserer historischen Pirsch inspiriert und auf unseren Wanderungen unermüdlich begleitet. Anne-Claire Assion stand uns mit ihrer außerordentlichen Freundlichkeit zur Seite, um uns mit den wichtigsten Sehenswürdigkeiten Gerolsteins sowie der einschlägigen Grundliteratur bekannt zu machen. Der Leiter des Naturkundemuseums, Dipl. - Geol. Jens Koppka, half uns mit seiner geduldigen Klärung oft naiver und inkompetenter Fragen zur Geologie, Erdgeschichtliche, Paläontologie, Archäologie und Frühgeschichte. Elisabeth und Gerd Rieder sind wir für ihre Einführung in die Welt der historisch kundigen Gerolsteiner Öffentlichkeit sowie insbesondere Elisabeth für ihre allseitige, außerordentlich kenntnisreiche Hilfeleistungen verpflichtet. Eva Hamer, der Tochter und Enkelin der beiden großen Gerolsteiner Batti und Stefan Dohm, sind wir für ihre Freundschaft ebenso wie ihre persönlichen Erinnerungen dankbar. Unsere beiden langjährigen Freunde, der Münchner Historiker PD Dr. phil. Tobias Weger sowie der Oldenburger historisch interessierte Graphiker Nils Mönkemeier, begleiteten uns wie schon oft auch während der Entstehung dieses Buches mit viel Inspiration sowie tatkräftiger Unterstützung. Last but not least möchten wir Frank Kerner und Hans-Josef Hunz danken. Sie luden uns am Ende unserer historischen Pirsch in das gerade eröffnete Gerolsteiner Stadtarchiv, führten uns in dessen Geheimnisse ein und halfen uns wie sie konnten. Besonders beeindruckt hat uns allerdings ihr ehrenamtliches Engagement, denn das einmalige historische Erbe Gerolsteins verdient eine derartige intensive Pflege zweifellos. Ohne die freundliche Unterstützung des Eifelbildverlags und namentlich dessen wunderbaren Chefs Sven Nieder hätte dieses Buch nicht das Licht der Welt erblickt, und dafür sind wir ihnen natürlich zu ganz besonderem Dank verpflichtet.

Gerolstein, den 9. Februar 2024

Eliška Hartmann & Eva Hahn

In und um das Trilobitarium

Ella: Nach vielen Besuchen und hier verbrachten Ferien kenne ich Gerolstein eigentlich ganz gut. Wo sollte ich aber mit meiner historischen Pirsch beginnen, wenn ich all jene Geschichten kennenlernen möchte, die die Spuren der Vergangenheit hier heute erzählen können?

Oma: Vielleicht bei den aller ersten Lebewesen, deren Spuren wir hier heute noch finden können, oder?

Ella: Gerne, aber wer waren sie und wann haben sie hier gelebt? Vielleicht waren es irgendwelche Bakterien, die hier lebten, als die Erde entstanden ist?

Oma: Keineswegs. Zu Beginn der Erdgeschichte lebte hier sicherlich niemand. Die Erde soll nach neuesten Forschungen vor rund 4,5 Milliarden Jahren entstanden sein, während die Spuren der allerersten Gerolsteiner Lebewesen rund 395 Millionen Jahre alt sein sollen. Das ist ein sehr großer Unterschied, nicht wahr?

Ella: In der Tat, da war ja die Erde schon sehr, sehr alt ... Und wo finde ich die Spuren der ältesten Lebewesen in Gerolstein?

Oma: Ich würde mit dem Trilobitarium beginnen.

Ella: Was ist das denn? Vielleicht irgendetwas in den Felsen?

Oma: Nein, das Trilobitarium findest Du in unserem Naturkundemuseum, einer besonderen Gerolsteiner Institution mit einer recht langen Tradition. Ein Teilbereich seiner Fossilienabteilung heißt

»Trilobitarium«, da die Trilobiten jene ersten »Gerolsteiner« waren, deren Spuren wir heute kennen und die sogar weltberühmt sind. Es waren kleine, recht niedliche Meerestierchen.

Ella: Wieso können hier Meerestiere gelebt haben, wo hier doch weit und breit kein Meer zu finden ist?

Oma: Als die Trilobiten hier lebten, sah die Gegend völlig anders aus als heute. Und warum? Als die Erde vor rund 4,5 Milliarden Jahren entstanden war, war sie glühend und musste sich erst einmal abkühlen, bevor Leben entstehen konnte. Jene Lebewesen, deren Spuren wir heute kennen, sollen erst infolge eines explosionsartigen Auftauchens von Tieren mit grundlegenden bis heute bekannten Körperbauplänen vor rund 541 Millionen Jahren auf der Erde entstanden sein, d. h. infolge der sogenannten kambrischen Artenexplosion. Danach dauerte es noch lange, bevor sich die heutige Landschaft entwickelte. So kam es, dass sich vor etwa 390 Millionen Jahren hier in einem großen Meer unsere Trilobiten tummelten.

Ella: Da muss ich ein wenig innehalten, um mir vorstellen zu können, dass hier ein Meer war ...

Oma: Die heutigen Ozeane und Kontinente sind nicht irgendwann mal plötzlich vom Himmel gefallen. Sie haben sich sehr langsam im Laufe von Millionen von Jahren durch Bewegungen, Spaltungen und Zusammenstöße sogenannter Kontinentalplatten in der äußeren Erdhülle entwickelt.

Ella: Wie, heißt es etwa, dass der Boden unter unseren Füßen kein fester Boden ist ...

Oma: Richtig. Die Erdoberfläche hat sich im Laufe der Zeit gewaltig verändert, und sie bewegt sich bis heute, freilich so langsam, dass wir es nicht bemerken. So kam es, dass im sogenannten Devonzeitalter (vor zwischen etwa 419,2 Millionen und 358,9 Millionen Jahren) das

Gebiet des heutigen Deutschlands in der Nähe des Äquators, ja sogar auf der Südhalbkugel lag und zum großen Teil von Meer bedeckt war. Darin lagerten sich Ton, Sand, Schlick und Schlamm ab, und in flacheren Küstengewässern, am Rande des Küstenschelfs zu Tiefsee, bauten Korallen mächtige Riffe auf. Im Laufe von Millionen von Jahren ist vieles zu Steinen und Felsen geworden und vor etwa 200 Jahren wurden hier Überreste von allerlei Meerestieren entdeckt. Trilobiten gehören zu den bekanntesten von ihnen und werden seitdem weltweit gesammelt, beschrieben, benannt, verglichen und kategorisiert. Heute kennt man davon etwa 5 000 Gattungen und 15 000 Arten. Eine Reihe wichtiger Gattungen sind sogar anhand von Trilobiten aus Gerolstein aufgestellt worden, z.B. *Harpes, Phacops, Asteropyge, Ceratarges, Geesops, Cyphaspis, Cornuproetus*, und etliche von ihnen kannst Du im Gerolsteiner Trilobitarium kennenlernen.

Ella: Und wie ist das Meer verschwunden?

Oma: Im Laufe von vielen, vielen Millionen von Jahren bewegten sich die erwähnten Kontinentalplatten, spalteten sich oder stießen zusammen, bis unsere Kontinente ihre heutige Form gewannen. Weißt Du etwa, wann Großbritannien zur Insel geworden ist?

Ella: Das habe ich mir noch nie überlegt ...

Oma: Es geschah in mehreren Etappen über lange Zeiträume hin, aber es ist gar nicht so lange her, als noch vor etwa 10 000 Jahren die Britischen Inseln und das europäische Festland eine zusammenhängende Landmasse bildeten. Da, wo wir heute den Ärmelkanal kennen, entdeckte man erst unlängst Spuren eines großen Stroms, der entlang des heutigen Ärmelkanals floss und dessen Nebenflüsse der Rhein, die Seine und die Themse waren. Erst als am Ende der letzten Eiszeit das Wasser langsam zu steigen begann, kam es zum Durchbruch zwischen der Nordsee und dem Atlantik und somit zur Trennung Großbritanniens vom europäischen Kontinent.

Das »Wachstum« unserer Gerolsteiner Felsen spielte sich dagegen viel früher ab und dauerte viel länger. Einer unserer bekanntesten Trilobitenkenner, der Gerolsteiner Geologe und Schriftsteller Batti Dohm (1897–1977), hat es mal so erzählt: »Die Ablagerungen des Meeres, Sand, Schlamm, Geröll und Schotter, Kalk und Ton, kurz alles, was im Wasser gelöst oder verfrachtet wird, sind zu Stein erhärtet. So, wie sie abgelagert wurden unter dem Spiegel der See, liegen sie heute als trockenes Land in Schichten übereinander – wie Kuchen auf der Platte.«[2] Daher kommt es also, dass das Bild Gerolsteins von spektakulären Felsen, von den einstigen Riffs wie der Munterley, Hustley und Auberg, dominiert wird, die sich heute bis zu 100 m über die Stadt erheben.[3]

Ella: OK, jetzt kann ich mir also das einstige Meer in und um Gerolstein vorstellen, aber wer waren die Trilobiten? Vielleicht eine Art von Urtieren wie Dinosaurier?

Oma: Ja und nein. Der englische Paläontologe Richard Fortey hat darauf hingewiesen, dass die Trilobiten, »die all den Reiz der Dinosaurier besitzen«, paradoxerweise viel weniger bekannt seien, obwohl sie unsere Erde doppelt so lange »bevölkerten«. Er skizzierte ihre Zeit auf der Erde so: »Die Trilobiten haben gesehen, wie sich Kontinente bewegt haben, wie sich Gebirgsketten gehoben haben und bis auf ihre Granitkerne wieder erodiert sind, sie haben sowohl die Eiszeiten als auch gewaltige Vulkanausbrüche überlebt.«[4]

Ella: Also erzähl mir nun, wer sie genau waren, und dann besuche ich sie im Trilobitarium, um die ältesten »Gerolsteiner« persönlich kennenzulernen.

***

Oma: Zunächst stelle ich Dir einmal einen unserer berühmtesten Trilobiten vor, den ich einfach »unser Geesops« nennen möchte. Genau genommen findest Du ihn häufig unter zwei

Namensformen: *Geesops schlotheimi* (BRONN 1825) oder *Phacops (Geesops) schlotheimi* (BRONN 1825)«.

Ella: Das klingt etwas rätselhaft, wie wenn er ein Fürst der Trilobiten gewesen wäre. Bei den Adligen weiß man auch nie so genau, wie sie eigentlich hießen ...

Oma: Das war er nicht, aber als vor etwa zwei Jahrhunderten die ersten Trilobiten entdeckt und mit großer Begeisterung gesammelt wurden, wurden sie recht pragmatisch benannt, um sie nach ihrem Aussehen in Gruppen sortieren zu können. So wurde zunächst einmal »unser Geesops« noch zu *Phacops* zugerodnet, als würde er zu der Gattung *Phacops* gehören. Heute gilt jedoch *Geesops* als eine eigenständige Gattung, benannt nach den Trilobitenfeldern in unmittelbarer Nähe zum Ort Gees, wo sie recht häufig vorkommen. Die Bezeichnung »*schlotheimi*« ist die Typusart von *Geesops*, die zu Ehren eines herausragenden Naturwissenschaftlers, Ernst Friedrich von Schlotheim (1764–1832), gewählt wurde. In der Klammer erfahren wir, dass sein »Entdecker« der Heidelberger Professor für Naturgeschichte Heinrich Georg Bronn (1800–1862) war, der ihn im Jahre 1825 zum ersten Mal beschrieben hat. So entpuppt sich der edel klingende Name als recht informationsreich.

Obwohl die Trilobiten in der breiten Öffentlichkeit weniger beliebt sind als die Dinosaurier, gehören sie doch zu den bekanntesten unserer uralten Vorfahren. Sie werden in vielen Museen der Welt ausgestellt, sie werden gekauft und verkauft, und viele Wissenschaftler sowie Hobby-Liebhaber beschäftigen sich mit ihnen oft lebenslang. Die Gerolsteiner Trilobiten gehören zu den ersten, die gefunden, untersucht und gesammelt wurden, aber inzwischen fanden sich viele Trilobiten weltweit und faszinieren nach wie vor viele Menschen.

Ella: Na da bin ich gespannt, ob ich mich im Trilobitarium in den *Geesops schlotheimi* auch verlieben werde ...

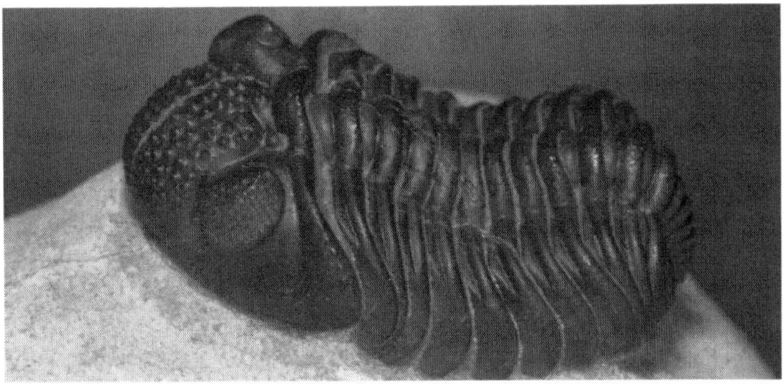

Abb. 3: Der berühmte Gerolsteiner
Geesops schlotheimi (BRONN 1825)

Dieser vom Leiter des Naturkundemuseums Gerolstein Jens Koppka präparierte und von Edmud Rieker photographierte Trilobit steht als erster »Gerolsteiner« im Fokus von Ellas historischer Pirsch; er lebte in dem als Mittel-Devon bezeichneten Zeitalter der Erdgeschichte, also vor etwa 390 Millionen Jahren.

Oma: Dieser *Geesops* wurde erst unlängst von unserem Museumsleiter Jens Koppka präpariert. Er ist rund 5 cm lang. Die Größe der Trilobiten hängt von der jeweiligen Art sowie vom Fundort ab; der größte von ihnen soll etwa 70 cm lang sein. Unser *Geesops* fällt allerdings wegen seiner bemerkenswerten Augen auf. Sind sie nicht bestechend und rührend, zumal er auf den ersten Blick einen recht einfach gebauten Körper hat? Da er etwas tollpatschig wirkt, treten seine Augen umso schöner hervor. Nur sehen wir ihn hier nicht in seiner ganzen Pracht, da wir die Trilobiten nur als versteinerte Fossilien kennen.

Ella: Was genau heißen die Ausdrücke »präpariert« und »Fossilie«?

Oma: Als Fossilien bezeichnen wir erhaltene Überreste von Lebewesen sowie deren Spuren im Gestein, die älter als 10 000 Jahre alt sind. Die meisten verstorbenen Lebewesen verwesen, und somit verschwinden sie von der Erde. Aber manchmal verwesen nur Teile von ihnen, während andere Teile, normalerweise die härteren, austrocknen und sich unter bestimmten Bedingungen sehr lange erhalten können. Das passiert beispielsweise, wenn ein Organismus sofort nach seinem Tod in Sand, Ton, Kalkschlamm oder Eis eingebettet wird und sich darin luftdicht verpackt erhält, bis er zum Bestandteil ganzer Erdschichten oder Felsen wird. Manchmal können Fossilien zu Stein werden, manchmal kann sich aber auch nur der harte Teil eines Tieres abgedruckt haben. Und wenn solche Stellen gefunden werden, hältst Du zwar auf den ersten Blick nur einen Stein in der Hand, aber diesmal eben einen besonderen Stein, in dem ein vor Millionen Jahren verstorbenes Lebewesen eingeschlossen wurde. Dann musst Du das einstige Lebewesen aus dem Stein wie aus einem Gefängnis befreien – das nennt man präparieren.

Daher sehen wir meist nur jene Teile der Trilobiten, die erhaltungsfähig waren, also ihre harten Panzer oder ihre Abdrücke; die Kalzitschalen können sich auch auflösen und hinterlassen dann einen Abdruck, z. B. oft in Sandsteinen. Trilobiten besaßen natürlich auch Weichteile wie Beine, Fühler und Ähnliches, die nur unter seltenen Ausnahmebedingen erhalten sind, z.B. im Hunsrückschiefer von Bundenbach. Aber auch so erfahren wir viel über sie, vor allem dank der Tatsache, dass Trilobiten seit rund zwei Jahrhunderten von vielen Menschen weltweit gesammelt und erforscht werden.

Ella: Also mir kommt Dein *Geesops* wie ein Käfer vor, nur mit ungewöhnlich großen Augen ...

Oma: Deine Assoziation mit Käfern ist gut, hat nur einen Haken: Käfer gehören zu den Insekten, und Trilobiten zu den ausgestorbenen Urahnen des Stammes der Gliederfüßer (Arthropoda). Zu denen gehören Insekten auch, aber auch die bekanntlich wasserliebenden Krebse, mit denen Trilobiten viele Ähnlichkeiten hatten und von denen sie sich zugleich beträchtlich unterschieden.

Der von unserem *Geesops* erhaltene Panzer besteht aus einem als Cephalon bezeichneten Kopf, einem fein gegliederten großen mittleren Oberkörper, genannt Thorax, und dem als Pygidium bezeichneten kleinen Schwanzschild. Das Raffinierteste dabei ist die Gliederung des Thorax: Neben der quer verlaufenden feinen Segmentierung kannst Du auch eine länglich verlaufende dreiteilige Struktur erkennen. Sie besteht aus einem mittleren Teil (genannt der »axiale Lobus«) und zwei ihn seitlich flankierenden sogenannten »pleuralen Lobi« – und jetzt erkennst Du, woher die Bezeichnung »Trilobiten« kommt: von den griechischen Wörtern »tria« und »lobós«, also »drei Lappen«. Deswegen werden sie im Deutschen gelegentlich auch als »Dreilapper« bezeichnet.

Ella: All das klingt ein wenig fremdartig, aber wenn ich darüber nachdenke, stecken hinter den Spezialwörtern recht verständliche Informationen, die ich mir wohl merken kann. Und was ist an einem solchen Körperbau der Trilobiten Besonderes?

Oma: Wie bei vielerlei Meerestierarten bestanden *Geesops*-Panzer aus »mineralischen Kalzit – genauso wie die Panzer von Krabben und die Muschelschalen«, um sie zu schützen.[5] Dank der eigenartig feinen Gliederung des Panzers war unser *Geesops* jedoch außerordentlich beweglich. Die einzelnen feinen Segmente seines Panzers waren miteinander mit kleinen Gelenken so verbunden, dass er sich bewegen, biegen, beugen und bei Gefahr sogar zusammenrollen konnte. Auch seine großen Augen waren nicht minder raffiniert. Manche Trilobiten hatten so große Augen, dass sie ihnen einen Rundumblick von 360 Grad ermöglichten. Manche waren dagegen sogar blind, da sie nach ihrer Nahrung am tiefen dunklen Meeresboden suchten, wo sie ohnehin nichts hätten sehen können. Andere entwickelten Stielaugen, um aus Schlamm- und Algenschichten hinauslugen zu können. *Geesops* Augen waren sogenannte Facettenaugen, wie man sie häufig bei Gliederfüßlern findet. Ein derartiges Auge setzt sich aus vielen kleinen Linsen zusammen, so dass man sich ein Bild der Umgebung aus verschiedenen einzelnen Bildpunkten zusammensetzen konnte. Bei unseren *Geesops* kannst Du seine »Vieläugigkeit« besonders gut erkennen und so auf die Spur des besonderen Reizes seiner Augen kommen.

Ella: Und wie hat er sich ernährt? Irgendwie mussten die Trilobiten doch auch wachsen, oder?

Oma: Das ist eine schwierige Frage. Da sich bis auf wenige Ausnahmen nur die versteinerten Überreste der Trilobiten erhalten haben, wissen wir über die weichen und daher verwesten Teile ihrer Körper wenig. Es scheint, dass ein Teil ihres Panzers an der Unterseite ihrer Köpfe eine Art Mundapparat bildete und sie ihre Nahrung damit aufsaugten. Genau wissen wir es nicht, aber manche Trilobiten-Arten, die sich vermutlich schwimmend oder auf dem Sediment kriechend fortbewegten, sollen ihre Nahrung sowohl aus dem Plankton als auch als Sedimentfiltrierer, Aasfresser oder auch Beutejäger gesucht haben.

Bei einer Reihe von Trilobiten, wo sich die Beine erhalten haben, findet man an den Beinen Dornen, die ein Festhalten und sogar eine Vorzerkleinerung von Beutetieren wie Würmern ermöglicht haben. Die Beine sahen fast wie eine Säge aus, haben also raspelnde Eigenschaften. Außerdem sind die Beine zweigeteilt, wobei das innen liegende Fußglied gerne flächenartige Strukturen zeigt, die als Kiemen interpretiert wurden. Diese Fächer halfen aber sicher auch beim Schwimmen. Die äußeren Fußteile waren dagegen die Laufbeine, da sind dann aber auch die »Waffen dran«. Wir wissen auch, dass die Trilobiten sich häuten mussten. Dabei wurde der Trilobit weichhäutig und konnte so wachsen, man nennt es »Butterkrebsstadium«. In dieser Zeit war der Panzer weich und das Tier schutzlos. Erst nachdem das Wachstum beendet war, härtete der neue Panzer langsam aus, und zwar durch Einfuhr von Mineralien, die vor der Häutung schon aus dem alten Panzer rausgezogen wurden.

Ella: Und wie haben sich die Trilobiten vermehrt?

Oma: Darüber wurde lange spekuliert, bis erst vor Kurzem die Eier eines Trilobiten gefunden wurden, obwohl sie zu den normalerweise nicht erhaltenen Weichteilen der Körper gehören. In den USA wurde ein Fossil mit vielen neuen Details entdeckt, weil sein gesamtes Skelett durch das schwefelhaltige Mineral Pyrit ersetzt wurde. Dabei sind auch unter dem Kopfschild mutmaßliche Eier des Tieres sichtbar gewesen. Nach Ansicht der Wissenschaftler kann man daraus schließen, dass die Trilobiten ihre unbefruchteten Eier durch eine Öffnung am Kopf ausstießen, so dass sie im Wasser mit den männlichen Keimzellen zusammentrafen – so etwa wie bei den heutigen Pfeilschwanzkrebsen. Kleine *Geesops* würden danach ohne Panzerung aus den Eiern geschlüpft sein, und die allmähliche Entwicklung ihres komplizierten Körperbaus sowie ihrer Panzerung machte sicherlich viele Häutungen erforderlich. Auf jeden Fall haben sich die Trilobiten so gut ernährt und vermehrt, dass sie heute als diejenige Tierart gelten, die am längsten auf der Erde je gelebt hat: nämlich rund 300 Millionen Jahre, vor zwischen ca. 541 und ca. 251 Millionen Jahren. Deshalb gelten sie als die erfolgreichsten Lebenswesen aller Zeiten.

Ella: Hast Du nicht gesagt, dass die Gerolsteiner Trilobiten vor rund 390 Millionen Jahren lebten?

Oma: Ja, genau genommen sollen die »fossilen Schätze aus uralten, heute längst zu Stein gewordenen Meeresablagerungen« in unserem Museum »aus einer Zeit vor etwa 390 bis 383 Millionen Jahren, dem Mittleren Devon« stammen[6] und Gerolstein wegen seiner Trilobiten aus dem Devonzeitalter berühmt ist.

***

Ella: Also gehört der *Geesops schlotheimi* zu unseren Vorfahren aus einer wirklich sehr entfernten Zeit, bevor die Erde der uns bekannten Welt ähnelte. Das macht ihn ja noch interessanter. Habt ihr eigentlich in eurem Museum Überbleibsel noch anderer Lebewesen aus jener Zeit?

Oma: Ja, die Trilobiten waren keineswegs die einzigen Lebewesen im subtropischen Flachmeer um Gerolstein. Hier müssen sich allerlei Tiere getummelt haben, und so findest Du in unserem Museum auch etwa Korallen oder Stromatoporen (eine ausgestorbene Gruppe einstiger Meerestiere, die heute den Schwämmen zugeordnet werden), aber auch die berühmten Gerolsteiner Seelilien (Crinoiden), die keine Pflanzen, sondern Tiere waren, am Meeresboden oder Korallenriffen lebten und zu den Stachelhäutern wie etwa auch Seeigel oder Seesterne gehören. Aber ich wette, dass Du auch unsere Pantoffelkoralle *Calceola sandalina* nicht versäumen möchtest oder mit Sicherheit auch nach der Koralle *Pleurodictium problematicum* schon allein wegen ihres Namens suchen wirst ...

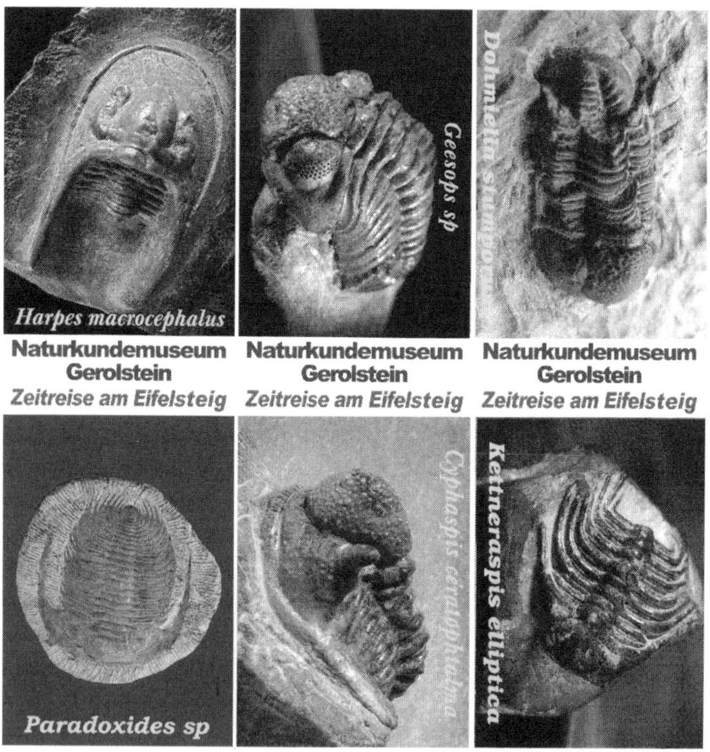

Abb. 4: Trilobiten gehören zum Stolz der Gerolsteiner

Eine Collage einmalig schöner Eintrittskarten des Naturkundemuseums veranschaulicht die Vielfalt der Trilobiten, die man dort kennenlernen kann.

Abb. 5:
Eine fossile Seelilie Cupressocrinite elongatus (GOLDFUSS 1839)
Auch die Seelilien gehören zu den berühmten »Gerolsteinern« aus dem Zeitalter der Meerestiere im Gerolsteiner Naturkundemuseum.

Abb. 6: Die einmalige Stromatopore wartet immer noch ...
Diese Gerolsteiner Riesen-Stromatopore gehört zu den ausgestorbenen koloniebildenden Meerestieren, die heute meist den Schwämmen zugeordnet werden. Leider wurde sie bisher wissenschaftlich noch nicht bearbeitet, auch wenn sie zu Zeit weltweit als einmaliger Fund gilt.

Abb. 7: Das Devonmeer

Wolfgang Sippel aus Ennepetal wurde im Jahre 2012 mit dem Friedrich-von-Alberti-Preis »für seine jahrzehntelange ehrenamtliche Grabungstätigkeit in Sedimenten des Devons und Karbons in Nordrhein-Westfalen« ausgezeichnet. Er liebt seine Fossilien so sehr, dass er auch als ihr Photograph, Zeichner und Maler bekannt geworden ist. Dem Naturkundemuseum in Gerolstein schenkte er im Jahre 2022 sein Gemälde »Das Devonmeer«, das er anhand seiner eigenen Ausgrabungen am Neubaugebiet beim Auberg in Gerolstein schuf; gemalt hat er nach eigenen Worten nur das, was er auch tatsächlich gefunden habe.

***

Ella: Und warum heißt das Museum eigentlich Naturkundemuseum – gibt es dort sonst etwas zu sehen?

Oma: Klar, vieles zur Geologie und Natur unserer Gegend, aber auch etwa der *Eifelosaurus triadicus*.

Ella: Wie bitte? Soll das ein Dinosaurier sein, der nach der Eifel benannt wurde?

Oma: Ja und nein. Der *Eifelosaurus*, mit dem sich unser Museum schmückt, gilt heute als ein entfernter Verwandter der Dinosaurier, aber auch als der älteste Vierbeiner der Eifel. Nach den neuesten Untersuchungen war er ein Mitglied der nahezu weltweit nachgewiesenen Rhynchosaurier. Er soll vor ca. 247 Millionen Jahren gelebt haben, als unsere Gegend viel näher am Äquator lag als heute und hier ein wüstenähnliches Klima herrschte. Der *Eifelosaurus* soll ein zwischen 60 und 80 cm langer Pflanzenfresser mit einer schuppigen Haut gewesen sein, der sich so ähnlich wie Eidechsen bewegte: auf seitlich vom Rumpf abstehenden Beinen im sogenannten Reptilienkreuzgang, indem rechtes Vorderbein und linkes Hinterbein bzw. linkes Vorderbein und rechtes Hinterbein gleichzeitig vom Boden abgehoben und wieder aufgesetzt wurden. Er hielt sich in der Nähe von Oasen und in trockenen Flussbetten auf, und seine Überreste wurden zu Beginn des 20. Jahrhunderts in dem zur Verbandsgemeinde Gerolstein gehörenden Ort Oberbettingen, in der sogenannten Wolfskaul, einem alten Steinbruch, gefunden. Heute befinden sie sich im Goldfuß-Museum der Universität Bonn. In unserem Naturkundemuseum kannst Du aber eine Rekonstruktion des *Eifelosaurus triadicus* in seiner vollen Pracht betrachten, die inzwischen sogar liebevoll »Betti« genannt wird.

Sehenswert ist allerdings auch unsere Museumsabteilung »Vulkanismus«, die besonders beliebt bei jenen Touristen ist, die die Vulkaneifel wegen der Vulkane besuchen. Du kannst dort anschaulich kennenlernen, was uns dieses besondere Geschichtskapitel der Gerolsteiner Gegend hinterlassen hat. Vor allem geht es hier darum, was »das Magma aus der Tiefe mit nach oben gebracht hat«: z. B. den ‚nur' 30 000 Jahre alten Sarresdorfer Lavastrom, aber auch die schwere vulkanische Bombe »Dicke Bertha«, die »in der Lava angeschmolzenen und dadurch glasierten Sandsteine« oder eines »der seltensten Gesteine überhaupt«, den Karbonatit.[7] Du kannst dort aber auch unsere einmalige Schmetterlingssammlung oder die Waldabteilung kennenlernen, in der man u. a. allerlei Vogelstimmen zu unterscheiden lernen kann. Unser Naturkundemuseum ist vielseitig, da es aus seiner alten Tradition lebt.

Ella: Wie ist hier ein solches Museum überhaupt entstanden? Gerolstein ist doch nie eine so große und reiche Stadt gewesen, um ein so besonderes Museum einfach zu errichten, oder?

Oma: Eigentlich verdanken wir es den Trilobiten und der Tatsache, dass die Gerolsteiner Gegend zu ihren ältesten bedeutenden Fundorten gehört: »Die berühmtesten und beliebtesten Fossilien der Eifel sind die Trilobiten, welche in ungewöhnlich häufiger Zahl und gut erhalten am so genannten ‚Salmer Weg', auch ‚Trilobitenfelder' genannt, in der Nähe der Ortschaft Gees gefunden wurden.« Heute darf man dort nicht mehr graben, um Fossilien zu sammeln, aber ein Spaziergang dorthin lohnt sich, um sich besser vorstellen zu können, wo und wie einst die ersten Trilobiten entdeckt wurden: »Wenn man von Pelm aus kommend unmittelbar vor der Ortschaft Gees nach rechts abbiegt und dann dem ansteigenden Weg Richtung Süden folgt, fallen immer noch beidseits des asphaltierten Weges Reste der fast 200-jährigen Sammelleidenschaft von Trilobitophilen auf, die in Form von Löchern, Erdwällen und Schotter erkennbar sind.«[8]

Im 19. Jahrhundert sollen sich dort so viele Fossilien befunden haben, dass sogar sehr berühmte Wissenschaftler hierherkamen. So erzählt man sich etwa eine Geschichte über Alexander von Humboldt (1769–1859), nach dem und seinem Bruder Wilhelm (1767–1835) heute in Berlin nicht nur die Humboldt-Universität, sondern auch das große neue Museum als »Humboldt Forum« benannt wurde. Er soll in Gees so viele Trilobiten und andere Fossilien gefunden haben, dass er sie gar nicht tragen konnte und sich dafür von den Bäuerinnen ihre wollenen Socken als Tragetüten kaufte ... Unsere Trilobiten bzw. der gesamte außerordentliche Fossilienreichtum unserer Gegend wurden von Wissenschaftlern für so bemerkenswert gehalten, dass sie sogar einem Zeitabschnitt der international üblichen Zeitskala der Erdgeschichte den Namen Eifelium gaben: So wird der Zeitabstand vor 393,3 Millionen Jahren bis 387,7 Millionen Jahren bezeichnet.

Ella: Das ist ja wirklich eine sehr große Ehrung für diese Gegend. Den Begriff *Eifelium* muss ich mir merken, damit kann ich doch jeden Bekannten beeindrucken, z. B. mit Sprüchen wie »Also mein Opa ist in der Eifel aufgewachsen, aber zur Zeit des Eifeliums lebten dort seine Vorfahren noch nicht ...« Da wird doch jeder fragen müssen: Was heißt *Eifelium* ... Das Wort kennen außer Wissenschaftlern wahrscheinlich nur die Gerolsteiner, oder?

Oma: Viele Gerolsteiner wussten schon immer über den Ruhm »ihrer« Trilobiten Bescheid, und so interessieren sich die hiesigen Liebhaber der Erdgeschichte häufiger als anderswo für sie. Einer von ihnen, der Lehrer Stefan Dohm (1862–1924), forschte diesbezüglich viel und gründete schon im Jahre 1903 ein erdkundliches »Geognostisches Museum«. Das war der Vorgänger unseres heutigen Naturkundemuseums. Leider ist es samt allen Sammlungen im Zweiten Weltkrieg zerstört worden. Dennoch gaben die Gerolsteiner nicht auf. Auf Deiner historischen Pirsch kannst Du ein kleines Denkmal für Stefan Dohm ebenso wie eine Stefan-Dohm-Straße besuchen, und in der Burgstraße steht noch sein altes Haus mit einem Ammoniten als Hauszeichen; im Naturkundemuseum findest Du sogar ein Dohm-Stübchen, mit allerlei Erinnerungsstücken an diesen großen Gerolsteiner. Sein Sohn Batti Dohm (1897–1977) beschäftigte sich auch mit Trilobiten. Er nannte sie noch wie damals üblich war »Dreilapper« und war auf diese »Gerolsteiner« richtig stolz:

> »Einzigartig sind die Dreilapper. Kaum sonst auf der Welt von ihren Artgenossen an Schönheit und Absonderlichkeit erreicht. Mit den Seelilien tragen sie den Ruf ihrer Heimat Gerolstein weit über die Grenzen Europas hinaus und haben das Riff weltberühmt gemacht. Neben den Seelilien liegen sie als kostbare Schätze in den Museen, in Tiflis und Kapstadt, in Brisbane und Tübingen, in Leningrad und Amsterdam so gut wie in New York und den prunkhaften Glaskästen des Britischen Museums in London. Und sie erzählen vom Riff, das in Deutschland, in der Eifel liegt, das ihnen Heimat, Wiege und Grab war.«[9]

Batti Dohm hat sogar einen Roman über Trilobiten geschrieben. Sein Hauptheld heißt Stielauge und erlebt spannende Abenteuer in der einstigen Gerolsteiner Meereswelt. Im Naturkundemuseum kannst Du das Buch anschauen und rasch erkennen, wie es Dir zum Eintauchen in ihre Welt verhilft.

Ella: Ich sehe, ohne Trilobiten kann ich weder die Geschichte von Gerolstein noch die unseres ganzen Planeten verstehen. Welch eine Entdeckung!

Oma: Dazu möchte ich Dich noch auf eine »merkwürdige« Begebenheit aufmerksam machen: Ich habe die Bezeichnung *Eifelium* für einen Zeitabschnitt auf der internationalen geochronologischen, also einer erdgeschichtlichen Skala erwähnt. Erzählt habe ich Dir aber noch nicht, dass ganz nah am Zeitabschnitt *Eifelium* der Zeitabschnitt *Pragium* liegt, der vor etwa 411 Millionen Jahren begann und bis vor etwa 407 Millionen Jahren dauerte. Und warum das? Nicht zuletzt, weil die Trilobiten aus der Prager Gegend in Tschechien auch schon im 19. Jahrhundert europaweit berühmt waren ... Darüber hinaus wirst gerade Du sicherlich auch mit Freude bemerken, dass sowohl das *Pragium* als auch das *Eifelium* zu einem größeren geochronologischen Zeitabschnitt gehören, dem *Devon*, das seinen Namen nach der Grafschaft Devonshire im Südwesten Englands erhielt, wo auch schon sehr früh Trilobiten gefunden wurden.

Ella: Das klingt so, als wären schon die Gerolsteiner Trilobiten zwischen Tschechien und England gereist ... Aber es hängt wohl offensichtlich damit zusammen, dass Devon, die Eifel und Böhmen zu den ältesten Fundorten der Trilobiten gehörten und die Trilobiten eine große Rolle an der Wiege der wissenschaftlichen Erforschung der Erdgeschichte gespielt haben. Auf jeden Fall werde ich prüfen, ob das Interesse an Trilobiten so ähnlich wie in Gerolstein auch in Tschechien und in England lebendiger als anderswo ist ...

Auf den Spuren der ersten Menschen von Gerolstein

Ella: Nun bin ich gespannt auf den Besuch bei den Gründern von Gerolstein – also bei den ersten Gerolsteiner Menschen. Wann haben sie gelebt und woher kamen sie?

Oma: Langsam ... Die ältesten Spuren menschlichen Lebens in unserer Gegend sind viel, viel älter als die Stadt Gerolstein. Auf dem Gebiet des heutigen Deutschlands sollen Menschen der Gattung Homo seit etwa 600 000 Jahren gelebt haben. Von ihren ältesten Spuren sind bisher nur sehr wenige gefunden worden, und sie sind schwer datierbar. Unlängst meldete beispielsweise die Presse, dass in Niedersachsen erste Fußabdrücke der Frühmenschen *Homo heidelbergensis* gefunden wurden, die 300 000 Jahren alt sein sollen. Die Stadt Gerolstein ist im Vergleich dazu noch nicht einmal 700 Jahre alt; formal gesehen erhielt sie ihre Stadtrechte erst im Jahre 1336 n. Chr.

Ella: Ach so, das kommt wohl daher, dass die Menschen zunächst sehr primitiv waren und deshalb keine Stadt gegründet haben können. Was wissen wir also über die allerersten Menschen, deren Spuren sich in Gerolstein bisher fanden?

Oma: Bisher fanden sich nur kleine, vereinzelte Spuren von unseren als *Homo neanderthalensis* bekannten Vorfahren. Weißt Du, um wen es sich handelt und wann, wo und wie sie gelebt haben?

Ella: Klar, im Naturkundemuseum habe ich den Neandertaler Bronn gesehen.

Oma: Naja, Bronn bietet uns keine echten Überreste der Neandertaler. Seine Büste soll uns nur helfen, uns diese einstigen »Gerolsteiner« vorstellen zu können, wenn wir sie und ihre Zeit kennenlernen möchten.

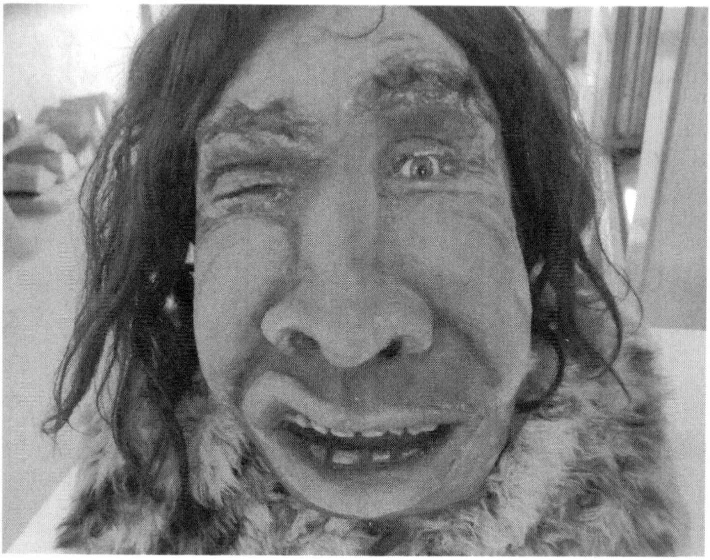

Abb. 8: Bronn und die ersten Menschen in Gerolstein
Die Büste von »Bronn« schenkte dem Naturkundemuseum Gerolstein die Künstlerin Daniela A. Weißmann aus Feuerscheid bei Prüm zur Veranschaulichung ihrer Vorstellungen von den Neandertalern als den ältesten bekanntesten menschlichen Vorfahren der heutigen Gerolsteiner.

Ella: Und welche Jahreszahlen sollte ich mir merken, wenn es um die Neandertaler geht?

Oma: Zur Entwicklung der Menschen begegnest Du infolge neuer wissenschaftlicher Forschungsmöglichkeiten allerlei unterschiedlichen Angaben. Das mag verwirrend sein, aber sobald Du die zeitliche Grundorientierung begriffen hast, wirst Du die neuen Forschungen spannend finden. Dazu solltest Du Dir zuallererst merken, dass Menschen die Erde erst seit einer sehr, sehr kurzen Zeit bevölkern. Wenn wir uns die gesamte Erdgeschichte (rund 4,5 Milliarden Jahre wie einen Tag von 24 Stunden vorstellen, dann würde der Mensch unserer Art erst kurz vor Mitternacht auftauchen. Die ältesten Vertreter der Gattung *Homo* sollen vor rund 2,5 bis 1,9 Millionen Jahren und unser unmittelbarer Vorfahre *Homo erectus* vor rund zwei Millionen Jahren gelebt haben. Aus ihm sollen sich verschiedene und sich zeitlich und räumlich überlappende Arten bis zu den *Homo neanderthalensis* (Neandertalern) und uns, den Angehörigen der Art *Homo sapiens*, entwickelt haben.

Für unsere historische Pirsch in Gerolstein heißt es konkret, dass wir bei Trilobiten von einem Zeitraum vor ca. 521 bis vor rund 250 Millionen Jahren sprechen, während etwa die Dinosaurier vor rund 235 Millionen bis vor rund 66 Millionen Jahren gelebt haben sollen. Die Welt der Neandertaler ist uns dagegen viel näher, sie sollen nicht vor Jahrmillionen, sondern vor Jahrtausenden gelebt haben: Nach den heute gängigen Angaben sollen sie zwischen vor rund 400 000 und vor rund 40 000 Jahren gelebt haben. Aus der Perspektive der Erdgeschichte bildet also die Neandertaler-Zeit einen kurzen Zeitraum, aber aus der Perspektive der Menschheitsgeschichte bevölkerten sie Europa sehr lange. Sie wurden von den sich aus Afrika verbreitenden *Homo sapiens* verdrängt.

Ella: Die Neandertaler waren also keine Menschen wie wir, eher eine Art Vor-Menschen, oder? Sie sahen uns ein wenig ähnlich, aber waren noch ziemlich hässlich und primitiv.

Oma: Wenn Du Dich nach den heutigen Modezeitschriften richtest, dann werden Dir die Neandertaler nicht gefallen. Aber wenn Du *alle* Menschen mit einem wohlwollenden Blick wahrnehmen könntest, ohne sie nach den heute üblichen Schönheitskriterien zu beurteilen, dann könntest Du auch ihnen viel abgewinnen. Ihre Köpfe waren etwa so groß wie unsere, ihre Augenbrauenwülste waren etwas stärker ausgeprägt und ihre Stirn niedriger, ihr Kinn kleiner und ihre Nasenhöhlen größer, wahrscheinlich, damit sich beim

Einatmen die kalte Luft besser erwärmen ließ, schließlich lebten sie meist in sehr kalten Zeiten. Sie hatten ein größeres Gehirn, waren viel kräftiger und breiter gebaut als der *Homo sapiens*, hatten in der Regel kürzere Beine, und scheinen ähnlich wie wir unterschiedlicher Haarfarbe und Hauttöne gewesen zu sein. Im Großen und Ganzen sahen sie uns ziemlich ähnlich.

Ella: OK, man könnte sie also wohlwollender anschauen, als ich es bisher tat, aber sehr primitiv waren sie schon, oder?

Oma: Das würde ich nicht sagen. Was heiß es schon »primitiv«? Wie war denn die Welt damals, in die sie hineingeboren wurden? Klimatisch gesehen überlebten sie schwere Eiszeiten, es gab keine Häuser, keine Heizungen oder Wasserleitungen, und erst recht keine Bücher, aus denen sie voneinander hätten lernen können. Die Neandertaler waren ebenso wie der frühe *Homo sapiens* Jäger und Sammler, da sie noch nicht die Landwirtschaft kannten, um ihre Nahrung durch die Züchtung von Pflanzen und Domestizierung von Tieren zu gewinnen. Sie mussten sich ihr Obdach und ihre Nahrung in eiszeitlichen Steppen oder später auch in Wäldern voller großer wilder Tiere oft während langer Kälteperioden suchen. Müssen sie nicht sehr klug und geschickt gewesen sein, um neben den viel größeren und stärkeren Mammuts, Nashörnern, Wisenten, Höhlenbären oder Wölfen oft in bittersten Eiszeiten zu überleben?

Heute wissen wir, dass die Neandertaler erstaunlich kluge Methoden zur Jagd entwickelten, und sie konnten ihre Beute haltbar machen und Vorräte anlegen. Sie kannten Feuer, verwendeten Steinwerkzeuge und Waffen, haben aber auch Holz bearbeitet. Ihre Streifgebiete waren mehr als 100 km Durchmesser groß und ihre Nahrung war abwechslungsreich. Sie richteten sich Lagerplätze ein, um »zu arbeiten«, d. h. etwa das Wild zu zerlegen und ihre Steinwerkzeuge herzustellen. Sie lebten also in Gruppen mit Arbeitsteilung und gestalteten ihr Leben planmäßig. Es liegen Hinweise vor, dass sie sprechen und abstrakt denken konnten, und manchmal schon ihre Toten begraben haben. In Nordspanien fand man sogar Spuren von ihren künstlerischen Fähigkeiten, lange bevor die *Homo sapiens* in Europa angekommen waren.

Ella: Wieso haben sie denn nicht bis heute überlebt, wenn sie so klug gewesen sein sollen?

Oma: Nach unserem heutigen Wissen verlieren sich die Spuren der Neandertaler vor etwa 40 000 Jahren. Früher glaubte man so wie Du, dass sie keine richtigen Menschen waren und ausgestorben seien, nachdem sich der vermeintlich klügere *Homo sapiens* in Europa breit machte. Unlängst hat sich aber gezeigt, dass Neandertaler-Gene bis heute in jedem von uns zwischen einem und vier Prozent unserer Gene ausmachen. Das heißt, dass wir Nachkommen nicht nur der anatomisch modernen Menschen *Homo sapiens*, sondern auch der Neandertaler sind. Und dies trifft für Menschen auf dem ganzen eurasischen Kontinent sowie in Nordafrika zu, also überall dort, wo sich Spuren von Neandertalern finden.

Ella: Heißt es, dass die Neandertaler mit unseren unmittelbaren Vorfahren *Homo sapiens* Kinder zeugen konnten? Aber wieso sind sie denn verschwunden?

Oma: Neandertaler unterschieden sich bei weitem nicht so sehr von den anatomisch modernen Menschen, wie man lange glaubte. Sie haben sich offensichtlich als eine eigenständige Gruppe aufgelöst. In Europa lebten sie lange bevor die *Homo sapiens* hier angekommen waren, waren aber nur ganz wenige. Die Welt war damals ja nicht so dicht besiedelt, wie heute. Kannst Du Dir vorstellen, wie viele Menschen in Europa zur Zeit der Neandertaler gelebt haben?

Ella: Wenn Du den ganzen europäischen Kontinent und nicht nur die EU meinst, dann leben in Europa heute rund 750 Millionen Menschen. Und wenn Du sagst, dass die Welt damals bei weitem nicht so dicht besiedelt war wie heute, dann könnten hier damals vielleicht nur 75 Millionen Neandertaler gleichzeitig gelebt haben.

Oma: Nein, es waren bei weitem nicht so viele. Europa hättest Du vor rund 400 000 Jahren ebenso wenig erkannt, wie im Zeitalter der Trilobiten. Diesmal waren große Teile Deutschlands meist von kilometerdickem Eis bedeckt. Versuche es Dir vorzustellen: erstens die kilometerdicke Eisbedeckung und zweitens die Kälte, die sich daraus ergab ... Nur einige wenige Teile des europäischen Kontinents waren nicht vereist. Gelegentlich kam es immer wieder zu leichteren Erwärmungen und damit zu für Tiere und Menschen günstigeren Zeiten. Aber die letzte sogenannte Kaltzeit begann vor etwa 115 000 Jahren und ging erst vor etwa 10 000 Jahren zu Ende, erst ab dann konnten sich hier Menschen so richtig entwickeln.

In Anbetracht derart ungünstiger klimatischer Verhältnisse gehen die Wissenschaftler heute davon aus, dass sich zwar Spuren von Neandertalern in ganz Europa bis zum Nahen Osten, in Zentralasien bis zum westlichen Sibirien finden, aber damals nur sehr, sehr wenige von ihnen gleichzeitig gelebt haben. Der berühmte ehemalige Direktor des Max-Planck-Instituts für evolutionäre Anthropologie in Leipzig Jean-Jacques Hublin meint, dass es »selbst in Zeiten ihrer größten Verbreitung« nicht mehr als etwa 10 000 ‚Neandertal-Europäer' zugleich gegeben und die Größe ihrer Gruppen »höchstens 50 bis 60 Frauen und Männer« umfasst habe.[10] Im Jahre 2019 wurde darüber hinaus ausgerechnet, dass es zur Zeit der Ausbreitung der anatomisch modernen Menschen in Europa vor etwa 42 000 bis 33 000 Jahren nur fünf europäische Gebiete existierten, die jeweils eine Population von etwa 150 Personen oder mehr hatten, und zwar in Nordspanien, Südwestfrankreich, Belgien, Teilen Tschechiens und im oberen Donauraum.[11]

Ella: Kein Wunder, dass die Neandertaler nicht viele Spuren hinterließen und wir nur wenig über sie wissen ...

Oma: Aber gerade in unserer Zeit wurde die Erforschung ihrer Geschichte sehr interessant. Mit modernen wissenschaftlichen Methoden werden heutzutage nicht nur immer wieder neue Überreste entdeckt, sondern auch allerlei Irrtümer korrigiert. So vermuten beispielsweise manche Wissenschaftler, dass die modernen Menschen nicht erst vor etwa 40 000 Jahren in Europa erschienen, sondern schon früher, während der Zeit der Neandertaler. Es soll auch schon viel früher zu Begegnungen zwischen den Neandertalern und *Homo sapiens* gekommen sein, als bisher angenommen wurde. Im Großen und Ganzen glaubt man heute, dass sich ab etwa von 40 000 Jahren die kleinen Gruppen der Neandertaler den steigenden Zahlen der Neuankömmlinge einfach angepasst und sich in ihre weitaus größeren Gruppen assimiliert haben. Heute sind viele Wissenschaftler auch der Meinung, dass die Neandertaler keineswegs »primitivere« oder »dümmlichere« Menschen als die *Homo sapiens* waren, sondern schlicht und einfach in anderen, ungünstigeren Bedingungen lebten.

Ella: Offensichtlich sollte ich andere Menschen immer gut kennenlernen, bevor ich sie beurteile ... Auch muss ich mir Europas Vergangenheit ganz neu vorstellen: Wir sind schon mal dem Meer und mal einer Wüste begegnet, und nun befassen wir uns mit unserem Kontinent, als er weitgehend unter dickem Eis lag und von nur etwa 10 000 Neandertalern in winzigen Gruppen gleichzeitig bewohnt war. Welch ein Zufall, dass sich ausgerechnet hier in Gerolstein ihre Spuren fanden ... Und was für Spuren sind es?

Oma: Meistens sind es wenige kleine bearbeitete Steine, d. h. Steinwerkzeuge, die eigentlich erst heutzutage genauer erforscht werden können. So wurde etwa vor einigen Jahren eine uralte bemerkenswerte Fundstelle entdeckt: »Nördlich von Gerolstein, zwischen Gerolstein und Bewingen, liegt das ‚Gerolsteiner Maar', heute ein Trockenmaar« schrieb im Jahre 2003 Heribert Albring über das heutige Industriegebiet, wo auch das Unternehmen Gerolsteiner Sprudel nun seinen Sitz hat: »Am Nordostrand vom Gerolsteiner Maar war vor zweihunderttausend bis zweihundertzwanzigtausend Jahren der Lagerplatz mit der Feuerstelle steinzeitlicher Jäger und Sammler.« Die Archäologen waren begeistert: »Bei diesen Werkzeugfunden handelt es sich um die bislang ältesten datierten

Funde des Regierungsbezirks Trier, die zugleich die früheste menschliche Kenntnisnahme eines Säuerlings belegen.«[12]

Schon im 19. Jahrhundert stellte man fest, dass Steine zu neuen Erkenntnissen zur Geschichte der Menschheit verhelfen. Damals fanden sich Spuren der Steinzeit im *Buchenloch*, in der recht großen Höhle im nordwestlichen Rand des Munterley-Massivs, dem beliebten Ziel vieler Besucher Gerolsteins. Du darfst natürlich nicht erwarten, dass Dich dort ein Neandertaler-Skelett begrüßen wird. Auch dort wurden nur Steinwerkzeug sowie Tierknochenüberreste gefunden, aus denen man auf die Anwesenheit von Neandertalern schließen kann. In unseren beiden Museen, im Naturkundemuseum sowie im Museum Villa Sarabodis, kannst Du einiges davon ausgestellt sehen. Vor allem kannst Du aber selbst in jener Höhle herumstöbern, um Dir eine konkrete Vorstellung über die »Wohnkultur« von Neandertalern zu machen. Und dazu möchte ich Dir die interessante Geschichte erzählen, wie diese Spuren im Buchenloch entdeckt wurden.

Ella: Vermutlich von Archäologen bei ihren Forschungen ...

Oma: Keineswegs. Die Prähistorische Archäologie existiert als wissenschaftliches Fach noch gar nicht lange, die erste Professur dafür ist in Europa erst im Jahre 1892 an der Universität Wien errichtet worden. Das Buchenloch ist früher, im Jahre 1879, von einem Maler erforscht worden, der möglicherweise von der ersten Entdeckung der Neandertaler gar nicht so weit von Gerolstein inspiriert wurde. Die allerersten Neandertaler-Knochen wurden nämlich in einer Schlucht im 156 km von uns entfernten Städtchen Mettmann östlich von Düsseldorf entdeckt, wo sich heute das weltberühmte »Neanderthal Museum«[13] befindet.

Dort fanden Steinbrucharbeiter im Jahre 1856 bemerkenswerte Skelettreste, und der dortige Schullehrer und Naturforscher Johann Carl Fuhlrott (1803–1877) untersuchte sie. Anschließend erklärte er, dass sie von Menschen »aus der vorhistorischen Zeit« stammten, also von anderen Menschen als wir es sind. Das wollten ihm viele seiner Zeitgenossen lange nicht glauben. Die Streitigkeiten erregten große öffentliche Aufmerksamkeit, und neue Erkenntnisse setzten sich erst allmählich am Ende des 19. Jahrhunderts durch. Zu jener Zeit wurde gerade auch über die Evolutionstheorie von Charles Darwin (1809–1882) weltweit gestritten: Um die Frage, ob Menschen vom Gott erschaffen wurden, wie es in der Bibel steht, oder ob sich alle Lebewesen und damit auch die Menschen über lange Zeiträume entwickelten. Gerade zu jener Zeit wurde auch unser Buchenloch zum ersten Mal von dem Landschafts- und Historienmaler Eugen Bracht (1842–1921) untersucht. Er war ein erfolgreicher Maler, aber auch ein leidenschaftlicher Paläontologe, d. h. er hat sich für die mehr als 10 000 Jahre alten Überreste von Lebewesen und ihre Umwelt interessiert.

Abb. 9: Eugen Bracht und die Gerolsteiner Felsenwelt

Diese Zeichnung Eugen Brachts, der im Jahre 1879 zum ersten Mal die heute berühmte Gerolsteiner Höhle Buchenloch archäologisch erforschte und einen umfassenden Bericht hinterließ, bietet eine ungewöhnlich genaue Ansicht der Gerolsteiner Felsenlandschaft aus dem 19. Jahrhundert.

Ella: Und was fand er in Gerolstein?

Oma: Sein Bericht klingt heute nicht weltumwerfend, aber er bietet uns die Gelegenheit, uns beim Besuch des Buchenlochs vorzustellen, wie damals kleine und große Entdeckungen vor sich gingen: »Nachdem ich am 10. October 1879 die Höhle zum erstenmal besucht und von da ab 4 Tage lang untersucht hatte, war es für mich unzweifelhaft geworden, dass ich hier, abgesehen von den Spuren aus römischer Zeit, auf die greifbaren Ueberreste quarternären Menschendaseins gestossen sei.«[14]

Mit dem Begriff »quarternäres Menschendasein«[15] meinte man damals das Leben der Menschen im Eiszeitalter, den man noch nicht in der heute üblichen Form beschreiben und zeitlich zuordnen konnte. Aber Bracht hat sich nicht getäuscht, wie wir heute wissen, als er seinen Gesamteindruck der Funde so formulierte: »In sichtlich ungestörter Lagerung sah ich Zähne, Vollknochen und gespaltene Markknochen von Wiederkäuern und Dickhäuten teils im roten Lehm, teils in Brandschichten eingebettet; ein Quarzfragment war mir schon damals als vermutliches primitives Gerät aufgefallen.« Da damals allerorts über die ersten Funde der Neandertaler diskutiert wurde, hoffte vielleicht Eugen Bracht ähnliches in Buchenloch zu finden und war sichtlich enttäuscht: »Indessen brachten die weiteren Arbeiten kaum Neues hinzu; [...] vom Menschen und etwas höheren technischen Leistungen enthielt das Buchenloch Nichts!«[16]

Ella: Das klingt wirklich nach einer Enttäuschung ...

Oma: Naja, Eugen Bracht hatte wohl falsche Erwartungen. Wahrscheinlich träumte er von spektakulären Funden, die er von größeren Höhlen anderswo kannte, z. B. im Neanderthal. Unser Buchenloch ist nicht eine besonders spektakuläre prähistorische Fundstelle, aber das macht sie nicht weniger interessant. Wissenschaft besteht nicht nur aus Sensationen, sondern aus kleinen mühevollen Forschungen.

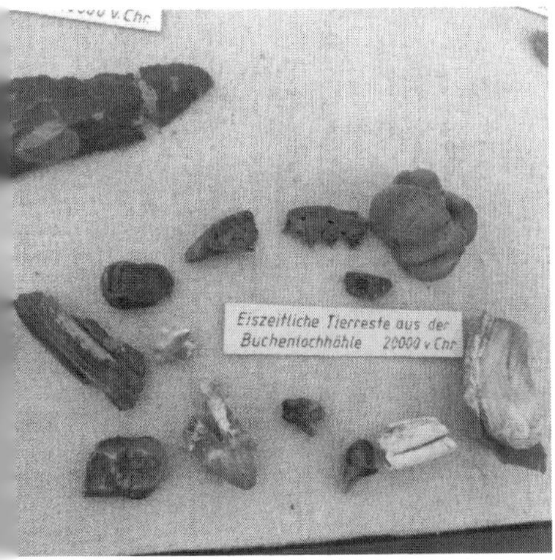

Abb. 10: Funde aus dem Buchenloch

Heute ermöglichen solche auf den ersten Blick unspektakulären Funde, dank moderner wissenschaftlicher Forschungsmethoden ungeahnte neue Einblicke in die Ur- und Frühgeschichte des Menschen zu gewinnen. Deshalb werden weltweit auch ältere Funde nach und nach erneut untersucht, worauf die Funde aus dem Buchenloch noch warten.

Ella: Und wie würdest Du zusammenfassen, was wir heute über die einstigen Besucher des Buchenlochs wissen?

Oma: Die Funde in der etwa 30 Meter langen, 4 Meter breiten und 2,4 Meter hohen Buchenlochhöhle mit allerlei Seitengängen, Kammern und einer dicken Säule lassen uns darauf schließen, dass sie nach den heute gängigen Schätzungen von Tieren und Menschen benutzt wurde, und dass es sich, wie man dem dort gefundenen Steinwerkzeug entnehmen konnte, auch um Neandertaler handelte. Inzwischen wurden jene Funde mit anderen in Gerolstein und dessen Umgebung neuentdeckten Fundstellen verglichen. Die wichtigste Erkenntnis lautet, dass die lange tradierte Angabe, im Buchenloch seien etwa 30 000 Jahre alte Spuren von Menschen gefunden worden, nicht zutrifft.

Heute geht man davon aus, dass es sich um zwischen 220 000 und 40 000 Jahre alte Spuren handeln muss.[17] Genaue Zeitangaben sind schwierig zu ermitteln. Die in der Buchenlochhöhle gefundenen Werkzeuge weisen unterschiedliches Alter auf. Es scheint klar zu sein, dass manche dieser Funde auf die Anwesenheit der klassischen Neandertaler aus dem berühmten Fundort Neanderthal bei Düsseldorf entsprechen, während die Funde aus dem nah gelegenen Gerolsteiner Maar wesentlich älter sind und zu frühen Neandertalern gerechnet werden müssen. Wer genau sich wann in der Buchenlochhöhle aufgehalten hat, wissen wir zur Zeit nicht. Neues Wissen bringt nicht unbedingt immer mehr Klarheit. Aber es bietet Korrekturen tradierter Irrtümer, und das ist oft wichtiger als Neuentdeckungen, da es die Wissenschaftler zwingt, neue Forschungswege zu suchen.

Wenn Du bedenkst, wie wenige Neandertaler in den damaligen, für uns schier unvorstellbar schweren Bedingungen des eiszeitlichen Europas gelebt haben und wie klug und lebenstüchtig sie waren, wirst Du ihre Gerolsteiner Spuren sicherlich mit mehr Freude kennenlernen, als wenn Du sie als Spuren irgendwelcher primitiver Halbmenschen betrachten würdest, oder? Und bedenke bei Deinem Besuch der Buchenlochhöhle auch, dass dort sogar noch vor gar nicht so langer Zeit Menschen Zuflucht suchten, im 20. Jahrhundert, am Ende des Zweiten Weltkriegs. Als damals der moderne Krieg auch diese Stadt erreichte, suchten ihre Bewohner ähnlich wie ihre Vorfahren in der Altsteinzeit monatelang Schutz in Höhlen: »Im Buchenloch standen an der Felswand in der Höhle dreistöckige Betten für 60 bis 80 Menschen« erzählten sie später, die »Öffnung der Höhle war mit dünnen Fichtenstämmen, verkleidet mit Fichtenreisern, verschlossen.«[18] Gemeinsam mussten sie sich ähnlich wie ihre einstigen Vorfahren dort mit Wasser und Nahrungsmitteln versorgen sowie Angst und Schrecken überstehen.

Ella: Das soll sich wirklich im 20. Jahrhundert abgespielt haben? Schon allein deswegen muss man die Neandertaler unbedingt zu den ältesten direkten Vorfahren der Gerolsteiner zählen ... Und was wissen wir von den frühen *Homo sapiens*, haben sie auch in Gerolstein Spuren hinterlassen?

***

Oma: Ja, und sogar eine besonders interessante Spur. In einer unweit vom Buchenloch liegenden kleineren Höhle, in der Magdalenahöhle, wurden ganz ungewöhnliche Gegenstände aus der Zeit vor etwa 25 000 Jahren gefunden. Sie sind archäologisch so wertvoll, dass sich mit ihnen sogar das Rheinische Landesmuseum in Trier schmückt, eines der größten und wichtigsten archäologischen Museen in Deutschland. Dort besitzen sie sehr viele Funde in ihren Sammlungen, sodass nur ganz kleine Teile von ihnen ausgestellt werden können. Dazu gehören auch »unsere« Schmuckstücke aus der Magdalenahöhle. Ja, sogar auf ihrer Museumswebsite kannst Du sie kennenlernen.

Ella: Und was ist an diesem Fund so bemerkenswert?

Oma: Zusammenfassend wird es üblicherweise so beschrieben: Die Magdalenahöhle sei ein archäologischer Höhlenfundplatz der Altsteinzeit, der vor allem für einzigartige Schmuckstücke aus Elfenbein bekannt sei, die der als Solutréen bekannten Kulturstufe zugerechnet werden. Damit sei die Anwesenheit des Menschen in Mitteleuropa während des Maximums der letzten Kaltzeit belegt.[19]

Ella: Da verstehe ich nicht ganz, was ich mir konkret darunter vorstellen soll ...

Oma: So ging es mir auch. Deshalb habe ich allerlei für mich schwer verständliche Fachstudien zu der Magdalenahöhle gewälzt und daraus folgendes Bild gewonnen: Erstens stammen die Funde aus einer Zeit, in der es in Mitteleuropa so kalt war, dass man früher vermutete, unsere Region sei damals weitgehend menschenleer gewesen. Zweitens stammt die Bezeichnung der Kulturstufe als Solutréen von einem Ort in der französischen Provinz Burgund, wo man u. a. sehr bemerkenswerte Gegenstände aus der Zeit zwischen vor 21 000 und 15 000 Jahren fand. Drittens weisen die Funde aus der Magdalenahöhle, obwohl Gerolstein von dort recht weit nördlich entfernt liegt, Spuren einer so verfeinerten Bearbeitung auf, dass man sie der Kultur Solutréen zuordnet. Deren Überreste kennt man bisher nur aus erheblich wärmeren Gebieten in Mittel- und Südfrankreich, Nordspanien bzw. von der spanischen Mittelmeerküste sowie auch aus Portugal. Dass sich anhand moderner Untersuchungen sowohl im Material als auch in der Bearbeitung zwischen den Gerolsteiner Funden und denen aus der Kultur Solutréen erhebliche Ähnlichkeiten ergaben, überraschte die Wissenschaftler sehr.

Auf der Suche nach einer Erklärung hierfür wurden sie auf bis dahin unberücksichtigte mögliche Verbindungen zwischen der für menschenleer gehaltenen Gerolsteiner Gegend einerseits und den Solutréen-Regionen andererseits aufmerksam: Bis dahin hatte man nämlich nicht beachtet, dass Gerolstein zwar in einer Gebirgslandschaft liegt, aber hier auch die Kyll fließt. Da die Kyll in der Mosel mündet, boten sich hier bereits den einfachsten umherwandernden Menschengruppen Wege in weiter südlich und südwestlich liegende Gegenden, bzw. Wege von dorthin in den Norden, in die Eifel. Damit gab es also schon damals Gelegenheit zur großräumigeren Kommunikation und somit zum Lernen – einschließlich der Techniken aus der Kultur Solutréen. Und eben das macht die Magdalena-Funde für ganz Mitteleuropa so bemerkenswert.

Ella: Wer hat wann und wie die Magdalena-Schätze gefunden? War das etwa auch Eugen Bracht …

Oma: Keineswegs. Die Magdalenahöhle wurde erst etwa hundert Jahre später als das Buchenloch entdeckt. Aber es geschah nicht unähnlich, auch mehr oder weniger durch Zufall. Diesmal trafen sich im Jahre 1969 zwei Gerolsteiner Hobbyarchäologen und der eine erzählte dem anderen, er habe an der Munterley eine Flint-Pfeilspitze gefunden. Das inspirierte den anderen, den Tiefbauingenieur

Gerhard Weiß, sich auch auf die Suche zu begeben. Er kletterte in allerlei Höhlen der Munterley herum, um dort nach ähnlichen Pfeilspitzen zu suchen und entschied sich für die Erforschung einer ganz versteckten kleinen Höhle, ohne zu ahnen, dass ihn dort eine große Überraschung erwartete. In den Jahren 1970–72 führte er seine sorgfältigen Grabungen durch, und es dauerte noch dreißig Jahre, bis er darüber im Jahre 2002 das heute unter Archäologen wohlbekannte Buch *Die Ausgrabungen der Magdalenahöhle in Gerolstein/Eifel* veröffentlichte.[20]
Gleich zu Beginn des Buches erfährst Du etwas Berührendes: »Die Höhle erhielt ihren Namen nach meiner verstorbenen Frau Magdalena. Sie und unsere Kinder Gabriele, Achim und Ralf standen mir während der Ausgrabung hilfreich zur Seite.« Es war also eine mehr oder weniger private historische Pirsch eines Hobbyarchäologen und seiner Familie, die so Erstaunliches zu Tage brachte. Auf dem Buchumschlag findest Du die zusammenfassende Erklärung, warum dieser Fund so ungewöhnlich ist:

> »Dass ein solcher geschlossener Fund in der kleinen Magdalenahöhle gemacht werden konnte, ist nur dem glücklichen Umstand zuzuschreiben, dass nach Beendigung des zeitweiligen Besuches durch den Steinzeitmenschen die Decke des Vorplatzes herab brach und damit alle darunter eingeschlossenen steinzeitlichen Relikte bis in unsere Zeit hin, wie in einem Tresor, erhalten geblieben sind.«

Ella: Das heißt wohl, dass dieser Fund durch Zufall erhalten geblieben, ebenso wie er entdeckt worden ist.

Oma: Richtig, und heute kann man daraus weitreichende Erkenntnisse gewinnen. Der Archäologe und Altsteinzeit-Spezialist Matthias Probst beschrieb die Magdalena-Schätze im Jahre 2012 zusammenfassend so: Neben einer Vielzahl von Tierknochen gehören zu dem Fund auch 143 Steinartefakte sowie mehrere Schmuckobjekte. Von besonderer Bedeutung sind dabei 11 Fragmente aus bearbeitetem

Elfenbein, die seitdem oft in der Literatur erwähnt werden und hinsichtlich ihrer Form und Größe im europäischen Paläolithikum bislang ohne gute Parallelen sind. Seine Studie illustriert auch, wie viel heutige Archäologen aus den kleinsten Relikten unserer Vorgeschichte erfahren und wie viele Fragen sie aber auch nicht beantworten können, beispielsweise hinsichtlich der elf kleinen Elfenbeinfragmente: Diese sollen bereits in zerbrochenem Zustand in die Höhle gelangt sein, sie seien mit mehreren Linienbündeln verziert, die teilweise aus v- oder zickzackförmigen Motiven bestehen. Auch gestanzte Punktreihen treten auf. In ihrer Größe und Form seien sie einzigartig, lediglich aus der Csákvár-Höhle im nordwestlichen Ungarn seien vergleichbare Stücke bekannt, deren genaue Altersstellung jedoch unklar sei. Daneben seien in der Magdalenahöhle zwei vollständige durchlochte Hirschgrandeln [Eckzähne] sowie die Fragmente einer durchlochten Grandel sowie eines durchlochten Wolfzahns gefunden worden, die Spuren einer Aufhängung bzw. Befestigung tragen. Die Gründe für die Niederlegung dieser Objekte seien unklar und könnten von der Entsorgung unbrauchbar gewordenen Schmucks bis zu intentioneller Opferung reichen.[21]

Ella: Also müssen die anatomisch modernen Menschen *Homo sapiens* doch klüger als die Neandertaler gewesen sein ...

Oma: Man vermutet, dass die *Homo sapiens* vieles neu entwickelt und gelernt haben, nachdem sie in größeren Zahlen aus Afrika nach Europa eingewandert waren und in größeren Gruppen lebten. Auch sie waren Jäger und Sammler, und bei uns in Mitteleuropa dauerte es noch lange, bis sich hier die Idee der Landwirtschaft und Sesshaftigkeit von Menschen verbreitete – also die Idee, dass man seine Nahrung nicht nur suchen, sondern auch selbst produzieren kann. Erst dadurch konnten sich Menschen an einzelnen Wohnstätten dauerhaft einrichten und sie von Generation zur Generation verbessern. Diese Entwicklung, die man als neolithische Revolution bezeichnet und für eine der tiefgreifendsten Veränderungen in der Menschheitsgeschichte hält, begann unabhängig voneinander in Mittelamerika, in Südchina und im Vorderem Orient vor etwa 10 000 Jahren; in Mitteleuropa setzte sie regional unterschiedlich seit vor ca. 7 500 Jahren, also seit etwa 5 500 v. Chr. ein.

Abb. 11: Schätze aus der Magdalenahöhle

Das Rheinische Landesmuseum Trier ist eines der wichtigsten archäologischen Museen Deutschlands. Dass es sich sogar auf seiner Internetpräsentation mit Bildern aus der Gerolsteiner Magdalenahöhle schmückt, weist auf die ungewöhnliche historische Bedeutung dieser Funde hin.

Unter Kelten und Römern

Oma: Wo würdest Du die ältesten Baurelikte von Gerolstein suchen?

Ella: Wahrscheinlich auf der Löwenburg oder in der Altstadt ...

Oma: Das wäre keine gute Idee. Die hiesigen ältesten baulichen Spuren sind viel, viel älter als die im Mittelalter erbaute Löwenburg oder die Altstadt, sie gehen auf die Zeit der Kelten und Römer zurück.

Ella: Das müsste doch die Zeit von Asterix & Obelix gewesen sein, die beide Gallier waren und gegen die Römer kämpften, oder? Dabei kommt mir noch irgendein berühmter Satz von Caesar in den Sinn, der Gallien eroberte. Schrieb er nicht, dass Gallien aus drei Teilen bestanden haben soll und etwas mit den Kelten zu tun hatte?

Oma: Du meinst wohl den Bericht des römischen Feldherren Gaius Iulius Caesar über den gallischen Krieg aus den Jahren 58–51/50 v. Chr. Er beginnt mit dem Satz: »Das Gesamtgebiet Galliens zerfällt in drei Teile: in dem einen leben die Belger, in einem zweiten die Aquitaner und im dritten die Völker, die in der Landessprache Kelten heißen, bei uns jedoch Gallier.«[22]

Ella: Ja, das ist es. Caesar scheint zu meinen, dass in dem als Gallien bezeichneten Gebiet drei Völker gelebt haben sollen, von denen die Gallier dasselbe Volk wie die Kelten gewesen seien und von ihnen die Landesbezeichnung abgeleitet worden sei.

Oma: So könnte man jenen Satz verstehen. Aber wir wissen auch, dass zu jener Zeit Europa noch nicht von Nationen in unserem Sinne des Wortes besiedelt war. Menschen lebten oft in kleineren Gruppen, die wir als Stämme bezeichnen und die oft nicht langlebig waren. Heute gehen wir davon aus, dass die Belger wahrscheinlich keltisch-germanische Stämme gewesen seien, die sich laut Caesar mit Hinweisen auf ihre germanische Herkunft von anderen Galliern abzusetzen versuchten. Die Aquitanier sollen Stämme iberischer Herkunft gewesen sein, die schon in der vorrömischen Zeit mit ihrer keltischen Umgebung verschmolzen waren. Aus Caesars Buch ebenso wie aus anderen römischen Berichten kennen wir nämlich allerlei Namen kleinerer und größerer Stämme, die zeitweise existierten und sich mit anderen mischten, miteinander Kriege führten, aber auch Allianzen bildeten oder sich manchmal auflösten. Erst die Römer vermochten es, sich dank ihrer großartig entwickelten Schriftkultur in eine langlebige Nation zu entwickeln und ihren Staat erfolgreich zu organisieren.

Ella: Aber die Gallier bzw. Kelten müssen doch auch eine große Nation gewesen sein, sonst hätte man das neue eroberte Gebiet nicht gerade nach ihnen benannt, oder?

Oma: Ja und nein. Zu Caesars Zeit scheinen alle drei von ihm genannten Bevölkerungsgruppen weitgehend in der gallischen bzw. keltischen Kultur verschmolzen gewesen sein. Aber die Kelten waren in Stämme zersplittert und die Mobilität der damaligen Bevölkerung war sehr groß, sodass manchmal ganze Stämme ihre Wohnsitze freiwillig oder unfreiwillig wechselten. Erst unter dem römischen Kaiser Augustus (27 v. Chr.–14 n. Chr.) wurde in Gallien eine funktionierende Verwaltung nach römischen Vorbildern errichtet und es kam zu einer Stabilisierung der Lebensverhältnisse.

Unsere Gerolsteiner Gegend lag im Nordosten der Provinz *Gallia Belgica* im Grenzgebiet zur benachbarten Provinz Germania inferior (Niedergermanien); der gute Kenner dieser Grenzfrage, der Archäologe Peter Henrich, vertritt die Meinung, dass die Grenze zwischen der Provinz Gallia Belgica und Niedergermanien nicht genau zu lokalisieren sei: »Der Grenzverlauf wird nördlich von Oos und südlich von Jünkerath vermutet«.[23] Wenn Du unsere Gegend auf alten Landkarten suchst, orientiere Dich an der im Römischen Reich unter dem Namen *Augusta Treverorum* bekannten und 80 km von Gerolstein entfernten Großstadt Trier.

Ella: Und was wissen wir über die Gallier bzw. Kelten?

Oma: Insgesamt erstreckte sich das von Caesar eroberte und als Gallien bezeichnete Gebiet ungefähr zwischen dem Atlantik, den Pyrenäen und dem Rhein. Es wurde weitgehend von Stämmen der keltischen Kultur bewohnt, die wahrscheinlich keltische Dialekte sprachen. Aber Spuren keltischer Kultur finden sich keineswegs nur im einstigen Gallien. Die beiden Bezeichnungen Gallier und Kelten stammen aus antiken Berichten. Griechische Quellen berichten über Menschen im nördlichen Europa, die sie Keltoí nannten, wogegen sie in lateinischen Quellen meist Galli genannt wurden. In der heutigen Türkei bildeten die keltischen Galater zeitweise sogar ein Königreich, und zu römischen Zeiten existierte dort eine Provinz Galatia. In deutschen Büchern kannst Du deshalb allen drei Bezeichnungen Kelten, Gallier oder Galater begegnen.

Ella: Jetzt verstehe ich also, warum die Gerolsteiner Gegend mal ebenso wie Asterix & Obelix zum römischen Gallien gehörte, und es hier dennoch heute auch ein Wanderweg namens »Kelten-Pfad« gibt; der hätte genauso gut Gallier-Pfad heißen können ... Den muss ich also unbedingt kennenlernen, wenn er zu den Spuren meiner beliebten gallischen Widerstandskämpfer gegen die Römer führt. Aber zuvor solltest Du mir noch mehr über die Kelten erzählen, da wir in der Schule über sie viel weniger lernen als über die Römer – die kennt ja jeder, sie bauten Straßen, Wasserleitungen, Amphitheater und führten erfolgreiche Kriege. Über Kelten wissen wir weniger, da sie besiegt wurden und über Verlierer redet man doch immer weniger als über die triumphierenden Sieger ...

Abb. 12: Die Karte Galliens zur Zeit Caesars

Diese karthographische Veranschaulichung der territorialen Ausdehnung und Gliederung Galliens zur Zeit Caesars aus dem Jahre 1886 zeigt, wie er sich das von ihm eroberte Gallien vorgestellt hatte. Zur Befriedung und zum Verwaltungsaufbau der römischen Provinz Gallien kam es erst später.

Oma: Die Kelten gelten als das älteste bekannte »Volk« nördlich der Alpen und hinterließen besonders in West- und Zentraleuropa sehr viele Spuren. Dennoch bildeten sie kein Volk im modernen Sinne des Wortes. Als sprachlich und kulturell verwandte Stämme lebten sie in weit voneinander entfernten Gegenden, zum Beispiel hier in der Eifel ebenso wie in deinen beiden Lieblingsländern Großbritannien und Tschechien. Bis heute leben in Europa sechs »keltische Nationen«: in Schottland, in Irland, auf der Isle of Man, in Wales, in Cornwall und in der französischen Bretagne. Aber sehr viele heutige

Orts- und Regionalnamen allerorts haben ihren Ursprung in der einstigen Welt der Kelten. So erinnert uns etwa die Bezeichnung Belgien an den schon erwähnten Stamm der Belger, ein Teil Tschechiens – Böhmen – an den keltischen Stamm der Boier und ihr einstiges Heimatland, das auf Latein als Boiohaemum oder Bohemia bekannt war. Die Bezeichnung der Schweiz als »Confoederatio Helvetica« erinnert an den Stamm der Helvetier, der Name der französischen Hauptstadt an den Stamm der Parisier und schließlich die unweit von Gerolstein gelegenen Stadt Trier an den einstigen keltischen Stamm der Treverer. Aber auch von hier aus gesehen weit entfernte Städte wie etwa die ungarische Hauptstadt Budapest oder die türkische Hauptstadt Ankara haben in ihrer Geschichte »keltische Kapitel« vorzuweisen, auch der Name unseres Gerolsteiner Flusses Kyll soll auf das keltische Wort *gilum* (Bach) zurückgehen, aus dem mit der Zeit *Kila* und zuletzt *Kyll* geworden ist.

Ella: Die Kelten waren also damals nahezu europaweit präsent, nicht nur in Gallien ...

Oma: Richtig. Jener oben zitierte Satz von Caesar steht am Anfang eines der ausführlichsten Berichte über sie, aber Du kannst auch etliche andere Berichte über Kelten in der antiken Literatur nachlesen. Darüber hinaus haben inzwischen auch Archäologen bemerkenswerte keltische Bodendenkmäler entdeckt und rekonstruiert, wie Grabhügel oder Oppida (Befestigungen, Siedlungen), und ihre Kunstwerke, Schwerter oder Münzen werden bis heute bewundert und hochgeschätzt.

Ella: Gehören die Kelten nicht auch zu den beliebten sagenumwobenen Europäern?

Oma: Ja, dafür sind Deine beiden Freunde Asterix & Obelix ein modernes Beispiel von vielen. Viele Europäer mögen auch Sagen über die Druiden (gelehrte Priester der Kelten) und besonders gut bekannt sind keltische Freiheitskämpfer wie z. B. der von Caesar im

Jahre 52 v. Chr. besiegte Anführer eines besonders großen Aufstands in Gallien, Vercingetorix (etwa 82 v. Chr.–46 v. Chr.), sowie die später besiegte Anführerin eines Aufstandes in England Boudicca († 60/61 n. Chr.). Du kennst sicher auch den legendären König Artus im Abwehrkampf der kelto-römischen Briten gegen die Invasion der germanischen Angelsachsen. Zugleich gehören aber auch etwa die beiden antiken Marmorstatuen »Sterbender Gallier« und »Gallier Ludovisi« als Sinnbild eines tragischen Todes zu den berühmtesten Werken der europäischen Kunstgeschichte.

Ella: Wieso sind denn die Kelten aus großen Teilen Europas irgendwann mal einfach verschwunden? Waren sie keine guten Kämpfer und wurden sie einfach ausgerottet?

Oma: Kämpfen konnten sie sehr gut, und sie haben sich in das Gedächtnis der Europäer in zweierlei Hinsicht eingeschrieben: zuerst als Eroberer und danach als Eroberte. Berühmt ist etwa die Geschichte der keltischen Eroberung Roms im Jahre 387 v. Chr. Damals haben Krieger des keltischen Stammes Senonen Rom monatelang belagert, geplündert und sich erst nach dem Erhalt eines beachtlichen Lösegelds »von 1000 Pfund Gold« zurückzogen. Erst als kurz vorm Beginn unserer Zeitrechnung die Römer Gallien eroberten, kam der Anfang des Endes der meisten keltischen Stämme.

Ella: Wieso gelang es den Römern, die keltischen Krieger zu besiegen und ihre Gebiete zu unterwerfen?

Oma: Die Kelten kannten keine Schrift. Im Unterschied zu den Römern konnten sie deshalb keine Schriftkultur und damit auch keine gute Verwaltung ihrer Gebiete entwickeln. Sie organisierten sich nur durch mündlich und in Ritualen überlieferte Traditionen. Darauf beruhte ihre gesellschaftliche Ordnung, und das hat sie gegenüber den Römern in vieler Hinsicht erheblich benachteiligt.

Ella: Die Kelten waren also den Römern nicht unterlegen, weil sie weniger klug oder tapfer gewesen wären. Jetzt verstehe ich, warum meine Freunde Asterix & Obelix die Römer immer wieder mit Zaubertrank oder schlauen Ideen austricksten, während die Römer versuchten, ihre Gebiete mit großen Armeen zu erobern.

Oma: Ja, weniger schlau als die Römer waren die Kelten sicherlich nicht. Ohne Schrift konnten sie einfach keinen dauerhaft verwalteten Staat aufbauen. Deshalb spricht man manchmal von ihnen zwar als »einem Volk«, aber manchmal auch von »Völkern des keltischen Kulturkreises«. Damit hängt auch jene Beobachtung Caesars zusammen, dass sie untereinander stets sehr zerstritten gewesen seien: »In Gallien gibt es nicht nur in allen Stämmen und ihren einzelnen Gauen und Bezirken, sondern fast in jeder Familie politische Gruppierungen.«[24]

Das heißt allerdings nicht, dass sie keine schon recht gut organisierte Gesellschaftsstruktur entwickelt hätten. Sie lebten in einer in drei Klassen aufgeteilten Gesellschaft. Die unteren Schichten sollen von den beiden oberen Klassen – den Druiden und den Kriegern – sehr schlecht behandelt worden sein, »wie Sklaven«, schrieb Caesar.[25] Druiden sollen eine Art Priester gewesen sein, aber auch die Aufgaben von Gelehrten sowie Richtern erfüllt haben, und eine Art von Rittern bildeten die Kampfarmeen. Alle keltischen Stämme sollen »sehr religiös« gewesen sein, da sie den ihren Göttern dargebotenen Opfern große Bedeutung zugeschrieben und ihre Begräbnisse sehr aufwendig gestaltet haben.

Ella: Und was hielt Caesar von ihren Armeen?

Oma: In seinen Augen sollen die Gallier damals keine besonders tapferen Krieger gewesen sein, meinte er, da sie die Nähe zum römischen Reich verändert habe:

»Den Galliern aber hat die Nähe zu den römischen Provinzen und die Kenntnis überseeischer Verhältnisse viel an Reichtum und Verfeinerung der Lebensweise gebracht, so dass sie sich langsam daran gewöhnten, von den Germanen besiegt zu werden, und da sie in vielen Schlachten geschlagen wurden, vergleichen sie sich nicht einmal selbst mit ihnen, was die Tapferkeit angeht.«[26]

Ella: Das klingt merkwürdig, wie wenn die »Verfeinerung der Lebensweisen« die Menschen bequem und feige machen würde. Dann müssten wir heute überhaupt keine Tapferkeit mehr kennen, oder?

Oma: Das glaube ich nicht, aber es ist ein alter Stereotyp, zu meinen, dass gutes Leben Menschen feige mache. Das erzählen sich viele Leute seit Jahrhunderten. Ich denke dagegen, dass die moralischen Qualitäten einzelner Menschen von ihrem jeweiligen persönlichen Charakter abhängen, da ich unter den Reichen ebenso wie Armen sehr unterschiedliche Menschen kenne.

Ella: Das denke ich auch, Caesar mochte die Gallier einfach nicht. Sie waren doch seine Gegner, und deshalb dürfen wir nicht alles für bare Münze nehmen, was er über sie schrieb. Schade, dass wir ihre eigenen Berichte nicht kennen ...

Oma: Das stimmt, vieles spricht dafür, dass manchen Kelten die römische Lebensweise gut gefallen haben muss, während andere sie ablehnten und die Herrschaft der Römer bekämpften. Das kannst Du am Beispiel des in unserer Gegend lebenden keltischen Stammes der Treverer sehen. Über sie berichtete Caesar viel, und sie wurden nach der römischen Eroberung Galliens in das römische Reich eingegliedert. Die meisten Treverer haben sich rasch in die so entstandene gallorömische Kultur assimiliert. Ihnen verhalfen keineswegs ihre Krieger zur größten Berühmtheit, sondern die im Jahr 16 v. Chr. gegründete Stadt *Augusta Treverorum*, d. h. Trier, wo aus einer kleinen keltischen Siedlung ein nach römischen Vorstellungen erbautes wichtiges Verwaltungszentrum des Römischen Reiches entstanden ist.

Ella: Und was hat Caesar über die Treverer erzählt?

Oma: Die Treverer sollen zwischen den Flüssen Maas und Rhein gelebt haben, ihr Stammesgebiet sei im Gebirge des *Silva Arduenna* gelegen gewesen. Damit meinte Caesar sowohl die heutigen Ardennen wie auch die Eifel, und wahrscheinlich auch den Hunsrück mit den Flusstälern von Mosel, Nahe, Prims und Sauer. Er berichtete, dass sie ein keltisch-germanisches Mischvolk gewesen seien, was wahrscheinlich daherkam, dass sie viele Kontakte zu germanischen Stämmen am rechten Ufer des Rheins pflegten. In einer Hinsicht scheint Caesar vor den Treverern Respekt gehabt zu haben: »Der Stamm der Treverer hat die bei weitem stärkste Reiterei in ganz Gallien und verfügt über zahlreiche Fußtruppen.«[27] Dementsprechend ausführlich beschrieb er auch seine Konflikte und Kämpfe mit ihnen.

Ella: Also haben sich manche Treverer gegen die römische Vorherrschaft gewehrt?

Oma: Aus den Berichten Caesars geht hervor, dass viele von ihnen mit den Römern zusammenarbeiteten, während sich andere immer wieder zur Wehr setzten und Aufstände organisierten. Als einer der Anführer des Widerstandes wird von Caesar ein Fürst der Treverer namens Indutiomarus erwähnt. Leider soll er einen pro-römischen Schwiegersohn Cingetorix gehabt haben, mit dessen Hilfe die Römer ihre treverischen Gegner besiegt haben. Zunächst nahmen sie 200 Freiheitskämpfer als Geiseln fest, aber am Ende wurde Indutiomarus im Kampf gegen die Römer getötet und seine Anhänger gaben ihren Widerstand auf. Zum letzten großen Aufstand der Treverer kam es erst nach Caesars Tod, im Jahre 70 n. Chr. Sein Anführer hieß Julius Valentinus und er wurde in der Schlacht bei

Rigodulum (heute Riol bei Schweich) an der Mosel gefangen genommen und hingerichtet. Danach wurden die Treverer romanisiert und bildeten keine eigenständigen Gruppen mehr.

Ella: So wurden also die armen Treverer unterworfen und zu römischen Untertanen ...

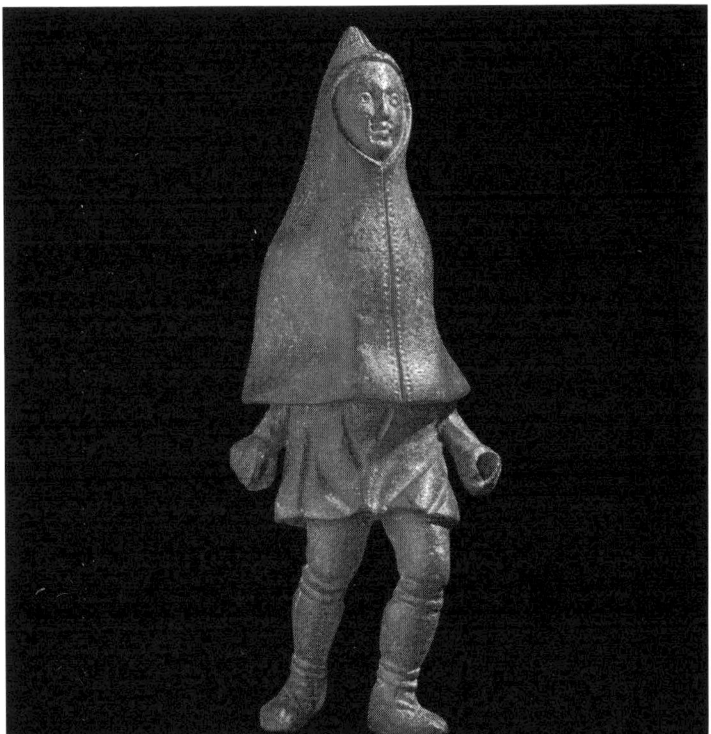

Abb. 13: Das »Treverermännchen«

Diese als das »Treverermännchen« bekannte Bronzestatue ist in der Zeit 200-250 n. Chr. entstanden und befindet sich im Rheinischen Landesmuseum Trier. Bekannt ist sie nicht zuletzt wegen der zur römischen Zeit in der Moselregion beliebten Kleidung: der bis zum halben Oberschenkel reichenden Tunika mit einem einteiligen Kapuzenmantel, Gamaschen und geschnürten Schuhen.

Oma: So emotional solltest Du Dir das nicht vorstellen. Der Freiheitsverlust brachte ihnen auch viele materielle und kulturelle Vorteile, was zweifellos vielen von ihnen zum guten Leben ausreichte. Die Römer modernisierten auch in unserer Gegend die Lebensbedingungen in einer bewundernswerten Weise. Sie bauten nicht nur Straßen, Städte und Wasserleitungen, sondern führten auch ihr hoch entwickeltes Rechtssystem ein, beförderten den Handel und somit die Versorgung der Bevölkerung ebenso wie das kulturelle Leben. Die römische Herrschaft brachte unserer Gegend eine Zeit großer Blüte.

Die Stadt Trier gilt heute als »die älteste Stadt Deutschlands«. Während der Römerzeit wurde sie zu einer Großstadt aufgebaut, und in den Jahren 293 bis 392 gehörte sie sogar zu den wichtigsten Städten im Westen des Römischen Reiches. Und nicht nur das. Ab der zweiten Hälfte des 3. Jahrhunderts wurde Trier zum ältesten Bistum nördlich der Alpen und mit der Zeit zu einem der überregional wichtigsten Zentren der römisch-katholischen Kirche. Dabei darf man aber auch nicht übersehen, dass Trier immer wieder unter kriegerischen Zerstörungen stark zu leiden hatte und zeitweise sehr verfiel, wie ich Dir noch erzählen werde.

***

Ella: Und was wissen wir über die Eifler Kelten?

Oma: Für ihre ältesten Spuren haben die Archäologen anhand von Keramik aus Gräbern sogar den Begriff »Hunsrück-Eifel-Kultur« geprägt. Das betrifft die Zeit vom Ende des 7. Jahrhunderts v. Chr. bis um 250 v. Chr. Aus Überresten keramischer Erzeugnisse in vielen Gräberfeldern mit zahlreichen Ähnlichkeiten geht man von relativ langandauernden stabilen Siedlungsräumen aus. Aber es tauchte auch Erstaunliches auf: In unserem Nachbarstädtchen Hillesheim entdeckte man beispielsweise in der Nähe eines reich ausgestatteten keltischen Fürstengrabs aus der Zeit um 550 v. Chr. die als »Eisenschmelzofen von Hillesheim« bekannte und in Deutschland älteste Ofenvorrichtung zur Herstellung von Eisen.

Ella: Und welche Spuren von Kelten kann man in Gerolstein finden?

Oma: In der Gerolsteiner Gegend finden sich viele Spuren von Kelten, aber der schon erwähnte Kelten-Pfad wird Dich zu unserem spektakulärsten Kelten-Überrest und zugleich zum ältesten Baurelikt Gerolsteins führen. Es liegt auf dem höchsten Berg der Vulkaneifel, d. h. auf der 617 m hohen Dietzenley, aber Du musst es sehr sorgfältig suchen; die meisten Besucher begnügen sich mit dem dortigen Aussichtsturm, ohne dort ein Bauwerk aus der Zeit um 500 v. Chr. zu bemerken. Die dortigen Überreste des einstigen keltischen Ringwalls, also einer Wallanlage, die als Wohnsiedlung, Versammlungsort sowie zur Verteidigung diente, sind nämlich nicht auf den ersten Blick erkennbar, da sie heute weitgehend von Bäumen überwachsen wurden.

Ella: Wie soll ich sie denn finden?

Oma: Ich selbst hatte Schwierigkeiten, und so möchte Dir jene nützlichen Ratschläge weitergeben, die ich in einer Beschreibung von Benjamin Keul fand: Wenn Du an der Dietzenley angekommen bist, suche zunächst einmal nach den unterhalb des Aussichtsturmes liegenden großen Basaltsteinen, die einer regelmäßigen Anordnung folgen. Sie gehörten zu einem ehemaligen Ringwall, der die Kelten vor feindlichen Übergriffen schützen sollte. Die eigentliche Wohnsiedlung befand sich in der Mitte und war von drei Wällen umgeben. In der Nähe sollen sich vier Weideplätze befunden haben, die der Versorgung der ortsansässigen Bevölkerung dienten. Wenn Du genau hinschaust, wirst Du bemerken, dass das Plateau auf dem Gipfel des Berges wie auf einem Sockel steht, der zum Teil aus Felsen und zum Teil aus aufgebauten oder aufgeschütteten Steinen besteht. Deshalb konnten dort Menschen Zuflucht suchen, wenn sie angegriffen wurden, und deshalb nennt man es auch »Fliehburg«. Die riesengroßen Außensteine sollen 1 bis 1,5 Tonnen wiegen, und man vermutet, dass sie auf dem oberen Plateau der Dietzenley gebrochen und nach unten an die Wälle transportiert wurden.[28]

Abb. 14: Die keltische Fliehburg Dietzenley

Auf der Dietzenley (617 m) findet man die ältesten Relikte eines Bauwerks in und um Gerolstein – wenn man sie denn zu entdecken vermag: eine keltische Fliehburg. Die Spurensuche ist für heutige Besucher eine spannende Herausforderung ... aber die Geduld lohnt sich!

Ella: Da bin ich gespannt ...

Oma: Bei einer historischen Pirsch darf man seine Augen nicht nur auf Dinge richten, die sich uns auf den ersten Blick aufdrängen. Bei der Dietzenley dauerte es nahezu ein Jahrhundert, bis genauer erkannt wurde, um was es sich hier eigentlich handelt. Manche Betrachter hielten das, was sie sahen, zunächst einmal für eine schlichte Naturerscheinung, andere fantasierten darüber, dass es sich um eine uralte große Siedlung tüchtiger Bauern gehandelt habe; manchmal wurden hier die großen Steine einfach abgebaut und genutzt, ja sogar noch zum Bau der als Westwall bekannten Befestigungsanlage der Nazis, über die ich Dir später im Zusammenhang mit der zweiten Zerstörung Gerolsteins erzählen werde. Erst viele mühsame Forschungen und Messungen führten zu den heutigen Erkenntnissen über das keltische Bauwerk.

***

Ella: Aber aus der gallorömischen Zeit finden sich in Gerolstein sehr bekannte Baurelikte, oder?

Oma: Diesbezüglich solltest Du unbedingt die sehr bemerkenswerte gallorömische Tempelanlage Juddekirchof auf der nördlichen Seite des Kylltals besuchen. Genau genommen liegt sie auf der Gemarkung der Ortsgemeinde Pelm, die zur Verbandsgemeinde Gerolstein gehört. Da sie von Gerolstein aus leichter zugänglich ist und Gerolstein eine bekannte Stadt ist, wird sie zur Traurigkeit vieler Pelmer meist als eine Gerolsteiner Sehenswürdigkeit wahrgenommen.

Ella: Der Name Juddekirchhof klingt nach »Judenkirchhof«, aber Kirchen werden von Christen und nicht von Juden gebaut, sie bauen doch Synagogen, oder?

Oma: Manchmal kannst Du tatsächlich der Bezeichnung »Judenkirchhof« begegnen, über deren Ursprung allerlei Vermutungen kursieren. Vielleicht bemerkten Menschen irgendwann mal, dass es sich hier um keine christlichen Bauüberreste handelte und nahmen an, es müsse eine jüdische Anlage gewesen sein, da sie sonst niemanden kannten, der kein Christ gewesen wäre. Andere Vermutung geht jedoch davon aus, dass in der hiesigen Mundart eine Taufpatin als »de Jodd« genannt wird, und da man dort allerlei kleine Frauenfiguren fand, nannte man es einfach Patinnen- bzw. »Joddekirchhof«. Diesbezüglich müsstest Du Dich auf eine sprachgeschichtliche, also eine linguistisch-historische Pirsch begeben ...

Ella: Hat nicht unser Opa erzählt, dass er dort als Kind nach alten Frauenfigürchen gesucht habe?

Oma: Richtig, als er vor etwa 70 Jahren in Gerolstein zur Schule ging, liefen Kinder oft zu dieser Stelle hin, um dort nach verborgenen Schätzen zu suchen, ja sogar ihre Schullehrer haben sie dazu ermutigt. Diese Art von historischer Pirsch ist jedoch aus unserer heutigen Sicht bedauerlich. So sind viele Relikte alter Zeiten verloren gegangen, ohne dass sie archäologisch erfasst und untersucht werden konnten.

Heute wissen wir, dass der Juddekirchof zu einer besonderen Art gallorömischer Tempelanlagen gehört, deren Spuren in den Gebieten der Treverer und benachbarter Stämme an den Flüssen Mosel und Saar sowie einigen weiteren Stellen der einstigen römischen Provinz Gallia Belgica gefunden wurden. Sie veranschaulichen das Zusammenwachsen keltischer und römischer Traditionen. Die geographisch ungewöhnliche Lage des Juddekirchofs auf einem Berg sowie zahlreiche gefundene Figuren weisen auf die Gepflogenheiten der Kelten hin. Die Bauweise sowie die dort gefundenen Figuren römischer Gottheiten und nicht zuletzt eine dort gefundene einmalig wertvolle Schrifttafel verraten römische Traditionen.

Ella: Und woher wissen wir all das?

Oma: An dieser Stelle fanden sich erstaunlich viele Relikte der einstigen Tempelanlage, und über diese Ruine liegen seit dem frühen 19. Jahrhundert Berichte sorgfältiger Forscher vor, die der Trierer Archäologe Paul Steiner (1876–1944) im Jahre 1926 so zusammenfasste:

> »Der heilige Bezirk war von einer Mauer rechteckig eingefriedigt und – sicherlich wenigstens zum Teil – gepflastert. In ihm standen isoliert fünf Bauten: ein größeres Wohngebäude, das als Unterkunftshaus, und ein kleineres, das wohl als Wohnung von Tempeldienern angesprochen werden darf, ferner zwei, ein größerer und ein kleinerer, ebenerdige Tempel gallischer Art, also quadratische Zellen mit Säulenumgängen, wie sie für unsere Gegend typisch sind. Der eine von ihnen war laut der Weih-

inschrift aus dem Jahr 124 n. Chr. einer einheimischen Göttin Caiva, und nach der kleinen dort gefundenen Bronzefigur eines Böckchens zu schließen, dem Merkur geweiht. In dem andern wurde Herkules verehrt, von dessen Kultbild aus rotem Sandstein größere Teile darin gefunden wurden. – Sodann ein drittes Tempelchen von rechteckigem Grundriß. Wem dieses letztere Heiligtum geweiht war, ist nicht mehr festzustellen.«

All das findest Du an der heutigen Ruine nicht mehr, aber diese Zeilen helfen uns sehr, um uns vor Ort die gesamte Anlage vorstellen zu können. Und was Paul Steiner über die vielen einzelnen Funde schrieb, könnte Dich auch interessieren:

»Wie aus der Mehrzahl der an dieser Stätte gefundenen Terrakotten hervorgeht, ist besonders eine Muttergottheit verehrt worden. Vermutlich war die Dargestellte die Caiva selbst. Leider sind die hier gefundenen Tonfigürchen, die Weihegaben frommer Pilger, alle in der Masse anderer gleichartiger Fundstücke untergegangen. Nur einige Köpfchen im Provinzialmuseum zu Bonn als Pelmer Fundstücke nachweisbar, lassen erkennen, daß auch noch Minerva, Venus, Dea mater und eine Fruchtbarkeitsgöttin hier verehrt wurden, wenn nicht die naheliegende Vermutung zutrifft, daß dies nur andere Erscheinungsformen der Caiva sind.«[29]

Ella: Das war also ein richtiger Frauen-Tempel. Schön zu wissen, dass Kelten uns Frauen verehrt haben! Den Namen Caiva möchte ich mir merken, das war wohl die wichtigste hier verehrte Göttin. Was wissen wir heute über sie?

Oma: Leider nicht viel, ja nicht einmal eine Abbildung konnte ihr bisher mit Sicherheit zugeschrieben werden. Wir wissen aber, dass im weiteren Umkreis von Gerolstein sogenannte Matronengöttinnen häufig verehrt wurden, da sich zwischen der Eifel und dem Rhein etliche entsprechende Weihesteine sowie Tempelanlagen

Abb. 15: Das Juddekirchhof aus dem Jahre 124 n. Chr.
Dieses Modell der einstigen gallorömischen Tempelanlage Juddekirchhof von Julia Schumacher ist am Gerolsteiner St. Matthias Gymnasium entstanden und kann im Museum Villa Sarabodis betrachtet werden. Die unter Archäologen und Historikern wohlbekannte Tempelanlage stand einst an der Grenze der heutigen Gemarkungen Pelm und Gerolstein. Der Besuch ihrer Baurelikte hilft uns, auch die keltische Vorliebe für Heiligtümer in der Natur außerhalb der Alltagswelt nachzuvollziehen – heute finden wir sie in einem besonders malerischen nordöstlichen Teil der Gerolsteiner Umgebung.

fanden. Solche Göttinnen wurden in der Regel zum Schutz für die Familie oder als Dank für die Errettung von Gefahren oder Krankheiten gestiftet. Diese Traditionen fanden Anhänger unter Kelten und Römern, aber auch unter den Germanen, und sie machten sich sogar noch in späteren christlichen Traditionen bemerkbar. Dazu kannst Du ein wunderbares Buch von Sophie Lange mit dem Titel *Wo Göttinnen das Land beschützten. Matronen und ihre Kultplätze zwischen Eifel und Rhein* lesen, obwohl Du über unsere Caiva leider auch dort nichts weiter erfährst.[30]

Ella: Und was wissen wir über die schon erwähnte Weihinschrift aus dem Jahr 124 n. Chr.?

Oma: Die Weihinschrift macht den Juddekirchhof zu einem ganz einmaligen Baurelikt. Bei uns findest Du heute nur ihre Kopie, aber das Original kannst Du im Rheinischen Landesmuseum in Trier betrachten. Aus dessen lateinisch verfassten Text geht Folgendes hervor:

> »Der Göttin Caiva hat einen Tempel ganz auf seine Kosten Marcus Victorius Pollentinus geschenkt und zur ständigen Unterhaltung des Gebäudes 100 000 Sesterzen gestiftet am dritten Tag vor den Nonen des Oktobers unter dem Konsulat von Glabrio und Torquatus und damit sein Gelöbnis gern und nach Erfüllung eingelöst«.

Abb. 16: Die berühmte Tafel vom Juddekirchof

Die 1900 Jahre alte Tafel, die ein einmaliges Zeugnis aus der Geschichte der Gerolsteiner Umgebung bietet, wird im Rheinischen Landesmuseum Trier ausgestellt. Am Juddekirchhof kann man ihre Kopie und somit die Spur des ersten namentlich bekannten »Gerolsteiner Kultursponsors« Markus Victorius Pollentinus kennenlernen.

Abb. 17: Die Göttin Caiva vom Juddekirchhof

Über die an der Tempelanlage Juddekirchhof einst verehrte Göttin Caiva wissen wir bis heute nichts, außer dass ihr der dortige Tempel geweiht wurde. Aber es fanden sich dort viele kleinere und größere Figuren, die dafür sprechen, dass auch diese im Museum Villa Sarabodis ausgestellte Figur sie darstellt und ihr gewidmet gewesen sein könnte.

Hiernach soll ein offensichtlich reicher Mann namens Marcus Victorius Pollentinus diesen Tempel nach unserem Kalender am 5. Oktober 124 n. Chr. der Göttin Caiva gewidmet und zu dessen Unterhalt in heutiger Währung über dreihunderttausend Euro gestiftet haben. Da Caiva eine regional verehrte Göttin gewesen zu sein scheint, wird wohl der Stifter Pollentinus entweder ein Römer oder ein romanisierter Kelte gewesen sein; mit Sicherheit handelt es sich aber um den ersten namentlich bekannten Gerolsteiner Wohltäter.

Derart konkrete Informationen sind bei damaligen Baurelikten ungewöhnlich, und die beiden Namen Caiva sowie Marcus Victorius Pollentinus sowie das Datum solltest Du Dir merken, wer weiß, vielleicht wirst Du eines Tages sogar selbst noch zu dieser Geschichte mehr entdecken ... In diesem Augenblick (im Sommer 2022) befindet sich die Anlage am Juddekirchof in einem ziemlich vernachlässigten Zustand, und ich bin gespannt, wie die Pelmer und Gerolsteiner am 5. Oktober 2024 das 1900. Jubiläum ihrer Entstehung sowie die Erinnerung an den ersten namentlich bekannten Sponsor ihrer Kultur feiern werden ...

***

Ella: Das ist eine wirklich spannende Geschichte, ich habe bisher meist nur von einer *Villa Sarabodis* als einem berühmten Gerolsteiner Baurelikt aus der Römerzeit gehört. Hat jene Villa vielleicht auch Marcus Victorius Pollentinus erbaut, wenn er ein so reicher Mann war, dass er die Caiva-Tempelanlage finanzieren konnte?

Oma: Deine Idee ist nicht abwegig. Die Überreste der Villa Sarabodis findest Du allerdings am anderen Ende von Gerolstein, unten an der Kyll in dem heute als Sarresdorf genannten Stadtviertel. Der Weg, der diese beiden Sehenswürdigkeiten miteinander verbindet, ist besonders schön, wenn man vom Juddekirchhof zur Papenkaule und von dort aus an der Hagelskaule vorbei durch den Wald hinunterläuft. Unterwegs kann man sogar eine naturkundliche Gerolsteiner Spezialität kennenlernen ...

Ella: Die Papenkaule kenne ich, dort sprudelte aus dem Krater vor 10 000 Jahren in Gerolstein zum letzten Mal Lava, wie ich irgendwo gelesen habe ...

Oma: Naja, inzwischen haben die Wissenschaftler die lang tradierte Vorstellung, dass es dort vor ca. 10 000 Jahren zur letzten Eruption gekommen sei, in zweierlei Hinsicht korrigiert. Erstens ist die Lava nicht direkt an der Papenkaule ausgetreten. Sie fand unter der Erde Wege seitwärts und trat an der westlich von der Papenkaule gelegenen Hagelskaule aus, um sich von dort aus hinunter ins Tal in Richtung Sarresdorf zu wälzen. Deshalb sehen wir an der Papenkaule nur einen sogenannten Trockenkrater, der zwar infolge der Eruption entstanden ist, ohne dass dort jedoch die Lava direkt aus dem Schlot ausgetreten wäre. Und zweitens soll sich dieser Vulkanausbruch schon früher als zuvor angenommen ereignet haben; er sei »zwar *relativ* jünger als die meisten Vulkane der Umgebung, gehört aber keinesfalls zu den letzten Eifler Vulkanereignissen um 10 000 vor heute, wie immer noch vielfach angegeben wird.«[31] Heute gehen die Wissenschaftler davon aus, dass wir wohl um 30 000 bis 35 000 Jahre rechnen müssen. Als die beiden letzten Vulkanausbrüche der Eifel gelten heute erstens die schwere Eruption vor etwa 13 000 Jahren in Maria Laach (mit Auswirkungen bis nach Schweden und Norditalien) und zweitens die Eruption in Ulmen, wo vor etwa 11 000 Jahren das Ulmener Maar entstanden ist.

Ella: Das heißt, dass ich eigentlich vom Juddekirchof zur Villa Sarabodis an der Papenkaule vorbei hinunter nach Sarresdorf mehr oder weniger direkt dem Lavastrom entlang laufen kann ...

Oma: So ungefähr, und vergiss dabei nicht, die Unterschiede zwischen den Dolomitfelsen einerseits und dem Sarresdorfer Lavastrom andererseits zu beachten. Am Ende dieses Wegs wirst Du auch gut sehen können, warum und wie attraktiv die Sarresdorfer Gegend für die Römer gewesen sein muss ...

***

Ella: Geschafft, Deine Empfehlung, den Waldweg zu gehen, war gut, er ist wirklich außerordentlich schön. Dabei habe ich mir auch überlegt, dass, wenn in Sarresdorf schon zur Zeit der Römer eine Villa stand, hier schon damals, vor zwei Jahrtausenden, eine Stadt existiert haben muss, oder?

Oma: Eine Stadt wohl nicht, dafür liegen keinerlei Hinweise vor. Aber die beiden römischen Metropolen Trier und Köln waren rund 80 bzw. 100 km von hier entfernt. Die Eifel scheint zu jener Zeit ein recht belebtes Durchgangs- und Feriengebiet gewesen zu sein. Direkt um die Villa Sarabodis scheint es eine kleinere oder größere Siedlung mit günstigen Boden- und Wasserbedingungen gegeben haben, mit einem Bach, der dort in die Kyll floss. Darüber hinaus lag sie unweit einer sehr wichtigen römischen Fernstraße, so etwas wie einer Autobahn. Auf dem Gebiet der Verbandsgemeinde Gerolstein fanden Archäologen nämlich Überreste der Verbindungsstraße Trier – Köln (vgl. Abstecher zu den Burgen Kasselburg und Lissingen). Die Kyll soll damals als ein wichtiger Handelsweg zur Mosel hin und nach Trier gedient zu haben. Man fand an vielen Orten dieser Gegend allerlei römische Relikte, auch an der Burg Lissingen und Am Römerhof in Pelm sollen Villenanlagen gestanden haben.

Unbedingt besuchen solltest Du die Fundstelle der erst unlängst entdeckten Villen- und Grabanlagen in dem zu Gerolstein gehörenden Ort Duppach-Weihermühle. Die dortige Fundstelle wurde zwar nach den Grabungen wieder zugefüllt, dafür aber ein Informationszentrum erbaut. Dort werden uns nicht nur die Forschungsergebnisse erklärt, sondern es begrüßt uns auch ein dort entdeckter spektakulärer Kopf eines mythischen Fabelwesens, eines Greifs. An einem aus römischen Bausteinen errichteten Spieltisch können wir in der weiten malerischen Landschaft auf römische Art spielen ebenso wie picknicken. Auch der Besuch in Duppach hilft uns zu begreifen, dass zu römischen Zeiten in unserer Gegend zwar keine Stadt existierte, es aber dennoch eine lebhaft besiedelte Gegend gewesen sein muss.

Ella: Wie kann die Villa Sarabodis vor rund zweitausend Jahren ausgesehen haben?

Oma: In den Worten des Fachmanns Peter Henrich handelte es sich um eine »der größeren römischen, repräsentativ ausgestatteten Axialanlagen im Trierer Land«. Solche Bauten bestanden aus einer nach vorn offenen Säulenhalle (Portikus) und aus angrenzenden Wohn- und Arbeitsräumen des Hausherrn und seiner Familie einerseits, und einem abgetrennten wirtschaftlich nutzbaren zweiten Teil andererseits. Man fand sogar Relikte einer antiken Fußbodenheizung, deren Rekonstruktion Du auf dem Gelände des dortigen Museums sehen kannst. Sie bestand aus einem draußen gelegenen Brennofen sowie einem mit ihm verbundenen, unter dem Fußboden liegenden Heizraum, in dem kleine Ziegel- oder Steintürmchen aufgeschichtet waren, um mit der so zugeführten Heißluft den Fußboden zu wärmen.

Die heute bekannten Überbleibsel der einstigen Gebäude weisen auf eine ungewöhnlich hochwertige Ausstattung hin, d. h. auf Skulpturen, Wandmalereien, Stuck und Mosaikböden, »die sich qualitativ mit denjenigen der Metropolen Köln und Trier messen konnten«. Das war für diese Region ungewöhnlich und spricht für den herausragenden Reichtum und Status des Erbauers sowie der Bewohner dieser Villa. Daraus, ebenso wie anhand der Datierungen einzelner Funde, vermutet Peter Henrich tatsächlich so wie Du, »dass Marcus Victorius Pollentinus für die Villenanlage von Gerolstein als Besitzer in Betracht« käme.[32]

Ella: Da bin ich aber stolz, dass ich mal eine gute Idee hatte ... Und was wissen wir über das Schicksal dieser Villenanlage?

Oma: Peter Henrich schließt mit Vorbehalt auf die zweite Hälfte des ersten Jahrhunderts als den Baubeginn, und die Mitte des vierten Jahrhunderts als den Abbruch. Üblicherweise werde die Zerstörung der Villa mit Hinweisen auf die Völkerwanderung (4.–6. Jahrhundert) erklärt, da dort Gräber mit Skeletten von 27 vermeintlich fränkischen Kriegern im meterhohen Brandschutt freigelegt worden seien. Dennoch wisse man dies nicht so genau, meint Peter Henrich, auch da sollte noch mehr geforscht werden. Sicher ist nur die Tatsache, dass das Gebiet später unter fränkische Herrschaft geriet.

Ella: Ist die Villa Sarabodis dann einfach verschwunden?

Oma: Auch das wissen wir noch nicht. Hinweise auf gallorömische Baurelikte in dieser Gegend tauchten gelegentlich auf. So berichtete beispielsweise vor vierhundert Jahren der Trierer Historiker Christoph Brouwer (1559–1617), dass er im »freundlichen Thalgrund unterhalb Gerolstein«, wo sich »im Hintergrunde noch das Dorf Lissingen in schöner Perspective« zeige, Fragmente von Säulen, unterirdische Heizanstalten und andere Reste römischer Bauten gesehen habe.[33] Etwa drei Jahrhunderte später, zu Beginn des 20. Jahrhunderts, wurden im Zusammenhang mit der Erbauung der Gerolsteiner Erlöserkirche einige der inzwischen von der Erdoberfläche verschwundenen Relikte ausgegraben (vgl. Abstecher zur Erlöserkirche). Und unlängst begannen dort erneut weitere archäologische Grabungen.

Die heute gängige Bezeichnung Villa Sarabodis erhielten die Baurelikte zu Beginn des 20. Jahrhunderts. Sie ist nicht aus der Römerzeit überliefert, sondern wurde aus einer fränkischen Urkunde aus dem Jahre 762 abgeleitet. Das wirft eine bis heute unbeantwortete Frage auf: Handelt es sich um eine schon in der Römerzeit tradierte und vom Keltischen abgeleitete Bezeichnung »am fließenden Wasser«, oder, wie manche Forscher meinen, um eine aus der Frankenzeit stammende Ableitung vom Namen eines königlichen Gefolgsmanns Sarabod und damit um eine fränkische Gemarkung?[34] Die heutigen Historiker neigen zur ersten Vermutung.

Ella: Langsam wird mir wirklich klar, warum Archäologen und Historiker ständig weiter forschen müssen: Je mehr sie finden, desto mehr neue Fragen kommen auf …

Oma: So ist es. Aber zu unserer Geschichte gehören nicht nur die einmal gefundenen Gegenstände, sondern auch ihre Entdeckungen. Auch die einstigen Entdecker gehören zu unseren Vorfahren, und deshalb lese ich Dir immer wieder aus älteren Forschungsberichten vor. Das Kennenlernen der keltischen oder römischen Gegenstände hilft uns zum Verständnis der Menschen vor 2 000 Jahren, aber durch die Geschichte ihrer Entdeckungen lernen wir die Menschen des 19. und 20. Jahrhunderts kennen. Deshalb solltest Du unbedingt auch das kleine Museum neben der Villa Sarabodis besuchen.

Dort werden zahlreiche gallorömische sowie fränkische Funde in einer seit etwa einem Jahrhundert wenig veränderten musealen Präsentation ausgestellt, einschließlich zahlreicher Figürchen von Caiva sowie der im Museumsgarten konservierten baulichen Überreste der Villa Sarabodis. Und da dieses Museum glücklicherweise bisher kaum verändert wurde, kannst Du dort auch in die Welt von Gerolstein aus dem frühen 20. Jahrhundert hineinschnuppern. Wie es überhaupt dazu kam, dass in einem kleinen Eifler Städtchen zu Beginn des 20. Jahrhunderts aus den römischen Ruinen eine imposante Kirchen- und Museumsanlage entstanden ist, kannst Du bei einem Abstecher zur Erlöserkirche erfahren.

Der Übergang von dem römischen zum fränkischen Reich

Ella: Wie viele Römer gab es denn überhaupt, als sie die hiesige Gegend erobert haben? Rom ist doch über 1000 km von Gerolstein entfernt ...

Oma: Gute Frage. Die Geschichte der Stadt Rom ist viel älter als die Geschichte des großen Römischen Reiches. Nach den Vorstellungen der Römer galt der Gründungstag Roms als der Beginn ihrer Zeitrechnung, und das war nach unserem Kalender der 21. April 753 v. Chr. Wenn wir volkstümlich vom »Römischen Reich« sprechen, meinen wir die seitdem von der Stadt Rom bzw. dem römischen Staat beherrschten Gebiete; unser Gebiet wurde erst um das Jahr 50 v. Chr. erobert. Aber das eigentliche Römische Reich – *Imperium Romanum* – ist genau genommen im Jahre 27 v. Chr. entstanden, nachdem der berühmte Kaiser Augustus zum ersten *Imperator* und Alleinherrscher geworden war. Davor lebten die Römer in zwei anderen Staatsformen: Nach dem ältesten Zeitalter der Könige folgten fünf Jahrhunderte der *res publica* (also die Römische Republik). Das eigentliche Römische Reich folgte also zu Beginn unserer Zeitrechnung, nachdem der Großneffe und Haupterbe von Gaius Iulius Caesar, Gaius Octavius (63 v. Chr.–14 n. Chr.), als Kaiser Augustus lange Bürgerkriege beendet hatte und eine Epoche des inneren Friedens und Wohlstands einleitete. Zu jener Zeit konsolidierte er auch die kurz zuvor eroberten Gebiete Galliens zu einer wohlgeordneten Provinz des Römischen Reiches.

Gallien wurde also keineswegs nur von den Stadtbewohnern Roms erobert. Die Gesamtgröße der römisch beherrschten Gebiete änderte sich im Laufe der Jahrhunderte immer wieder, und so auch die Zahl ihrer Bewohner bzw. derjenigen, die als römische Bürger galten. Wir verfügen über keine statistischen Angaben aus jener Zeit; es liegen nur unterschiedliche Schätzungen vor. Grob gesagt, soll das Römische Reich um das Jahr 14 n. Chr. höchstens ca. 70 Millionen Einwohner gehabt haben, einschließlich der Sklaven, deren Zahl mit der Zeit variierte und nach heutigen Schätzungen unter einem Fünftel betrug. Davon sollen ca. 45 Millionen in Europa und von ihnen ca. 20 Millionen in der Provinz Gallien gelebt haben.[35] Sie war also eine recht große und wichtige Provinz, aber dennoch nur ein recht kleiner Teil des Römischen Reichs.

Ella: Jetzt verstehe ich, dass bei weitem nicht alle »Römer« echte Römer im Sinne der Stadtbewohner Roms waren, aber wer waren sie dann?

Oma: Im Römischen Reich lebten nicht nur Menschen unterschiedlicher Abstammung zusammen, sondern sie lebten auch in voneinander weit entfernten und dennoch eng verflochtenen Regionen. Die Expansion des Römischen Reiches ebenso wie die Attraktivität der römischen Lebensweise führten dazu, dass sich viele Angehörige so mancher Völker in den eroberten Gebieten assimilierten und später sogar zum Ruhm und zur Pflege des römischen Erbes beigetragen haben, wie zum Beispiel die Franken. Diese Verflochtenheit kann ich Dir am Beispiel des berühmten Kaisers Konstantins des Großen veranschaulichen, der enge Verbindungen nicht nur zum nur 80 km von Gerolstein entfernten Trier, sondern sogar auch zum heutigen England hatte.

Kaiser Konstantin der Große regierte zwischen 306 und 337[36] und residierte offiziell sechs Jahre lang in Trier. Er stammte weder aus Rom noch aus Gallien. Geboren wurde er wahrscheinlich um das Jahr 275 in der römischen Provinz Obermösien (Moesia Superior), das heißt im heutigen Serbien, genauer weiß man es nicht. Verstorben ist er im Jahre 337 in Nikomedia, der heute türkischen Stadt İzmit. Sein Vater, Constantius Chlorus (um 250–306), soll aus einer einfachen Familie in Illyrien (einer Region vermutlich im heutigen Albanien) stammen und sich im römischen Heer hochgearbeitet haben. Seine Mutter, später als Heilige Helena (248/250–330) bekannt, sei eine möglicherweise in der heutigen Türkei geborene Gastwirtin gewesen, die einen unehelichen Sohn mit dem damaligen Offizier Constantius gebar.

Ella: Wie bitte, Kaiser Konstantin der Große war ein Römer mit Migrationshintergrund und noch dazu aus einer sozial benachteiligten Familie ... Wie hat er denn eine derartige Karriere gemacht?

Oma: Sein Vater Constantius Chlorus war ein erfolgreicher Heerführer, der u. a. Kriege gegen germanische Stämme einschließlich der Franken geführt und manche von ihnen auch im Römischen Reich angesiedelt hatte. Zu seinem Aufstieg trug nicht zuletzt die Tatsache bei, dass er von dem ebenfalls aus dem heutigen Serbien stammenden Kaiser Marcus Aurelius Valerius Maximianus (240–310) adoptiert wurde. Constantius heiratete dessen Stieftochter Theodora, und ist in den Jahren 293–305 zu einem der zwei Juniorkaiser (die den Titel Caesar trugen) und am 1. Mai 305 sogar zum sogenannten senior Augustus, also dem ranghöchsten Kaiser geworden. Dennoch vergaß er seine einstige Geliebte Helena und deren gemeinsamen Sohn Konstantin nie und trug zu dessen Erziehung sowie Aufstieg bei.

Ella: OK, all dies klingt ähnlich wie bei uns. Nicht alle Römer stammten aus Rom, und mit günstigen persönlichen Beziehungen konnte man bis zum Spitzenpolitiker aufsteigen ... Und welche Verbindung hatte Konstantin der Große mit unserer Gerolsteiner Gegend?

Oma: Sein Vater Constantius residierte seit dem Jahr 293 in Trier und wurde dort auch, nachdem er 306 in England gestorben war, begraben. Auch seine Mutter Helena ebenso wie Konstantin selbst

Abb. 18: Die Konstantinbasilika in Trier (Baubeginn im 4. Jahrhundert), Abb. 19: Das Iustinian-Konstantin-Mosaik in Istanbul (aus dem 10. Jahrhundert), Abb. 20: Das Konstantin-Denkmal im englischen Yorck (aus dem 20. Jahrhundert)

Die Gerolsteiner Geschichte war eng mit dem Römischen Reich verknüpft. Obwohl die Eifelgegend in dessen nördlichem Grenzgebiet lag, erlebte sie damals eine Zeit großer Blüte, nicht zuletzt dank ihrer relativen Nähe zu Trier. Diese drei Abbildungen veranschaulichen die große Bedeutung Kaiser Konstantins des Großen (†337) im kollektiven Gedächtnis Europas zwischen Trier über Istanbul bis nach England.

lebten zeitweise dort. Gerade ihnen verdankt Trier sehr viel von seinem Ruhm, nicht auch zuletzt manche der dort bis heute viel bewunderten Baurelikte aus jener Zeit.

Ella: Und hatte Konstantin der Große auch etwas mit England zu tun, außer dass dort sein Vater gestorben war?

Oma: In den Köpfen heutiger Engländer offensichtlich viel, da ihm sogar noch im Jahre 1998 in der nordenglischen Stadt York ein großes Denkmal errichtet wurde. Konstantins Beziehung zu England geht auch auf seinen Vater Constantius Chlorus zurück, der nicht nur gegen die Franken kämpfte. Aus römischer Perspektive gesehen erwarb er sich besonders große Verdienste in der Niederschlagung von Aufständen in Britannien sowie in Feldzügen gegen die Pikten und Scoten nördlich des Hadrianswalls; so durfte er sich sogar mit dem Titel »Britannicus maximus II« schmücken ... Darüber hinaus ist Constantius im Jahre 306 in Anwesenheit seines Sohnes Konstantin in York gestorben, wo seine Truppen umgehend seinen Sohn zum Kaiser proklamierten. Etwas überspitzt gesagt könnte man behaupten, dass der auf dem Balkan geborene Konstantin seine große Karriere seinem in Trier residierenden Vater sowie dem damaligen Britannien verdankte – bevor er, wie ich Dir später erzählen werde, in der heutigen Türkei die nach ihm benannte Stadt Konstantinopel als »das zweite Rom« ausbaute.

***

Ella: So wie Du erzählst, scheinen die alten Römer nicht weniger mobil gewesen sein als wir heute ... Aber wie kam es dazu, dass in der Gerolsteiner Gegend irgendwann mal anstelle der Römer plötzlich die Franken gelebt haben? Haben etwa die Franken in jenem berühmten Jahr 476, als das Römische Reich unterging, in Gallien einen Genozid verübt?

Oma: Augenblick mal, das Jahr 476 ist zwar berühmt, aber das Römische Reich ist damals nicht untergegangen. Es wurde im Jahre 395 in zwei Verwaltungseinheiten, einen weströmischen und einen oströmischen Teil, aufgeteilt, an deren Spitze jeweils ein Kaiser stand. Die beiden Kaiser haben sich gegenseitig anerkannt, so dass das Römische Reich auch weiterhin existierte. Im Jahre 476 ist nur der letzte weströmische Kaiser, der etwa 16-jährige Romulus Augustulus, abgesetzt worden. Im oströmischen Reichsteil hielt man allerdings damals einen anderen Mann für den »echten« weströmischen Kaiser, sodass aus dieser Perspektive das weströmische Teil des *Imperium Romanum* erst nach dessen Tod im Jahre 480 sein Ende fand. So oder so, das Römische Reich existierte auch weiterhin, und seine Einwohner, obwohl sie nun weitgehend griechischsprachig waren, hielten sich auch weiterhin für *Ῥωμαῖοι* (*Rhomaioi* = Römer) und wurden auch so in den mittelalterlichen Quellen bezeichnet.

Heute bezeichnet man das oströmische Reich nach dem 5. Jahrhundert inkorrekt als »Byzantinisches Reich«. Das führten erst spätere Schriftsteller und Historiker in unsere Köpfe ein. Dahinter steckte der Anspruch der römisch-katholischen Kirche, sich als die Erbin der vermeintlich einzigen wahren Form des Christentums sowie der Westeuropäer als der alleinigen Erben des Römischen Reichs zu präsentieren. Andere Christen und Europäer – namentlich die Osteuropäer – wurden mit der neuen Bezeichnung »Byzantinisches Reich« rhetorisch ihres Anteils am römischen Erbe beraubt. Genaugenommen existierte das Römische Reich nach der Absetzung des letzten weströmischen Kaisers im Jahre 476 noch weitere knapp eintausend Jahre fort, bis zur Eroberung von Konstantinopel durch die Osmanen im Jahre 1453.

Abb. 21: Zweiteilung des Römischen Reiches im Jahre 395

Im Jahre 395 wurde das Römische Reich in einen weströmischen und einen oströmischen Reichsteil aufgeteilt. Im Westen wurde allerdings schon nicht einmal ein Jahrhundert später, im Jahr 476, der letzte Kaiser abgesetzt, sodass das »Weströmische Reich« unterging. Das »Oströmische Reich« lebte dagegen weitere knapp ein Tausend Jahre länger fort, bis es vom türkischen Osmanischen Reich im Jahre 1453 erobert wurde.

Aber auch im einstigen weströmischen Reichsteil ist es zu keinem »Weltuntergang« gekommen. Die Stadt Rom wurde noch bis ins 8. Jahrhundert von den Kaisern in Konstantinopel verwaltet und konnte sich auch weiterhin in ihrem alten imperialen Glanz sonnen. Die Ausstrahlung der römischen Kultur machte sich überall in Europa noch jahrhundertelang stark bemerkbar, wie wir sehen werden. Zwischen allen Gebieten des Römischen Reiches herrschten weiterhin lebhafte Beziehungen, obgleich sich in weiten Teilen des einstigen weströmischen Gebiets rasch neue germanische Königreiche bildeten. Unter Kaiser Iustinian (482–565) haben oströmische Armeen sogar noch große Teile Italiens »befreit« und an das Römische Reich wieder angeschlossen, sodass Städte wie Genua bis zum Jahr 650 oder Ravenna bis 751, Sizilien sogar noch bis zum 9. Jahrhundert und Teile Süditaliens bis zum Jahre 1071 zum oströmischen Reich gehörten.

Das Ende des weströmischen Reichsteiles kam aber auch nicht plötzlich, und der Übergang von der römischen zur fränkischen Herrschaft ereignete sich in unserer Gegend nicht auf einen Schlag. Wir kennen Berichte über Einfälle und Plünderungen galloromischer Städte durch fremde, meist germanische Stämme, und für die Zeit zwischen 375 und 568 spricht man oft sogar von einer »Völkerwanderung«. In ländlichen Gegenden wie die Eifel hinterließen solche Ereignisse kaum Spuren, da hier zeitweise nur sehr wenige Menschen lebten und etliche Gegenden verödeten. Das betrifft allerdings keineswegs erst die nach-römische Zeit.

Ella: Wie, soll das heißen, dass der Untergang des weströmischen Reiches schon unter der römischen Herrschaft begann?

Oma: Richtig, wie Du etwa am folgenden Beispiel sehen kannst: Für die Verödung und Verwaldung unserer Gebirgsgegend sind die Münzfunde ein guter Indikator. Wo das Leben florierte, hinterließ es reiche Münzfunde. Wenn sich keine Münzen finden, spricht es für Notzeiten. Nach der Auskunft unseres Museumsleiters Jens Koppka lässt sich bei uns schon für die Zeit ab Mitte des

4. Jahrhunderts ein markanter Niedergang der Münzfunde feststellen. Für das Jahr 355 wurde sogar ein regelrechter Abbruch von Münzfunden beobachtet, aber danach soll es wieder zu einem vorübergehenden Aufstieg gekommen sein. Beispielsweise fanden sich an der Tempelanlage Juddekirchof Münzen seit dem Gründungsjahr der einstigen Tempelanlage im Jahre 124 n. Chr. bis um das Jahr 400, die letzte bekannte Münze stammt dort vom Kaiser Honorius (384–423); Keramikscherben fanden sich noch aus dem Anfang des 5. Jahrhunderts. Aus dieser Perspektive scheint es nicht zu einem schlagartigen römischen »Untergang«, sondern zu einem langwierigen Niedergang des römischen gesellschaftlichen Lebens gekommen zu sein.

Ella: Willst Du damit sagen, dass die Römer ihr Reich selbst heruntergewirtschaftet haben? Wie könnte es aber sein, wenn sie schlau genug waren, um so viele Gebiete zu erobern und ein so erfolgreiches Reich aufzubauen?

Oma: Für die Ursache römischer Probleme hielt man früher meist die Überfälle der bis heute oft als barbarisch bezeichneten Völker. Heute untersuchen Historiker die letzten Jahrhunderte der weströmischen Geschichte detaillierter als früher und weisen mit mehr Nachdruck auf innenpolitische Konflikte und Bürgerkriege, auf wirtschaftliche und soziale Probleme oder die sich verschlechternde staatliche Verwaltung hin. Manche Forscher heben inzwischen auch die Folgen klimatischer Veränderungen sowie die Auswirkungen von Seuchen und Epidemien hervor. Es ist nun klar geworden, dass vielfältige und sich überlagernde Ursachen zum allmählichen Niedergang des weströmischen Teilreichs führten. Zugleich wissen wir auch, dass sich dabei Phasen von gravierenden Schwierigkeiten mit Zeiten deutlicher Erholungen ebenso wie regionale Unterschiede bemerkbar machten.

Ella: Oh mein Gott, wie viele verschiedene Probleme sollten die armen Römer gleichzeitig zu lösen gehabt haben ...

Oma: Die Schwierigkeiten des weströmischen Reichsteils in den Jahrhunderten seines Niedergangs dürfen wir uns aber auch nicht als einen »Weltuntergang« vorstellen, wie Du am Beispiel unserer Gegend sehen kannst. Es war keineswegs so, dass mit Caesars Eroberung die römische Lebensweise plötzlich da war und im Jahre 476 verschwand. »Nach einer sehr geringen Besiedlung ab dem 1. Jahrhundert v. Chr. nimmt die Siedlungstätigkeit bis zum frühen 3. Jahrhundert stark zu«, erzählt etwa der Archäologe Peter Henrich über das Gebiet der westlichen Vulkaneifel, und er hebt hervor, dass durch die Germaneneinfälle des 3. und 4. Jahrhunderts zwar die Blütezeit unterbrochen wurde, es dennoch »in den Kernbereichen der Siedlungsräume bis in das frühe 5. Jahrhundert nicht zum Abbruch der Besiedlung oder zum Bewohnen ausschließlich befestigter Siedlungen« gekommen sei.[37]

Mit anderen Worten gesagt: Wir müssen verstehen, dass sich in der Vulkaneifel die römische Lebensweise nur allmählich zwischen dem 1. und 3. Jahrhundert entwickelte, seit dem 3. Jahrhundert sich aber auch ihr Rückgang sowie ab dem 5./6. Jahrhundert der wachsende Einfluss der Franken bemerkbar machten. Zugleich dürfen wir regionale Unterschiede nie aus den Augen verlieren. Aus derselben Zeit, in der wir in unserer Gegend Spuren von Schwierigkeiten begegnen, kennen wir Berichte, in denen unweit von Gerolstein »blühende Landschaften« geschildert werden. So beschrieb beispielsweise der römische Schriftsteller Decimus Magnus Ausonius (ca. 310–393) im Jahre 371 die Mosel.

Ella: Aber in die Mosel mündet doch nur rund 70 km von Gerolstein entfernt die Kyll ...

Oma: Richtig, und dank Ausonius können wir uns eine gute Vorstellung von der Umgebung der Eifel im 4. Jahrhundert machen. Er war ein hoher römischer Beamter, stammte aus Bordeaux im Südwesten des heutigen Frankreichs und lebte lange in Trier. Berühmt ist er nicht zuletzt durch seine Liebesgeschichte geworden, nachdem er sich bei einem Feldzug gegen die Germanen in eine Gefangene namens Bissula verliebte, sie heiratete und ihr seine Gedichtsammlung *Liebesgedichte an die blauäugige, blonde Germanin* mit unter anderem den folgenden Versen widmete:

»Bissula, jenseits des Rheins, des kalten, bist du entsprossen
Und an der Quelle zu Haus, welcher die Donau entspringt.
Die dich gefangen, die Hand, befreite dich, daß du im Herzen
Dessen herrschest und Sinn, der dich erbeutet im Krieg.«[38]

Die Mosel und ihre Umgebung beschrieb er in einer wahrlich schwärmerischen Sprache. Dabei gefielen ihm lange Reihen von »Villen, die mit ragendem Giebel auf Felsen stehen« ebenso wie die Schlösser, die »bald hüben, bald drüben die Ufer« schmücken.[39] Ausonius fand so viel Schönes, dass er zwischendurch mal seufzend fragte: Wer »vermag es, die unendliche Fülle prächtiger Formen zu beschreiben und die Bauart bei jedem der Güter zu schildern?«[40] Ja, sogar die Kyll hat er als einen Nebenfluss der Mosel und einen »durch edle Fische« berühmten Fluss erwähnt.[41] Die Mosel besang er als einen »glücklichen Fluss, der fröhlichen Laufes grünende Fluren durchströmt«[42], und übersah auch nicht die Menschen, die den Fluss belebten: »Überdies hat die Natur deinen Söhnen gute Sitten und fröhlichen Geist mit heiterer Stirn geschenkt«[43], meinte er: »Heil dir, Mosel, mächtige Mutter von Früchten und Männern! Dein Schmuck ist ruhmreicher Adel, kampferprobte Jugend und Beredsamkeit, die mit Roms Sprachkunst wetteifert.«[44]

Ella: Die Lebensverhältnisse an der Mosel und in der Eifel müssen also im Jahre 371 sehr unterschiedlich gewesen sei ... Und wie lebte es sich damals in der Metropole Trier?

Oma: Dort kam es im 4. Jahrhundert zu einem wichtigen Wandel infolge der Verlagerung der Residenz von Konstantin dem Großen. Er verlegte ab dem Jahre 324 seine Hauptresidenz von Trier nach Konstantinopel und begann dort ein neues Zentrum des Reiches aufzubauen. Am 11. Mai 330 wurde die von ihm erweiterte und im großen Stil neu erbaute Stadt *Byzanz* als das »Neue Rom« eingeweiht. Sie wurde nun zu Konstantins Hauptresidenz und nach seinem Tod 337 in *Konstantinopel* umbenannt. Für Trier führte diese Veränderung natürlich zu einem enormen Verlust an politischer Bedeutung, Wohlstand und Attraktivität zugunsten der neuen Metropole im Osten des Reiches.

Die Ausstrahlung Roms ging dabei allerdings nicht verloren. Schon Konstantin baute seine neue Residenzstadt mit vielfachen Nachahmungen von Rom, und seit der Reichsteilung aus dem Jahre 395 in einen west- und einen oströmischen Teil und insbesondere nach 476 galt vielen Menschen Konstantinopel als »Zweites Rom«. Mit der Zeit spalteten sich auch die Christen: Rom ist bis heute der Sitz der Päpste, der Oberhäupter der römische-katholischen Kirche, während in Konstantinopel die Patriarchen der orthodoxen (rechtgläubigen) Christen residieren. In Rom wurde im Jahre 800 Karl der Große, wie wir sehen werden, zum neuen »Kaiser« gekrönt, was in den Augen vieler Europäer als eine Erneuerung des römischen Kaisertums gedeutet wurde. Infolgedessen spielte sich die deutsche Geschichte jahrhundertelang im Rahmen des »Heiligen Römischen Reiches« ab. Weitere Jahrhunderte später, nach der Eroberung Konstantinopels durch das Osmanische Reich im Jahre 1453, wurde das mächtigste Zentrum des orthodoxen Christentums Moskau als »Drittes Rom« bezeichnet, zumal der damals regierende russische Großfürst Iwan III. (1440–1505) die Nichte des letzten römischen Kaisers von Konstantinopel Sofia Palaiologa (1448–1503) heiratete. Im Jahre 1487 übernahm er sogar dessen Doppeladler als Wappen, das sich bis heute im Staatswappen der Russischen Föderation findet.

Ella: Welch verwirrende Erbschaften ... Und was hat sich nach der konstantinischen Glanzzeit in Trier und seiner Umgebung verändert, abgesehen von all den Schwierigkeiten jener Zeiten, die Du schon erwähnt hast?

Oma: Zu der Zeit, als Ausonius die Mosel besang und die Münzfunde auf einen Niedergang des gewohnten Eifler Lebens hinweisen, waren die Trierer mit allerlei Problemen wohl vertraut. Und so wie in Gallien einst Kelten und Römer zusammenlebten, so lebten nun in Trier die Römer immer enger mit den Franken zusammen. Zu den Zeitgenossen des Ausonius gehörte etwa auch Arbogast der Ältere († 394). Er war ein hoher römischer Feldherr fränkischer Herkunft und hatte zeitweise sogar die Rolle des eigentlichen Statthalters Galliens inne. Als Franke war er in der Welt der Römer voll integriert und gewann großen Ruhm nicht zuletzt in mehreren Kriegen der Römer gegen diverse germanische Stämme. Zugleich mischte er in den innenpolitischen Auseinandersetzungen mit, ja sogar um die Position des Kaisers. Als Heide geriet er auch in Konflikte mit Christen, bis er sich im Jahre 394 nach einer verlorenen Schlacht römischer Armeen untereinander (Schlacht am Frigidus, wahrscheinlich im heutigen Slowenien) das Leben nahm.

Ella: Ganz offensichtlich sollte ich mir also die Franken nicht als wilde Barbaren vorstellen ...

Oma: Richtig, zumal in den 470er-Jahren in Trier ein vermutlicher Nachfahre Arbogasts des Älteren und Sohn eines Trierers, Arbogast der Jüngere, herrschte. Er war ein romanisierter fränkischer Fürst und katholischer Christ und herrschte in Trier und Umgebung mit Hilfe römischer Truppen und derer fränkischer Verbündeter. Zu jener Zeit unterstellte sich Trier formell der fränkischen Herrschaft, und viele Historiker sehen in Arbogast dem Jüngeren eine bemerkenswerte Persönlichkeit des Übergangs der römischen zur fränkischen Herrschaft in dieser Region. In damaligen Quellen wurde er sogar als einer der letzten Verteidiger des zusammenbrechenden weströmischen Reiches und der römischen Kultur gepriesen.

Ella: Aber wie soll ich all dies verstehen, wenn Franken doch jene Germanen waren, gegen die die Römer kämpften und ihren berühmten Limes gebaut hatten ...

Oma: Vorsicht. Die Römer kämpften tatsächlich lange gegen verschiedene germanische Stämme wie etwa die Teutonen und Kimbern, Westgoten, Ostgoten, Angeln und Sachsen, Alemannen, Vandalen oder Sueben, um an einige zu erinnern. Die Franken sollen aber erst im 3. Jahrhundert aus dem Zusammenschluss mehrerer germanischer Sippen und Kleinstämme am Nieder- und Mittelrhein und damit im Umfeld des römischen Reiches hervorgegangen sein; der Name *Franken* wurde erstmals um das Jahr 300 nachgewiesen. Und wie Du schon gesehen hast, führten die Franken nicht nur Kriege gegen die Römer, das Verhältnis der Franken zu den Römern war vielfältig.

Ella: OK, manche Römer und manche Franken haben sich bekämpft, während andere Römer und andere Franken miteinander kooperierten – so ähnlich, wie es zuvor zwischen den Römern und Kelten zugegangen war. Bestand also das Hauptproblem nicht darin, dass sie allesamt nicht in der Lage waren, sich über ihre gemeinsamen Probleme zu verständigen und ihre Konflikte gewaltlos zu lösen? Wieso hat ihnen die christliche Religion nicht geholfen? Jesus hat doch Friedfertigkeit gepredigt und dabei viele Anhänger gefunden.

Oma: Gute Frage. Christen wurden im Römischen Reich bis zum 4. Jahrhundert schwer verfolgt. Man hielt sie für gefährlich, da sie mit ihrem neuen Glauben die gewohnte Ordnung zu bedrohen schienen. In dieser Hinsicht konnten sich Römer manchmal mit den heidnischen Franken besser arrangieren als mit den römischen Christen. Erst Konstantin der Große hat sich um die religiöse Toleranz verdient gemacht und die Verbreitung des Christentums gefördert. Seine zusammen mit dem oströmischen Kaiser Licinius im Jahre 313 verkündete Entscheidung war ein Meilenstein in der europäischen Geschichte. Sie ist als *Mailänder Vereinbarung* oder *Mailänder Toleranzedikt* bekannt, und darin hieß es: Jedermann solle geistliche Dinge ansehen, »wie er selbst es will«, jedermann sei es erlaubt, »seinen Glauben zu haben und zu praktizieren, wie er will«. Somit hörte die Verfolgung der Christen im Römischen Reich auf, auch in Trier erfuhr das Christentum einen großen Aufschwung. Hier entstand das älteste Bistum im heutigen Deutschland, und der Trierer Dom gilt als die älteste Bischofskirche. Dennoch: Zur Friedfertigkeit der Menschheit trug auch das Christentum nicht viel bei.

Ella: Und woran lag das? Nahezu alle Europäer beteten doch über Jahrhunderte hin mindestens jeden Sonntag in der Kirche, Jesus war sehr beliebt und einen friedfertigeren Menschen als Jesus kann man sich doch gar nicht vorstellen ...

Oma: Kaiser Konstantin beendete die Verfolgung der Christen und sprach sich für die Toleranz zwischen den alten römischen und sonstigen Religionen sowie den Christen aus. Aber auch Christen waren – wie bei Menschen immer überall üblich – untereinander um die Auslegung ihrer Glaubenssätze und Lehren zerstritten. Konstantin versuchte diese Konflikte im Jahre 325 zu beenden, indem er das berühmte Konzil von Nicäa (heute İznik in der Türkei) zusammenrief und eine einzige verbindliche Auslegung des Christentums formulieren ließ. Sie wurde dann aber im Jahre 380 vom Kaiser Theodosius I. zur Staatsreligion im Römischen Reich erklärt, womit das Toleranzedikt von 313 praktisch aufgehoben wurde. Und was bedeutete das? Von nun an wurde nur eine einzige Auslegung des Christentums, die »katholische« (von altgriechisch καθολικός katholikós »allumfassend«), als der wahre und richtige Glaube erlaubt. Anhänger anderer Religionen sowie Christen mit abweichenden Auslegungen der christlichen Botschaft wurden von nun an jahrhundertelang als sogenannte Häretiker verfolgt. Wörtlich hieß es nun:

> »Wir befehlen, dass diejenigen, die diesem Glauben folgen, sich als ‚katholische Christen' bezeichnen dürfen, die Übrigen aber – in unseren Augen Verrückte und Wahnsinnige – den üblen Ruf der Häresie tragen müssen und ihre Versammlungsstätten nicht den Namen ‚Kirchen' führen dürfen. Sie sollen zuerst der gött-

lichen Strafe, dann auch der Rache unseres Wirkens, das wir aus dem göttlichen Urteil empfangen, unterliegen.«[45]

So ist es gekommen, dass Trier nicht nur als das älteste Bistum im heutigen Deutschland, sondern auch als der Ort bekannt wurde, in dem die erste öffentliche Hinrichtung von Christen durch Christen stattgefunden hat, und zwar zu jener Zeit, als Ausonius von der Mosel schwärmte.

Ella: Wie bitte? Wie konnten sich Christen gegenseitig umbringen, nachdem sie selbst so lange verfolgt wurden?

Oma: In Trier wurden schon im Jahre 385 sieben Christen zusammen mit dem spanischen Theologen und Bischof Priscillian (um 340-385) als Häretiker hingerichtet, weil sie beispielsweise die Abschaffung der Sklaverei oder die Gleichstellung von Frauen forderten. Damit begann die traurige Tradition grausamer Verfolgungen von Andersgläubigen durch die römisch-katholische Kirche. Heute kann man es im historischen Rückblick verstehen. Die Kirche verfiel trotz des christlichen Gebotes »Du sollst nicht töten!« so wie viele anderen Organisationen und Staaten in der Geschichte der Menschheit dem Glauben, man solle den eigenen Zusammenhalt und die eigene Macht mit allen Mitteln, einschließlich der brutalsten Gewalt, schützen. Die großartige konstantinischen Idee der Toleranz wurde offensichtlich von nur wenigen Menschen verstanden.

***

Ella: Und wie ging es bei all dem der breiten Bevölkerung?

Oma: Die tiefgreifenden Veränderungen der Lebensverhältnisse in unserer Umgebung können wir keineswegs nur auf gewaltsame Verwüstungen von außen zurückführen. Vernichtete Städte werden in der Regel meist rasch wiederaufgebaut, wie auch die Trierer Geschichte immer wieder zeigte. Aber der schon erwähnte

Rückgang der Bevölkerungsdichte erwies sich als sehr dramatisch: Während in Trier im Jahre 300 rund 80 000 Menschen gelebt haben sollen, seien es im Jahre 400 nur noch 50 000 gewesen, also schon während der römischen Herrschaft. Dies war weder eine einmalige, noch eine kurzfristige Entwicklung.

Auch Rom erlebte Ähnliches. Im 4. Jahrhundert soll es rund eine Million Einwohner gehabt haben, aber im 6. Jahrhundert waren es nur noch rund 100 000 und im 7. Jahrhundert sogar nur noch 20 000. Bei einer solchen Entwicklung wird es auch verständlich, dass Gebiete wie die Eifel teilweise oder zeitweise ganz menschenleer geworden sind. Und nicht nur das. Im 13. Jahrhundert soll Trier rund 12 000 und im Jahre 1697 sogar nur noch 2 677 Einwohner gehabt haben. Sowohl Trier als auch Rom erreichten ihre Bevölkerungszahlen aus dem Jahre 300 erst wieder im 20. Jahrhundert. Daraus ergeben sich zwei sehr wichtige Erkenntnisse: Erstens, dass ein dramatischer Rückfall der Bevölkerungsdichte nicht nur die Geschichte unserer Gegend betraf, und zweitens, dass wir unsere gegenwärtige Bevölkerungsdichte nie in die Vergangenheit rückprojizieren dürfen. In Europa lebten während des gesamten Mittelalters viel weniger Menschen, als wir uns überhaupt vorstellen können, und das hatte für eine Gebirgsgegend wie die Eifel noch weitreichendere Folgen als für die einstigen Großstädte.

Ella: Und wie erklärt sich ein derartig dramatischer Bevölkerungsrückgang?

Oma: Heute weisen Historiker auf die schon erwähnten Ursachen hin wie kriegerische, politische sowie bürgerkriegsartige Auseinandersetzungen, daneben auf wirtschaftliche und soziale Probleme sowie auf den daraus sich ergebenden Verfall staatlicher Verwaltungsstrukturen. Hinzu kam aber auch der verheerende Einfluss von klimatischen Veränderungen und Epidemien, wie beispielsweise als sich zwischen den Jahren 536 und 660 eine Kälteperiode mit der sogenannten Justinianischen Pestwelle überlagert haben. Auch ist es wichtig zu bedenken, dass zur selben Zeit schwerwiegende

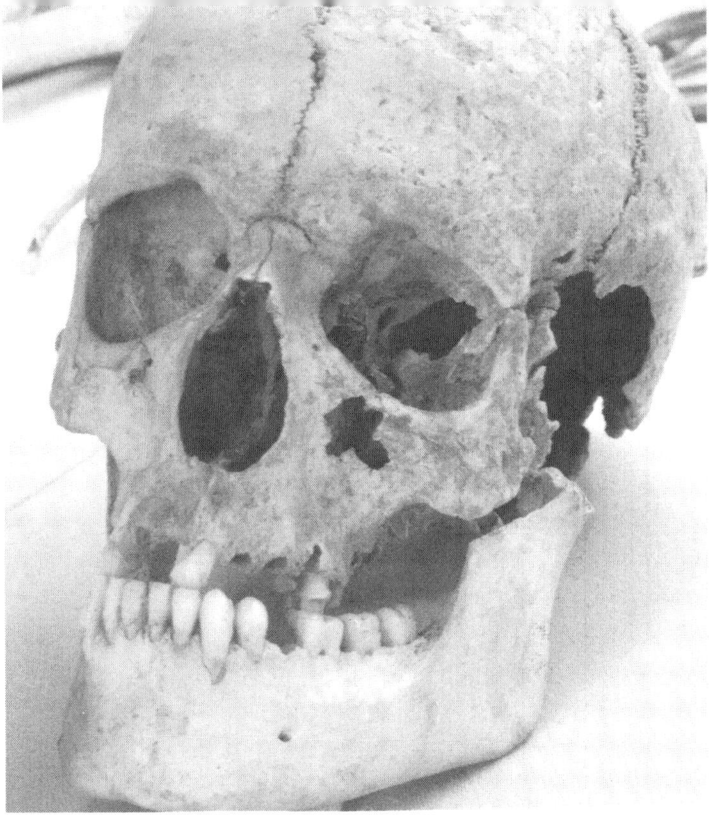

Abb. 22: »Unsere Franken« im Museum Villa Sarabodis

Zur fränkischen Geschichte fanden sich bisher in Gerolstein keine spektakulären Spuren. Im frühen 20. Jahrhundert, als das Frankenreich zum wichtigen Bestandteil der deutschen nationalen Geschichtsideologie geworden war, kamen auch Hinweise auf die Franken als »große« Ahnen der Deutschen in Mode. Im damals errichteten Museum Villa Sarabodis wurden die bis heute nicht genau identifizierten Knochenreste als vermeintliche Spuren »fränkischer Kämpfer« ausgestellt, die wir dort betrachten können.

politische Umwälzungen und Völkerwanderungen nicht nur in Europa, sondern auch in Asien stattfanden.

Das erklärt auch das Fehlen von Informationen über die Bevölkerung in unserer Gebirgsgegend über einen Zeitraum von mehreren Jahrhunderten. Heute vermutet man, »daß große Teile der keltorömischen Bevölkerung im Lande blieben und von den einrückenden Germanen nicht vertrieben, wenn selbstverständlich auch deren Herrschaft unterworfen« worden seien. Sicher ist, dass wir seit dem 8. Jahrhundert schriftliche Dokumente betreffend des heutigen Gerolsteiner Stadtteils Sarresdorf kennen, während eine Besiedlung des späteren Gerolsteiner Stadtgebiets »vor 1330 oder gar schon in fränkischer Zeit« bisher nicht nachweisbar ist.[46]

Ella: Zum Glück handelte es sich also damals um keinen Genozid oder »Untergang«, sondern nur einen zeitweiligen Niedergang der römischen Lebensweisen sowie einen Übergang zum späteren erneuerten Aufschwung in Gallien ...

Oma: Richtig. Dazu fand ich eine gute zusammenfassende Formulierung auf der Website des LVR-LandesMuseums Bonn unter der Überschrift »Epochengrenzen sind fließende Übergänge«:

> »Der Wandel von der Spätantike zum frühen Mittelalter im Rheinland währt über 200 Jahre. Zwar verfällt die römische politische und militärische Ordnung, Siedlungs- und Wirtschaftsweise allmählich, doch knüpfen im Frankenreich des 6. und 7. Jahrhunderts Verkehrswege, strategisch wichtige Plätze und Steuergesetzgebung, aber auch Handwerkstraditionen und religiöse Lehren wie das Christentum, in geringem Maße auch Schriftlichkeit und Statussymbole, an die antiken Strukturen an.«[47]

Und Ähnliches gilt oft für historische Entwicklungen überall und zu allen Zeiten. Wir verwenden zwar Begriffe, die nach klaren Abgrenzungen unterschiedlicher Epochen klingen, aber in Wirklichkeit findet jeder historische Wandel nur allmählich statt. So kam es auch, dass sich auf dem ganzen europäischen Kontinent nach und nach die heutigen Nationen und Staaten entwickelten, in deren Geschichte Du dennoch bis heute Anklänge sowie mehr oder weniger direkte Verbindungen zum einstigen Römischen Reich finden könntest, sei es zu dessen weströmischem oder oströmischem Teil.

Zu Besuch bei den Franken

Ella: Das weströmische Reich ist also nicht plötzlich untergegangen und das nach ihm entstandene fränkische Reich nicht wie Phönix aus der Asche aufgetaucht. Was wissen wir über die Franken nach dem erwähnten Arbogast dem Jüngeren in Trier?

Oma: Der erste näher bekannte fränkische Herrscher hieß Childerich I. und lebte in Gallien auch schon zur Zeit des weströmischen Reiches. Sein Vater soll Merowech geheißen haben, und deshalb sind seine Nachkommen als die Dynastie der Merowinger bekannt geworden. Wir wissen zwar nicht, wann und wo Childerich I. geboren wurde, dafür kennen wir sein Grab aus dem Jahre 482, als er sechs Jahre nach der Absetzung von Romulus Augustulus starb. Sein vollständig erhaltenes Grabmal wurde nämlich im Jahre 1653 in der heute belgischen und rund 300 km von Gerolstein entfernten Stadt Tournai in der Provinz Hennegau entdeckt.

Aus den luxuriösen Grabbeigaben geht hervor, dass Childerich fränkischer Abstammung, ein mit Rom verbündeter Kleinkönig (Befehlshaber über einen Teilverband eines Stammes mit dem Titel »rex«) in Nordosten Galliens und zugleich ein hoher römischer Beamter war. In seinem Grab fanden sich auch Insignien eines römischen Offiziers. Obwohl im römischen Reich schon damals etwa hundert Jahre das Christentum als Staatsreligion galt, wurde Childerich nach heidnischer Art bestattet. Dennoch wissen wir auch, dass er Kontakte nicht nur zur damaligen gallorömischen Führungsschicht, sondern auch zur christlichen Geistlichkeit pflegte. Es liegen sogar Hinweise auf seine Kontakte mit dem oströmischen Kaiser in Konstantinopel vor.

Ella: Er kannte sich also in der Welt der Römer gut aus ...

Oma: In der Tat. Sein Sohn Chlodwig I. (466–511) gilt als der Schöpfer des Frankenreiches. Er fasste die verschiedenen Territorien der Franken zusammen, besiegte im Jahre 486/487 in der Schlacht von Soissons den letzten römischen Herrscher in Gallien Syagrius und festigte die Herrschaft seiner eigenen Dynastie, der Merowinger. In deren unmittelbarer Umgebung entwickelte sich später jene Dynastie der Karolinger, die ihnen folgte und durch Karl den Großen berühmt wurde. Dass Chlodwig I. Paris zur Hauptstadt seines Reiches machte, trug zu seiner nachhaltigen Popularität bei den späteren Franzosen nicht weniger bei als seine beachtlichen militärisch-politischen Siege. Sehr berühmt ist sein Sieg in der nördlichen Eifel im Jahr 496 in der Schlacht gegen die Alemannen (ein westgermanischer Stamm) bei der ca. 65 km nördlich von Gerolstein gelegenen Stadt Zülpich. Damals soll er begriffen haben, so sagt man, dass ihm der Gott der Christen, an den seine Ehefrau glaubte, zu seinem Sieg verholfen habe, und beschloss, sich römisch-katholisch taufen zu lassen. Damit unterschied er sich von anderen schon christianisierten germanischen Stämmen, die häufig anderen christlichen Konfession angehörten, und baute eine historisch sehr wichtige Brücke zwischen Rom und den nördlichen Teilen des einstigen weströmischen Reiches. Seine in der rund 280 km von Gerolstein entfernten, heute französischen Stadt Reims erfolgte Taufe wird bis heute gefeiert, wie sich etwa im Jahre 1996 zeigte.

Ella: Wie bitte, im Jahre 1996 soll ein Franke, einer der vermeintlichen germanischen Zerstörer des weströmischen Reiches, gefeiert worden sein?

Oma: Ganz genau. Im Jahre 1996 zelebrierte Papst Johannes Paul II. den 1500. Jahrestag der Taufe Chlodwigs I. in Reims, und über 180 000 Menschen nahmen daran teil. Nach dem Bericht des ersten wichtigen Historikers der Franken aus dem 6. Jahrhundert, Gregor von Tours (538–594), soll es sich auch schon vor 1 500 Jahren um ein großartig gestaltetes Ereignis gehandelt haben:

Abb. 23: Die Taufe Chlodwigs um das Jahr 496

Die Schlacht von Zülpich von 496 zwischen zwei germanischen Stämmen, den Franken und den Alemannen, ging in die Geschichte nicht infolge genauer Informationen über ihren Verlauf ein, sondern wegen des Sieges und der nachfolgenden römisch-katholischen Taufe des fränkischen Heeresführers Chlodwig I. Im kollektiven Erinnern des späteren Frankreichs ebenso wie Deutschlands spielte diese Taufe eine herausragende Rolle, wie etwa diese Abbildung aus einem Elfenbein-Buchdeckel aus dem 9. Jahrhundert veranschaulicht. Ein weiteres Jahrtausend später lernten deutsche Kinder beispielsweise die folgenden Verse von Karl Joseph Simrock (1802-1876): »Chlodwig selbst ergriff das Banner, trug es in der Feinde Reihn/Und die Franken siegesmuthig stürzten jauchzend hinterdrein/ Schreck ergriff der Feinde Rotten, feige wenden sie und fliehn/All ihr Kriegsruhm ist erloschen, ihre Macht und Freiheit hin/König Chlodwig ließ sich taufen und sein edles Volk zugleich/ Und ob allen deutschen Stämmen mächtig ward der Franken Reich.«

»Mit bunten Tüchern wurden die Straßen behängt, mit weißen Vorhängen die Kirche geschmückt, die Taufkirche wurde vorbereitet, Wohlgerüche verbreiteten sich, hell leuchteten die duftenden Kerzen. Das Heiligtum über dem Taufbecken war erfüllt vom himmlischen Wohlgeruch. Den Anwesenden ließ Gott so viel Gnade zuteilwerden, dass sie sich in die Wohlgerüche des Paradieses versetzt dünkten.«[48]

Gleich nach ihrem König seien in berauschter Stimmung 3000 fränkische Krieger mitgetauft worden. Dieses aufwendige Fest fand nur etwa zwei Jahrzehnte nach der Absetzung des letzten weströmischen Kaisers statt.

Der Franke Chlodwig I. galt jahrhundertelang als ein idealer König, vorbildlicher Christ und Begründer der französischen Nation. Im Französischen sind er und seine Dynastie der Merowinger unter den Namen *Clovis* sowie *Les Mérovingiens* bekannt. Sie waren das Königsgeschlecht der Franken vom 5. Jahrhundert bis zum Jahr 751, als Pippin III. (714–768), der Vater Karls des Großen, zum König der Franken wurde und die Dynastie der Merowinger ablöste. Zwischen der Absetzung des letzten weströmischen Kaisers und der im Jahre 800 erfolgten Kaiserkrönung Karls des Großen gab es also keine drei »geschichtsleeren« Jahrhunderte, wie es Dir offensichtlich bisher erschien.

Ella: Aus dieser Perspektive erscheint das Frankenreich eher wie eine Fortsetzung des weströmischen Reiches in Gallien und nicht wie ein ganz neues Reich ...

Oma: So ist es, aber wir wissen leider nur wenig über diese Übergangszeit, da in Zeiten jenes erwähnten Bevölkerungsrückgangs immer weniger Menschen immer weniger Spuren hinterließen. Die Franken hatten ihre eigenen kulturellen Traditionen, und sie kannten die römische Kultur, aber in den schweren Lebensbedingungen konnten sie sich kaum um die Hinterlassenschaft der Römer kümmern. Mit der Zeit ist vieles in Vergessenheit geraten, obwohl die Erinnerungen an das Römische Reich nicht aus den Köpfen der Menschen verschwanden. Die Merowinger vereinigten immer größere Gebiete, indem sie diverse fränkische Kleinkönige besiegten und ihre eigene Herrschaft in Gallien bis zum Jahre 751 trotz häufiger Streitigkeiten, Kämpfe und Reichsteilungen behaupten konnten. Dabei half ihnen vor allem die römisch-katholische Kirche, die ihrer Herrschaft Legitimation und Kontinuität verlieh, und sie stützten sich auf römische Traditionen.

Ella: Aber die römisch-katholische Kirche war doch für das Seelenheil der Gläubigen zuständig ...

Oma: Das war sie, aber die römisch-katholische Kirche wirkte nicht nur durch Predigten der Frömmigkeit, sondern auch durch Verwaltung und Politik. Zuallererst bildete sie eine wichtige und mächtige Säule der Kontinuität zu den altrömischen Verwaltungserfahrungen, da sie nach deren Vorbildern ihre eigene Organisation festigte und ausbaute. Durch die Gestaltung des kirchlichen Lebens übte sie faktisch eine umfassende Rolle in der Organisation und Überwachung des gesamten öffentlichen Lebens aus.

Politisch gesehen gewannen jedoch auch die Beziehungen zwischen den fränkischen Herrschern und dem Papsttum eine immer größere Bedeutung. So verhalf schon der Vater Karls des Großen, Pippin der Jüngere, den Päpsten zur Entstehung ihrer später als Kirchenstaat bekannten und zeitweise großen Territorialherrschaft in Italien. Im Gegenzug wurde Pippin im Jahre 751 zum König der Franken erhoben und im Jahre 754 während des Besuchs Papst Stephans II. im Frankenreich sogar zusammen mit seinen beiden Söhne Karl [dem Großen] und Karlmann I. als König kirchlich gesalbt. Zu einer Abschwächung von Gewalttätigkeiten und kriegerischer Auseinandersetzungen in Italien oder im Frankenreich führte diese Entwicklung keineswegs, erst im Laufe vieler Jahrhunderte wurden langsam der Gewalt in begrenztem Maße einigermaßen wirksame rechtliche Einschränkungen gesetzt.

***

Ella: Damit sind wir beim Karl dem Großen, von dem ich schon immer wieder gehört habe ...

Oma: Vieles erzählt man über seine Kaiserkrönung, seine territorialen Eroberungen und die Förderung der lateinischen Sprache als der Schrift-, Wissenschafts- und Kultursprache, oder? Um zu verstehen, wie all dies miteinander zusammenhing, müssen wir uns jedoch der Dynastie der Karolinger zuwenden, derer Geschichte auch Verbindungen zur Gerolsteiner Gegend aufweist.

Ella: Wie bitte? Die Karolinger in Gerolstein? Da denke ich eher an die Stadt Aachen. Sie liegt zwar nicht weit weg von Gerolstein, aber gibt es noch andere Verbindungen?

Oma: Oh ja. Gerolstein existierte damals noch nicht, aber Karl der Große war nicht zufällig der Stadt Aachen tief verbunden. Das Frankenreich wurde zu seinen Lebzeiten sehr ausgeweitet, und die Gebiete zwischen dem Rhein und der Maas gehörten zu dessen Zentrallandschaft. Die rund 100 km von Gerolstein entfernte Stadt Aachen wurde zumindest in den Wintermonaten zu Karls nahezu fester Residenz ebenso wie zu seinem wichtigen »Regierungssitz«, wie wir es heute bezeichnen würden. Darüber hinaus gehörten zu Karls Lieblingsstädten auch die beiden an der Mosel liegenden, heute französischen und von Gerolstein rund 150 km entfernten Städte Thionville (Diedenhofen) sowie das (von dort nur rund 30 km entfernte) Metz. In Thionville hatte schon Karls Vater Pippin der Jüngere eine königliche Pfalz erbaut, in der er sich ebenso wie Karl mit ihren Familien häufig aufgehalten, Gäste empfangen und Verhandlungen geführt haben. In Metz errichtete Karl in der dortigen, schon im 6. Jahrhundert gegründeten Abtei Sankt Arnulf die Nekropole der Karolinger; dort wurden seine Ehefrau Hildegard sowie seine Schwestern und sein Sohn, Kaiser Ludwig der Fromme, bestattet. Das geschah nicht zufällig, da dort schon der als Stammvater und Hausheiliger der Karolinger geltende St. Arnulf in den Jahren 614 bis 629 als Bischof von Metz wirkte. Von Aachen aus betrachtet liegen diese beiden Städte an einer entlang der Eifel verlaufenden Luftlinie, sodass es unschwer vorstellbar ist, dass der als leidenschaftlicher Jäger bekannte Karl auch die Eifelwälder kannte.

Karl der Große hatte auch enge Bindungen zu der schon 698 gegründeten Abtei St. Peter und Paul in der heute luxemburgischen und 60 km von Gerolstein entfernten Stadt Echternach. Auch das war nicht »irgendein« Kloster. Es wurde von dem um 658 in England geborenen und 739 in Echternach verstorbenen heiligen Willibrord gegründet und ist als das erste durch die angelsächsische Missionstätigkeit auf dem europäischen Festland entstandenes Kloster bekannt. Willibrord pflegte Kontakte mit dem Urgroßvater Karls dem Großen, Pippin dem Mittleren (635–714), und die Echternacher Abtei wurde im Jahre 751 zur Königlichen Abtei der Karolinger erhoben. Karl der Große soll die Abtei sogar ein Jahr lang selbst geleitet haben, und so ist es kein Zufall, dass in dem 40 km von Echternach und 20 km von Gerolstein entfernten Prüm das Hauskloster der Karolinger errichtet wurde.

Ella: Wenn ich mir all diese Orte auf der Karte vorstelle, kann die Eifel wirklich kaum Karls Aufmerksamkeit entgangen sein ...

Oma: Und es kommt sogar noch etwas hinzu: Der Raum zwischen den beiden Flüssen Maas und Mosel gilt als das Stammland etlicher Vorfahren Karls.[49] So wird es kein Zufall sein, dass die schon erwähnte Abtei in Prüm von Karls Urgroßmutter Bertrada der Älteren (660–nach 721) zusammen mit ihrem Sohn Heribert im Jahre 721 gestiftet wurde. Karls Eltern, König Pippin der Jüngere und Bertrada die Jüngere, haben diese Stiftung im Jahre 752 erneuert und 762 mit sehr großen Besitztümern ausgestattet. Gleichzeitig wurde in Prüm eine neue Kirche erbaut, und die Abtei erhielt sogar eine damals sehr ungewöhnlich wertvolle Reliquie, die dort bis heute aufbewahrten Sandalen Christi. Bei der Einweihung der neuen monumentalen und prächtig ausgestatteten Kirche im Jahre 799 waren sogar der Papst Leo III. und Karl der Große anwesend, schließlich handelte es sich um das »Hauskloster« der Karolinger ...

Ella: Das heißt, dass die Gerolsteiner ein wenig so etwas wie Landsleute der Karolinger sind und ich deshalb auf meiner historischen Pirsch unbedingt auch Prüm besuchen sollte ...

Oma: Das solltest Du, zumal der schon erwähnte Gerolsteiner Stadtteil Sarresdorf eine Zeit lang zur Abtei Prüm gehörte, wo Du heute noch das Grab Kaisers Lothar I. (795–855), des Enkels Karls des Großen besuchen kannst, der dort im Jahre 855 starb.

Ella: Und hat etwa auch die Bertradaburg von Mürlenbach mit Karl dem Großen etwas zu tun? Trägt sie etwa den Namen seiner Urgroßmutter oder Mutter, die das Kloster Prüm stifteten?

Oma: Ja und nein. Seit wann und warum die etwa 10 km von Gerolstein entfernte, sehr malerisch im Kylltal gelegene Bertradaburg ihren Namen trägt, wissen wir nicht. Wie der Historiker Michael Losse herausgefunden hat, handelt es sich um eine volkstümlich seit dem 19. Jahrhundert tradierte Bezeichnung dieser alten Burg. Sie geht auf eine schon seit dem 17. Jahrhundert kursierende Legende zurück, die die Burg sogar mit der Geburt Karls des Großen verbindet. Im Jahre 1623 erzählte nämlich ein Prümer Chronist, dass »die Alten von ihren Vorfahren« gehört haben sollen, die Burg sei von einer berühmten Fürstentochter erbaut worden. Nach den Berichten alter Schriftsteller sei dies Berta, die Mutter Karls des Großen, gewesen, er sei auf der Burg geboren und die Burg somit die »Stammburg« des karolingischen Königshauses.[50]

Weder Datum noch Geburtsort Karls des Großen sind nachweislich bekannt. Heutige Historiker meinen, er sei eher in der Pariser Gegend geboren worden als in Mürlenbach,[51] aber schon allein wegen dieser Sage und auch weil die Burg in ihrer heutigen Form romantisch schön ist, solltest Du sie besuchen, zumal dorthin von Gerolstein aus ein wunderschöner Weg bzw. Fahrradweg entlang der Kyll führt (vgl. Abstecher zu »den schönsten Punkten der Eifel«).

Ella: Ich bin über die vielerlei Verbindungen Karls des Großen zur Umgebung von Gerolstein richtig überrascht. Bisher habe ich seinen Namen zwar immer wieder gehört, aber jetzt, nachdem ich auf meiner historischen Pirsch zu ihm eine ganz persönliche Beziehung gefunden habe, möchte ich über ihn mehr erfahren ...

Abb. 24: Pippin III. & Bertrada die Jüngere in St. Denis

Pippin III., der Vater Karls des Großen, wurde im Jahre 714 in dem unweit von Paris gelegenen Ort St. Denis geboren und wuchs dort auf. In der dortigen, seit 564 n. Chr. nachgewiesenen Grablege fast aller fränkischen und später französischen Könige wurde auch Pippin III. zusammen mit seiner Ehefrau und Mutter Karls des Großen Bertrada der Jüngeren begraben.

Abb. 25: Bertradaburg in Mürlenbach

Der Sage nach soll die Urgroßmutter Karls des Großen, Bertrada die Ältere, in der später nach ihr benannten Bertradaburg in dem unweit von Gerolstein gelegenen Ort Mürlenbach gelebt haben. Darüber hinaus soll er selbst schon vor der förmlichen Vermählung seiner Eltern dort geboren worden sein. Ganz abwegig soll diese Legende nicht sein.

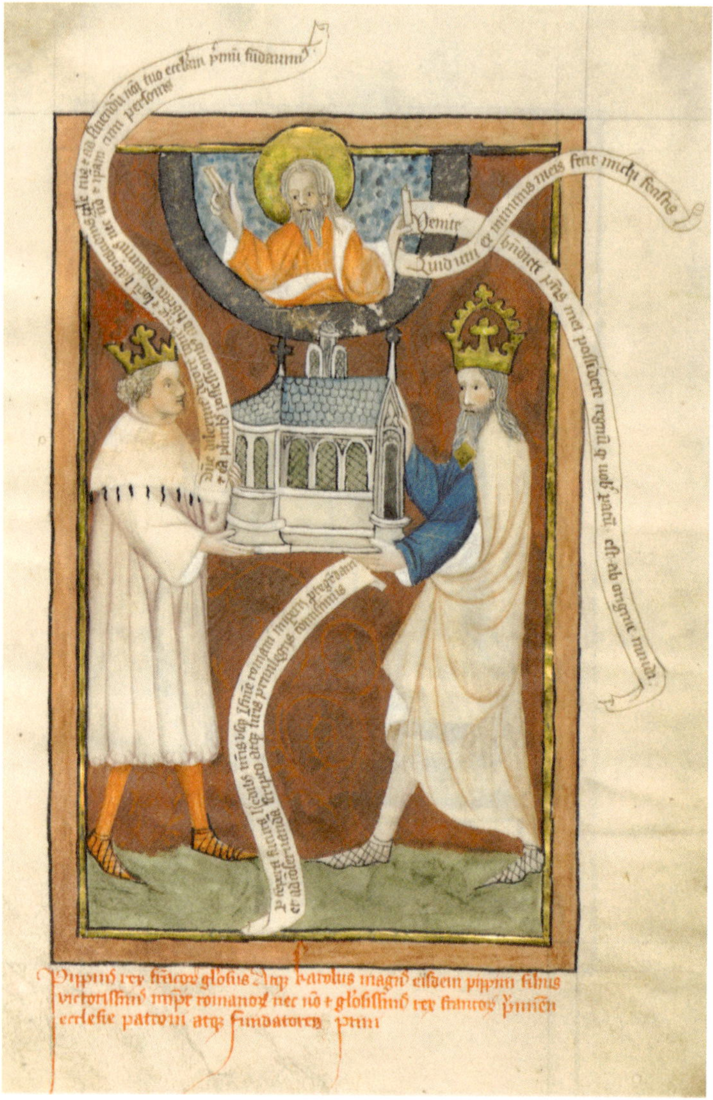

Abb. 26: Pippin III., Karl der Große und die Abtei Prüm

Die Abtei Prüm gehörte im Mittelalter zu den bedeutendsten Klöstern nördlich der Alpen. In der Wissenschaftlichen Stadtbibliothek der Stadt Trier wird eine Abbildung (um 1420) Karls des Großen und seines Vaters Pippin III. als der Gründer und Stifter der Prümer Abtei aufbewahrt.

Abb. 27: Die Reliquie Sandalen Christi in Prüm

Sucht man die Eifler Spuren der Karolinger, wird man Prüm nicht übersehen können, da dort nicht zuletzt einst das Haus- und Familienkloster der Karolinger stand. In der dortigen, erst später erbauten Basilika begegnen wir bis heute einer der wertvollsten Reliquien des Mittelalters: Teilen der Sandalen Christi, die Papst Zacharias dem Vater Karls des Großen, Pippin III., im Jahre 752 geschenkt haben soll. Auch das Grab Kaiser Lothars I., eines der Enkel Karls des Großen, der dort am 29. September 855 verstorben ist, befindet sich dort bis heute.

***

Oma: Karl der Große war nicht nur der berühmteste König der Franken, sondern wird wie kaum ein anderer Europäer verehrt. Besonders populär ist er jedoch in Frankreich und Deutschland. Vielleicht hast Du schon mal im Herzen von Paris sein monumentales Denkmal direkt vor der Kathedrale Notre-Dame gesehen. In Deutschland ist er als der Erbauer des Aachener Doms bekannt, in dem zwischen 936 und 1531 deutsche Könige gekrönt wurden. Sein Wirken führte vor allem auch viel Neues in das Frankenreich ein.

Ella: Hat er etwa Demokratie und Menschenrechte eingeführt oder sich um die Probleme der Armen gekümmert? Schließlich muss er ein guter Christ gewesen sein, wenn ihn der Papst zum Kaiser krönte ...

Oma: Da fallen Dir wieder mal die heute modischen politischen Slogans ein. Die Mächtigen, die ohnehin meist im Umgang mit Menschen nicht feinfühlig zu sein pflegen, waren damals meist noch viel brutaler und rücksichtsloser als heute. Karl der Große lebte in einer anderen Zeit als wir, und deshalb war er auch ein ganz anderer Mensch, als er wohl heute wäre. Außerordentlich waren sein breiter intellektueller Horizont und sein tatkräftiger Verstand. Das unterschied ihn von den meisten Herrschern und Politikern aller Zeiten, einschließlich seinen eigenen Nachkommen.

Ella: Woher hatte er seine neuen Ideen? Zu seiner Zeit konnte doch kaum jemand lesen und schreiben. Welche Sprache haben die Franken seiner Zeit eigentlich gesprochen, Deutsch oder Französisch?

Oma: Weder noch. Da damals tatsächlich kaum jemand lesen und schreiben konnte, redeten Menschen in vielen unterschiedlichen Dialekten. Die Sprache der römisch-katholischen Kirche sowie der Gelehrten, der Politik und der Diplomatie war dagegen nach wie vor das Lateinische. Das hielt die Relikte und Erinnerungen an die antike römische Kultur allgegenwärtig, und regionale Sprachen vermischten sich allmählich mit dem Lateinischen. Aus dem Altfränkischen und Lateinischen haben sich mit der Zeit sowohl Deutsch als auch Französisch entwickelt. Als ältester derart zweisprachiger Text gilt eine als »Straßburger Eide« bekannte Urkunde aus dem Jahre 842, also ein nicht lang nach dem Tode Karls des Großen entstandenes zweisprachiges Schriftstück.

Karl selbst soll sowohl die altfränkische ebenso wie die lateinische Sprache gemocht haben. Mir persönlich gefällt dabei besonders seine Fähigkeit, die fränkischen Traditionen mit seinem Interesse an der lateinischen Sprache und ihren Traditionen zu verbinden. Er vermochte es, in unterschiedlichen Traditionen ebenso wie in manchmal weit entfernten Kulturen Inspiration zu finden. Weißt Du eigentlich, dass einer seiner besten Freunde ein Engländer war?

Ella: Wie bitte, ein echter Engländer aus England? Wie sollen sie sich damals überhaupt kennengelernt haben?

Oma: Sie trafen sich im Jahre 781, als sie beide in Italien unterwegs waren. Der rund zehn Jahre ältere Alkuin (735–804) stammte aus dem kleinen englischen Königreich Northumbria und war ein führender Gelehrter im Kloster von York. Er muss auf Karl einen so großen Eindruck gemacht haben, dass er ihn nach Aachen einlud. Dort ist Alkuin zu einem seiner engsten Freunde sowie wichtigsten Berater geworden. Aber dort versammelten sie auch einen richtig internationalen Kreis von Gelehrten.

Neben Alkuin gehörte zu den bekanntesten Persönlichkeiten dieses Kreises der Gelehrte Einhard, der sich als Karls Vertrauter und vor allem als sein Biograph einen großen Namen machte. Aber auch Karls Lateinlehrer Petrus von Pisa, der langobardische Geschichtsschreiber Paulus Diaconus, der westgotischer Theologe Theodulf von Orléans, der als »Apostel der Slowenen« bekannte Paulinus II. von Aquileia, der irische Astronom und Dichter Dungal von Bobbio sowie der irische Geograf Dicuil oder der berühmte Abt Arno von Salzburg gehörten dazu. Schau Dir einmal zumindest in der Wikipedia die Biographien dieser Gelehrten an, um zu begreifen, welch eine bunte Gesellschaft sie bildeten. Eine solche Begegnungsstätte von Gelehrten aus nahezu allen Ecken Europas vor 1 200 Jahren in der rund 100 km von Gerolstein entfernten Stadt Aachen zeigt mit aller Deutlichkeit, wie multikulturell und eng verflochten die Welt der Franken schon lange vor der Entstehung der EU war …

Ella: Und was inspirierte Karl zu seinem internationalen Aktivismus?

Oma: Internationale Kontakte waren unter den Eliten damals nicht ungewöhnlich, vielleicht nicht zuletzt wegen der damals allgegenwärtigen Erinnerungen an das Römische Reich. Dazu kann ich Dir eine Geschichte erzählen: Karl soll schon als Kind mit seinem Vater

Rom besucht haben und von der Stadt fasziniert gewesen sein. Dort befreundete er sich mit dem späteren Papst Hadrian I., der ihm sehr dabei half, die Traditionen der antiken römischen Kultur kennenzulernen. So sei er zu einem ihrer eifrigsten Erneuer geworden, sagt man. Aber um die Intensität dieser Leidenschaft Karls des Großen zu begreifen, half mir erst der herausragende Historiker und Karls Biograph unserer Zeit, Johannes Fried.

Er beschrieb ausführlich Karls Besuch in Rom im Jahre 774. Dabei rekonstruierte er detailliert, wie Rom zu jener Zeit ausgesehen und in welchen Gebäuden sich dort Karl aufgehalten hat. Es waren durchwegs monumentale, schon von Kaiser Konstantin dem Großen konzipierte und teilweise errichtete Bauten, die zu Karls Zeit als zentrale Bauten des Christentums sowie des Papsttums dienten. Karl soll von ihnen so beeindruckt gewesen sein, dass seine später in Aachen errichtete Dom- und Pfalzanlage eine weitgehende Anlehnung an jene römischen konstantinischen Vorbilder aufweist, denen er persönlich in Rom begegnete. Und nicht nur das: In Karls Augen erschien der als erster christlicher Kaiser geltende Konstantin der Große als der Begründer des *christlichen* römischen Reiches. Zusammenfassend stellt deshalb Johannes Fried fest: Karls Aachen zeugte von ‚einer großen Renaissance', also von Rom-Erneuerung und Rom-Imitation.[52] Es seien nicht das heidnische, sondern das kirchliche Rom und der erste christliche Kaiser Konstantin der Große, die Karl der Große als Vorbild vor Augen hatte, als er seine »erhabene Burg« des »neuen Rom« in Aachen plante.[53]

Ella: Wie bitte? Karl bemühte sich, in Aachen ein Abbild Roms zu erschaffen, wie es etwa fünf Jahrhunderte zuvor von Konstantin erbaut wurde?

Oma: Wortwörtlich konnte er natürlich das alte Rom nicht nördlich der Alpen neu erschaffen. Aber Karl suchte in den Spuren der römischen Vergangenheit Inspiration und ahmte entsprechend seinen Möglichkeiten vieles nach. Als Baumaterial wurden die in Aachen aus der Römerzeit damals noch vorhandenen Baurelikte verwendet.

Beachtliche Teile der Ausstattung wurden sogar aus Rom importiert. Karl kannte natürlich auch die Verdienste Konstantins und dessen Mutter Helena um die christlichen Denkmäler und Reliquien in Jerusalem, und so ließ er sogar z. B. die Marmorplatten für den Kaiserthron in Aachen aus Palästina herholen. Aber nicht nur das: Auf die Anziehungskraft Konstantins des Großen auf Karl weisen auch die beiden einzigen Abbildungen Karls hin, die noch zu seinen Lebzeiten entstanden sind. Eine von ihnen findet sich auf einer Münze, die ganz offensichtlich ziemlich genau nach dem Vorbild einer älteren Münze mit dem Porträt Konstantins entstanden ist. Ob sich Karl tatsächlich bewusst so porträtieren ließ, dass er Konstantin ähnlich aussah, wissen wir nicht, aber abwegig ist diese Vermutung keineswegs. Die zweite erhaltene Abbildung Karls aus seiner Lebenszeit weist nämlich ähnliche Gesichtszüge auf.

Ella: Jetzt verstehe ich aber auch besser Karls sonstiges Tun. Seine Verdienste um die lateinische Literatur- und Wissenschaftskultur, Kunst ebenso wie um das Rechtswesen sowie staatliche Verwaltung, seine aufgeschlossene Multikulturalität ebenso wie seine Eroberungsbestrebungen – all das muss den Vorbildern des Römischen Reiches entsprungen sein. So eine Nähe zwischen dem Römischen und dem Fränkischen Reich habe ich mir nie vorgestellt.

Oma: Zu Karls Alltagswelt gehörten aber auch weit entfernte Länder und ihre Gesandtschaften, allen voran das oströmische Reich mit dessen Metropole Konstantinopel, und er pflegte auch Beziehungen zum islamischen Großreich der Abbassiden mit seiner Hauptstadt Bagdad. Er war es auch gewohnt, kostbare Geschenke aus allen Ecken der damals bekannten Welt zu empfangen; im Jahre 802 schickte ihm der Kalif von Bagdad (der aus den Märchen »Tausendundeine Nacht« bekannte Harun ar-Rashid) sogar einen Elefanten namens Abul Abbas, der sich damals bis zu seinem Lebensende im Jahre 810 großer Beliebtheit erfreut haben soll.[54] Vor allem begriff Karl aber auch, dass die Franken überall viel lernen konnten.

Ella: Naja, Du scheinst ihn wirklich zu mögen, aber Kriege hat er auch zur Genüge geführt. In der Schule hörte ich über seine mörderischen Sachsenkriege. Und wem verhalf letztendlich all sein Tun zum besseren Leben? Unfreiheit, Armut, Kriege und Folterungen gab es doch auch zu seiner Zeit mehr als genug.

Oma: Da stimmt, und nicht nur das. Karls Frankenreich ist bald nach seinem Tod zerfallen, und die beiden größten späteren Nachfolgenationen, die Deutschen und die Franzosen, führten untereinander jahrhundertlang schreckliche Kriege. Literatur, Kunst und Bildung machen Menschen nicht klüger und moralisch besser. Dennoch helfen sie uns, uns in der sich stets verändernden Welt besser zu orientieren als ein blindes Festhalten an Traditionen. Die Kultivierung unserer geistigen Fähigkeiten erwies sich in der Geschichte nie als ein Wundermittel, aber immer als nützlich. Deshalb sehe ich persönlich das wichtigste Erbe Karls in seiner kulturellen Aufgeschlossenheit und nicht in seinen siegreichen Kriegen und seinem Imperium.

Ella: OK, jetzt verstehe ich auch, warum Du die Franken nicht als Zerstörer, sondern eher als Erneuerer des Römischen Reiches betrachtest. Von Gerolstein aus kommen sie mir auch irgendwie näher und greifbarer vor als von London oder Prag aus. Aus der Ferne bleiben mir meist nur ein paar inhaltsleere Schlagworte im Kopf, hier in Gerolstein ist mir diese Geschichte irgendwie verständlicher ...

Oma: Das kann ich verstehen, und wenn man gezielt nach Verbindungen zwischen verschiedenen Zeiten und verschiedenen Regionen sucht, findet man erstaunlich viel auf dem gesamten europäischen Kontinent. Deswegen sprechen die heutigen Historiker von der »Verflochtenheit der europäischen Geschichte«. Als ein Beispiel dafür fällt mir eine einfache Frage ein: Was verbindet die beiden Personennamen Karl der Große und Eliška sowie die Städtenamen Aachen und Prag miteinander?

Abb. 28: Die Aachener Karlsbüste

Der Aachener Karlsbüste sagt man nach, dass sie als »eines der bedeutendsten Zeugnisse gotischer Goldschmiedekunst« gelte und »die wohl bekannteste Reliquienbüste überhaupt« sei (wikipedia 2024). Sie ist um das Jahr 1349, also über 500 Jahre nach dem Tod Karls des Großen entstanden und verbirgt in ihrem Inneren seine Schädeldecke. Sie wurde von einem seiner großen Verehrer, dem in Prag geborenen und dort verstorbenen König von Böhmen (heute Tschechien) und Kaiser des Heiligen Römischen Reichs Karl IV. gestiftet. Das macht sich schon auf den ersten Blick bemerkbar, beispielsweise durch die markante Ähnlichkeit zwischen der Krone der Aachener Büste und der bis heute in der Prager Burg aufbewahrten tschechischen Königskrone des Heiligen Wenzel.

Ella: Naja ... Karl der Große war ein Franke, mein Name Eliška ist auch der Name einer tschechischen Königin im Mittelalter gewesen, Aachen war eine der Lieblingsstädte von Karl dem Großen und Prag gehört zu meinen Lieblingsstädten. Wie all das aber zusammenhängen soll, habe ich keine Ahnung.

Oma: Genau um solche Verbindungen geht's uns aber gerade, das sind jene erwähnten zeitlichen und regionalen Verflechtungen der Geschichte. Also denke zunächst daran, dass die leiblichen Überreste

Karls des Großen bis heute im Aachener Karlsschrein ruhen. Seine Schädeldecke muss man allerdings anderswo suchen, und zwar in der dortigen Domschatzkammer. Dort liegt sie im Innern des Kopfes einer berühmten Karlsbüste verborgen. Sie ist von einer Krone geschmückt, die nach dem Urteil aller Fachleute ganz eigenartige Ähnlichkeiten mit der Krone tschechischer Könige aufweist. Wie kommt das?

Die Krone auf der Aachener Karlsbüste soll von einem berühmten Kaiser des Heiligen Römischen Reiches im 14. Jahrhundert, Karl IV., gestiftet worden sein.[55] Seine Mutter war die Tochter und Erbin eines tschechischen Königs und wird auf Tschechisch Eliška genannt. Sie heiratete den in der knapp 100 km von Gerolstein entfernten Stadt Luxemburg geborenen Johann von Luxemburg (1296–1346), der somit in den Jahren 1311–1346 tschechischer König war. Ihren im Jahre 1316 in Prag geborenen und dort im Jahre 1378 verstorbenen Sohn benannten sie nach dem berühmten tschechischen Fürsten und später heiliggesprochenen Landespatron Václav (auf Deutsch Wenzel). Er wurde im Jahre 1355, so wie Karl der Große über ein halbes Jahrtausend zuvor, in Rom zum Kaiser gekrönt und ist als Kaiser Karl IV. bekannt geworden (Karl der Große gilt als Kaiser Karl I. und seine zwei Nachkommen im 9. Jahrhundert, der Enkel Karl der Kahle und Urenkel Karl der Dicke, trugen jeweils für eine kurze Zeit auch den Kaisertitel als Karl II. und Karl III.). Da Karl IV. persönlich Karl den Großen sehr verehrte, ist es dazu gekommen, dass wir heute in der unweit von Gerolstein gelegenen deutschen Stadt Aachen den Spuren des in Prag geborenen Sohnes der tschechischen Königin Eliška als des Stifters jener berühmten Büste Karls des Großen begegnen, in der sich bis heute dessen Schädeldecke unter einer in Prag hergestellten Krone verbirgt. Ist es nicht ein wirklich anschauliches Beispiel für die Verflechtungen im Geschehen verschiedener Zeiten und verschiedener Regionen in unserer europäischen Geschichte?

Ella: Sicherlich, zumal ich bisher nur über Karl den Großen als einen deutschen Herrscher hörte, während Karl IV. in Tschechien als der bedeutendste tschechische König verehrt wird. Kein Wunder, dass ich nie über irgendwelche Verbindungen zwischen ihnen nachgedacht habe.

Oma: Da bist Du nicht die Einzige. Derart verflochtene Geschichten findest Du überall, wenn Du sie suchst. Viele Deutsche kennen Karl IV. nur als einen »deutschen« Kaiser, obwohl er, der gebürtige Prager, den Namen »Karl« erst bei seiner Firmung am französischen Königshof, wo er erzogen wurde, erhielt. Zugleich wurde damals der französische König Karl IV. (Charles IV. le Bel) zu seinem Paten ernannt, Karl der Große zu seinem Namenspatron und Pierre Roger (später Papst Clemens VI.) zu seinem Erzieher. So ähnlich kannst Du auch in Gerolstein allerlei Spuren vom Geschehen der gesamten europäischen Geschichte begegnen.

Ella: Jetzt verstehe ich aber auch, warum ich einmal im Wald des 10 km von Gerolstein entfernten Neroth eine versteckte wunderbare Burgruine mit einem verwirrenden Hinweis entdeckte: Jene Burg soll im 14. Jahrhundert ein »König Johann von Böhmen« erbaut haben. Damals habe ich mich gewundert, wie es gekommen sein mag, dass ein tschechischer König hier eine Burg baute, habe aber keine Erklärung gesucht. Das muss doch der Vater Karls IV. Johann von Luxemburg gewesen sein, oder?

Oma: Richtig, er war der Erbauer der Nerother Burg, und die Luxemburger haben sehr viele Spuren in der Eifel hinterlassen, ebenso wie im entfernten Tschechien. Aber das wäre ein Thema für eine andere historische Pirsch. Jetzt möchte ich Dich nur noch auf mein letztes Beispiel der Verflechtungen aufmerksam machen: Wie wir schon gesehen haben, wurde Konstantin der Große von Karl dem Großen und dieser wiederum von Kaiser Karl IV. verehrt. Als Karl IV. im 14. Jahrhundert in seiner Geburtsstadt Prag jene Krone herstellen ließ, die bis heute in Aachen das Reliquiar mit der Schädeldecke Karls des Großen schmückt, stiftete er auch dem Trierer Dom die bis heute dort verehrte Schädelreliquie der Mutter Konstantins,

Abb. 29: Die Dreiteilung des Fränkischen Reiches im Jahre 843

Das Frankenreich Karls des Großen hat seinen Schöpfer nicht lange überlebt. Drei Jahre nach dem Tode des Sohnes Karls des Großen, Ludwig des Frommen (778-840), haben dessen Söhne im Jahre 843 im Vertrag von Verdun das Frankenreich untereinander aufgeteilt: Den westlichen Teil erhielt der jüngste Sohn Karl der Kahle, den mittleren Teil der in der Abtei Prüm verstorbene und begrabene älteste Sohn Lothar I. und den östlichen Teil der mittlere Sohn Ludwig der Deutsche. Die beiden sich später konstituierenden Nationen der Franzosen und Deutschen sahen sich jahrhundertelang als die »wahren« Nachfolger der Franken.

der Heiligen Helena. Machen nicht gerade solche Zusammenhänge die Beschäftigung mit der Geschichte zu richtig spannenden Wanderungen in Labyrinthen von allerlei Geschehnissen, Zeiten und Regionen?

Ella: Ja, aus dieser Perspektive betrachtet erscheint mir Gerolstein wirklich nicht mehr nur als ein kleines Eifler Städtchen mitten in einer idyllischen Wanderlandschaft zwischen Felsen und Tälern, Wäldern, Feldern und Wiesen. Allmählich kommt es mir auch wie das beste Geschichtslehrbuch vor, dem ich je begegnet bin.

Oma: Schön, aber dazu gehört auch die Feststellung, dass das Frankenreich Karls des Großen nicht ewig dauerte. Es hat seinen Schöpfer kaum überlebt, schon seine Enkel teilten es untereinander auf ...

Abstecher nach Sarresdorf

Warum lohnt sich ein Abstecher nach Sarresdorf? Dieser heute als Einkaufs- und Gewerbezentrum bekannte Stadtteil Gerolsteins hat eine außerordentlich wechselvolle Geschichte. Einen Besuch ist er schon allein aus einem Grund wert: Von hier aus bietet sich eine ganz eigenartige Aussicht auf die Gerolsteiner Dolomiten sowie den einsam in den Himmel aufragenden und doch leicht besteigbaren Felsen Auberg. Er wird wegen seiner Form auch »Fünffingerberg« genannt, und die kleine Plattform auf dem »Daumen« bietet auf die Stadt Gerolstein eine einmalige Perspektive. In Sarresdorf findet man aber auch die Spuren des ältesten Siedlungsgebiets von Gerolstein, kann eines der ältesten Gebäude ebenso wie einen sehr alten »Nicht-mehr-Friedhof« kennenlernen, eine einstige »Wüstung« besuchen, zwei »eingewanderte« Fachwerkhäuser bewundern und einen »verschwundenen« Bach entdecken.

Unseren Spaziergang sollten wir am Alten Pfarrhaus (Sarresdorfer Straße 26) beginnen. Es steht schräg gegenüber dem Museum Villa Sarabodis sowie der Erlöserkirche (vgl. Abstecher zur Erlöserkirche). Das deutet darauf hin, dass hier vor 2 000 Jahren ebenso wie vor einem Jahrhundert ein reges Leben geherrscht hat. Aber dem war nicht immer so. Als Georg Friedrich Bärsch (1778–1866) im

Jahre 1824 Sarresdorf kennenlernte, ordnete er es denjenigen Eifler Orten zu, die damals als »Wüstung« bezeichnet wurden. Das waren nur noch aus alten Urkunden bekannte Ortsnamen, ohne inzwischen real noch existierende Orte. In Sarresdorf »an der Kyll, dicht bei Gerolstein« seien »nur noch das Pfarrhaus, eine Mühle und einige Hütten vorhanden«, schrieb Bärsch.[56]

Wie es dazu kam, dass Sarresdorf zwischendurch mal seine Bewohner verlor, werden wir weiter unten, im Abschnitt »In der Altstadt«, erfahren. Inzwischen sind Menschen dorthin wieder mal zurückgekehrt, die 1824 erwähnten Hütten sind verschwunden, das Pfarrhaus sowie die Mühle existieren noch. Im Jahre 1907 verewigte der berühmte Eifel-Maler Fritz von Wille (1860–1941) die Mühle in einem romantisch anmutenden Gemälde einer menschenleeren Winterlandschaft. Wir können die Mühle von unserem »Aussichtspunkt« am Alten Pfarrhaus aus in ihrer heutigen Form leicht finden: Wenn wir die vielbefahrene Bundesstraße, die Eisenbahn sowie die Kyll überqueren. In Sarresdorf kann man den Fluss der Zeit besonders anschaulich kennenlernen.

Vom Alten Pfarrhaus aus können wir trotz des heutigen Rummels die Einmaligkeit der Lage dieses Landstücks erkunden, um zu begreifen, warum es schon die alten Römer geschätzt haben, als sie gerade hier die heute als Villa Sarabodis bekannte Villenanlage gegenüber der schon damals genutzten Mineralwasserquelle Sidinger Drees errichteten. Damals muss es eine florierende Gegend gewesen sein, die dennoch mit der Zeit ihre Bewohner immer wieder verlor. Was sich hier nach der römischen Blütezeit tat, wissen wir nicht. Allerdings kann sich Sarresdorf mit einer schon im 8. Jahrhundert urkundlich nachgewiesenen Erwähnung schmücken (vgl. Zu Besuch bei den Franken). Zu dieser Zeit scheint sich diese Gegend so gut erholt zu haben, dass sogar die Jahrhunderte später entstandene Stadt Gerolstein der Pfarrei Sarresdorf zugeordnet wurde.

Urkundlich soll das Alte Pfarrhaus erstmals im Jahre 1321 erwähnt worden sein, also kurz bevor Gerolstein zur Stadt wurde, und in seiner jetzigen Form wurde es in der Mitte des 16. Jahrhunderts erbaut.[57] Nicht alle Gerolsteiner scheinen dieses ihrer ältesten Gebäude besonders zu schätzen. Nachdem das Pfarramt im Jahre 1834 von Sarresdorf nach Gerolstein zur dort neu erbauten Kirche umgezogen war, wurde das Alte Pfarrhaus zu Wohnzwecken genutzt. Erst im Jahre 1958 richtete man hier als einen Ausdruck von Wertschätzung ein Kreisheimatmuseum ein, um die erhaltenen Schätze der eigenen Regionalgeschichte zu pflegen und der Öffentlichkeit zugänglich zu machen. Die Stadt Gerolstein als Eigentümer des Gebäudes ließ diesem Museum aber keine besondere Pflege zukommen, sodass es 1997 wegen Einsturzgefahr geschlossen wurde. Der Stadtverwaltung fiel nichts Besseres ein, als das Alte Pfarrhaus zu privatisieren.

Diesmal hatten die Gerolsteiner ein seltenes Glück. Die neuen Eigentümer, das Ehepaar Christa und Christian Engels, restaurierten ihr neu erworbenes Altes Pfarrhaus und öffneten im Jahre 2005 das einstige Kreisheimatmuseum wieder. Aber nicht nur das. Sie haben das Museumsareal sogar um zwei neue, sehr alte Häuser erweitert, wie sie auf ihrer Website erzählten,

> »um ein 300 Jahre altes Fachwerkhaus, welches in Retterath abgebaut wurde. Am 1. Mai 2010 eröffneten wir in diesem Fachwerkhaus ein Cafe mit historischem Ambiente. Im Dezember 2010 begann der Aufbau eines 300 Jahre alten Fachwerkhauses aus Demerath, welches detailgetreu und original wieder aufgebaut wurde und seit Sommer 2012 als Weinhaus genutzt wird.«[58]

So ist es gekommen, dass nun zwei vom Abbruch gerettete uralte Häuser nach Sarrresdorf »eingewandert« sind. Das so entstandene neue kleine historische Zentrum verwandelte sich mitten im Einkaufsrummel des modernen Gewerbezentrums in einen malerischen Platz mit spektakulärer Lage zwischen den Felsmassiven, der

Erlöserkirche und der Kyll. Von einer vom Frühling bis zum Herbst blühenden Gärtnerei umrankt, wurde es von Geschichts- ebenso wie Restaurant-, Caféhaus- und Weinliebhabern gerne besucht, für Sarresdorf schienen sich abermals gute Zeiten angebahnt zu haben.

Zur Zeit der Entstehung dieses Buches sieht hier alles anders aus. Christa und Christian Engels sahen sich gezwungen, ihre wunderbaren Bestrebungen aufzugeben, ohne dass Bemühungen, ihnen zu Hilfe zu kommen, bekannt geworden wären. Das Alte Pfarrhaus wurde abermals verkauft, und diesmal hieß es wieder einmal: Weg von der »Sondernutzung«, hin zur »Wohnnutzung« ... Auf dem Grundstück soll ein neues Seniorenheim für behinderte Rentner entstehen und das Alte Pfarrhaus als Sitzungs- und Tagungsräumlichkeit dienen. Der Lauf der Geschichte ist kein geradliniger Weg, auch in Sarresdorf geht es immer wieder auf und ab.

Das Alte Pfarrhaus stand jahrhundertelang neben einer inzwischen verschwundenen Kirche. Sie wurde im 16. Jahrhundert prächtig ausgebaut. Es liegen Hinweise auf Reparaturen und Umbauten noch aus dem 17. und 18. Jahrhundert vor. In einem Bericht von 1803 hieß es: »Sarresdorf besteht nur aus der Kirche, die ziemlich schön ist und mit allem Notwendigen versehen ist.«[59] Auch im Jahre 1807 stellte ein von der damaligen französischen Verwaltung eingesetzter Pfarrer fest, dass die Kirche »in gutem Zustand« sei. Dennoch hat schon im Jahre 1811, als mit dem Bau einer Kirche in Gerolstein begonnen wurde, für die Sarresdorfer Kirche die letzte Stunde geschlagen: Im Jahre 1812 soll sie so weit abgerissen worden sein, dass nur noch der Chor stehen geblieben sei. Darin sollen sich noch 1831 »der Hochaltar, einige Statuen und Gemälde« befunden haben, aber all dies sei im Jahre 1832 »auf Abbruch verkauft« worden.[60]

Die Erinnerungen an die einstige Kirche gingen dennoch nicht verloren. In den 1960/70er Jahren soll man in Gerolstein den Neubau einer größeren, »modernen« Pfarrkirche geplant haben, und zwar in Sarresdorf: »Das Grundstück gegenüber der evangelischen Erlöserkirche hatte die katholische Kirchengemeinde bereits erworben. Damals galt auch die Prämisse, dass kein Kirchenmitglied länger als fünfzehn Minuten zum Gottesdienst zu gehen haben sollte. Diese Überlegungen bzw. Planungen wurden allerdings bald zu den Akten gelegt.«[61] Auch hier veranschaulicht Sarresdorf die alte Weisheit, dass sich in der Welt zwar ständig vieles verändert, aber auch Erinnerungen manchmal lange wirken.

Abb. 30: Altes Pfarrhaus und ein »zugewandertes« Haus in Sarresdorf

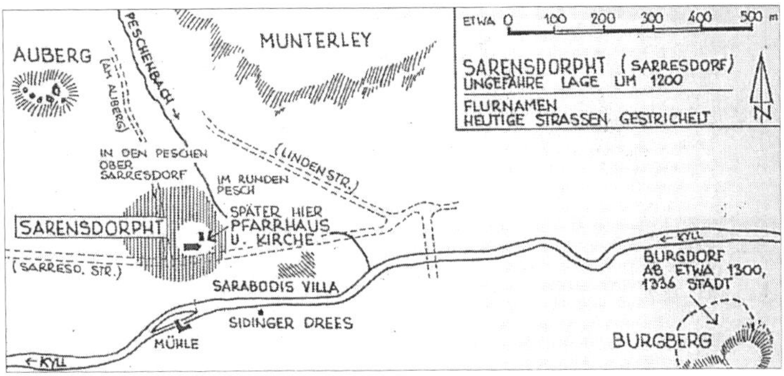

Abb. 31: Stadtplan von Sarresdorf um 1200

Der Friedhof neben dem Alten Pfarrhaus erinnert uns daran, dass in Sarresdorf jahrhundertelang auch die Gerolsteiner begraben wurden. Dies sollte sich im Jahre 2010 ändern. Die Presse meldete, dass dort niemand mehr begraben werde: »Das Aus für den Jahrhunderte alten Friedhof Sarresdorf ist besiegelt«, das habe der Stadtrat einstimmig beschlossen.[62] Der Friedhof liege auf einem ein Jahrtausend alten »Areal«, und in einigen Übergangsjahren solle dort nun ein »Park des Gedenkens« entstehen. Dieser am Alten Pfarrhaus liegende ‚Nicht-Mehr-Friedhof' und ‚Noch-Kein-Park' ist eines Besuchs aus mindestens drei Gründen wert.

Im Jahre 1892 ist hier ein kleiner jüdischer Friedhof entstanden. Er wurde bis zum Jahr 1940 belegt, nach dem Ende des NS-Regimes von der Stadt Gerolstein wieder instand gesetzt und gehört heute der jüdischen Kultusgemeinde Trier.[63] Er ist einer der von den Nazis nicht völlig verwüsteten jüdischen Friedhöfe, und so finden wir dort 22 alte Grabsteine erhalten, der älteste aus dem Jahr 1896. Die Opfer des Holocaust fanden hier ihre letzte Ruhe nicht, an sie erinnern eine Gedenktafel am Gebäude des heutigen Naturkundemuseums in der Gerolsteiner Altstadt sowie 13 Stolpersteine. Aber der kleine alte jüdische Friedhof ist eine sehr eindrucksvolle Erinnerung an das einst friedliche Zusammenleben von Deutschen und Juden.

Im Sarresdorfer ‚Nicht-Mehr-Friedhof' steht aber auch ein volkstümlich als »Franzosenkreuz« bekanntes Denkmal aus rotem Sandstein. Es erinnert an die in Gerolstein verstorbenen französischen Kriegsgefangenen aus dem Deutsch-Französischen Krieg 1870/71. In jenem Krieg verloren innerhalb von weniger als einem Jahr rund 45 000 deutsche und 139 000 französische Soldaten ihr Leben und rund 90 000 deutsche und 143 000 französische Soldaten wurden verwundet. Darüber hinaus gerieten etwa 474 000 Franzosen in deutsche Kriegsgefangenschaft, von denen über 75 000 in Gerolstein in Eisenbahnwaggons verladen und nach Norddeutschland transportiert wurden. Elf von ihnen sind hier an Typhus verstorben, wurden hier begraben und später nach Frankreich überführt. Das bis heute hier stehende Denkmal wurde damals vom französischen Staate errichtet, überlebte die beiden Weltkriege und erinnert uns an die manchmal respektvollen Umgangsformen mit den Toten der Kriegsgegner.

An der Außenmauer des Friedhofs, gleich am Eingang in das Alte Pfarrhaus, begegnen wir seit September 2019 einer Erinnerung an eine französische Widerstandskämpferin aus dem Zweiten Weltkrieg, Marcelle Dorr (1903–1943). Sie wurde im Jahre 1941 verhaftet, zu lebenslanger Zwangsarbeit nach Deutschland gebracht und starb am 19. November 1943 in Gerolstein, wo sie begraben wurde. Der Gedenkstein erinnert uns zugleich an weitere 64 auf dem Sarresdorfer Friedhof einst beerdigte ausländische Kinder, Frauen und Männer, die der NS-Diktatur in Gerolstein zu Opfer fielen. Über die hier ums Leben gekommenen Ausländer wurde jahrzehntelang in der Öffentlichkeit geschwiegen. Die dank dem Engagement einer kleinen Gruppe lokaler Aktivisten errichtete Gedenkstätte macht dies umso interessanter.

Dass durch Sarresdorf ein Bach namens Peschenbach fließt, nehmen heutzutage selbst manche Gerolsteiner nicht wahr. Er ist 1,84 km lang und gehört zu den rechten Zuflüssen der Kyll. Sein Name soll sehr alten Ursprungs sein, da im nördlichen Rheinland in manch einem Flurstück oder Ortsnamen die Bezeichnung »Pesch« (vom lateinischen pasculum für Weide) vorkommen. Das derzeitige Geheimnis dieses Bachs besteht darin, dass er zurzeit meist im Verborgenen fließt und demnächst wieder sichtbar werden soll. Seine Quelle verbirgt sich nördlich von Gerolstein auf dem Gelände des großen Mineralwerkes »Gerolsteiner Brunnen GmbH & Co. KG« am Vulkanring, seine Mündung finden wir im Kyllpark am rechten Ufer des Flusses, gegenüber dem Rathaus. Selbst scharfäugige Detektive werden Schwierigkeiten haben, seine Quelle und Mündung zu finden, und sein Bachbett dazwischen zu suchen, ist ein recht spannendes Unternehmen.

Wenn wir in Sarresdorf beginnen, können wir am Parkplatz der Prümtaler Mühlenbäckerei (Sarresdorfer Str. 22a) gegenüber der Erlöserkirche ein winziges fließendes Gewässer entdecken. Den Strom abwärts können wir leider nicht laufen, da der Peschenbach unter der Erde verschwindet, um erst an seiner Mündung im Kyllpark zum letzten Mal ganz kurz aufzutauchen. In Richtung stromaufwärts fließt er durch die momentane Wildnis hinter dem Alten Pfarrhaus vorbei, um auch hier abermals ganz zu verschwinden. Der Peschenbach wurde hier auf einer Länge von 75 Metern verrohrt und zum Teil unter Straßen und Gebäuden durchgeführt. Seine Spuren stromaufwärts können wir zwischen der Lindenstr. und der Straße Am Auberg hinauflaufend suchen, bis wir seine abermals unterirdische Durchquerung der Straße Heideweg erreichen. Am Milchhof Reginenhof führt die Spurensuche zu einem kleinen Auflaufbecken mit einem Picknicktisch und Sitzbänken. Unweit von hier soll der Peschenbach auf der Anlage Gerolsteiner Sprudel seine Quelle haben.

Demnächst soll der Peschenbach seine Geheimnisse verlieren und renaturiert werden. Im Jahre 2009 hat die Stadt Gerolstein das Areal der ehemaligen Drahtwarenfabrik nördlich von Sarresdorf (siehe Gerolstein im 19. Jahrhundert) gekauft und plant, den etwa 1,8 Kilometer lange Bachlauf wieder in seinen ursprünglichen Zustand zurückzuversetzen. Die Fabrikgebäude sind inzwischen abgerissen. So könnten wir die Freilegung des Peschenbachs bald erwarten – wenn wir die Geschichte von Sarresdorf nicht kennen würden und nicht wüssten, wie wechselhaft es hier schon immer zuging ...

Die uralte Geschichte von Sarresdorf erzählt uns nichts über dramatische Ereignisse oder große Errungenschaften, nichts über heldenhafte Taten bedeutender Persönlichkeiten oder Untaten böser Übeltäter. Dafür können wir erfahren, warum kein Grund zu der Annahme besteht, dass all das, um was sich Menschen bemühen, immer von Erfolgen gekrönt wird. Nicht immer hängt alles vom Handeln der beteiligten Menschen ab, vieles muss mit dem Wissen erduldet werden, dass wir mal in günstigeren und mal in ungünstigeren Zeiten leben, und dass dennoch alles Gute nur durch menschliches Bemühen entsteht.

Auf der Löwenburg

Ella: Nun möchte ich die Löwenburg besuchen, es ist doch der spektakulärste Punkt in Gerolstein ...

Oma: Und hast Du Dir schon überlegt, welchen Weg dahin Du wählst?

Ella: Das ist doch nicht schwer. Ich muss ganz auf dem kleinen Plätzchen unterhalb der Burg entweder nach rechts durch die Burgstraße oder aber auf den kleinen Treppenweg direkt hinaufsteigen, oder?

Oma: So kann man es machen, aber mein Lieblingsweg ist ein anderer. Da läuft man um den Burgfelsen herum und lernt erstens den Felsen kennen, auf dem die Löwenburg steht, und zweitens bekommt man die Burgruine auch von hinten zu sehen, nicht nur aus der nördlichen, der Stadt zugewandten Seite.

Ella: Den Weg kenne ich nicht. Wo soll ich ihn suchen?

Oma: Beginnen kannst Du auf jenem kleinen Platz direkt unterhalb der Burg, den Du gerade erwähnt hast und den die Gerolsteiner »An der Normaluhr« nennen.

Ella: Wie bitte? Gibt es auch unnormale Uhren?

Oma: Die Bezeichnung »Normaluhr« stammt aus der Zeit, als Menschen noch keine Handys, sondern vielerlei Uhren hatten und man nie so richtig wusste, welche der Uhren die richtige Zeit anzeigte. Im Jahre 1893 führte man deshalb eine für ganz Deutschland gültige Uhrzeit ein, und in vielen Orten wurde eine öffentlich zugängliche sogenannte »Normaluhr« aufgestellt, um die einheitlich gültige

Uhrzeit anzuzeigen. Danach konnte sich jeder richten und seine eigene Uhr danach stellen.

Ella: Oh, wie sich früher Menschen darüber einigen konnten, wie spät es ist, habe ich mir noch nie überlegt, danke. Und nun zu Deinem Lieblingsweg: Zuerst finde ich also die »Normaluhr« – und wie geht's weiter?

Oma: An der Normaluhr solltest du die beiden Löwen begrüßen, die dort auf die Besucher der Löwenburg warten. Das kannst Du Dir wie eine Eintrittskarte vorstellen: Wenn jemanden beim Besuch der Löwenburg zwei Löwenfiguren begrüßen, sollte man ihnen Aufmerksamkeit schenken, oder? Und dazu kann ich Dir erzählen, wieso die Burg heute Löwenburg heißt.

Sie wurde weder von Löwen gegründet noch hieß sie immer so wie heute. In alten Quellen wurde ihr Name als *Gerhardstein* oder *Gerolzstein*, manchmal *Geroltzsteyne* oder *Girholstein* überliefert, und davon hat das unter der Burg entstandene Städtchen seinen Namen erhalten. Ja, sogar der berühmte Graf Karl Ferdinand, dem wir bald begegnen werden, nannte sie nie Löwenburg. Diese Bezeichnung soll erst in den beiden letzten Jahrhunderten als eine volkstümliche Bezeichnung der Gerolsteiner aufgekommen sein.

Ella: Und wie kam man auf die Löwen-Idee?

Oma: Die Geschichte der Burg und der Stadt waren miteinander eng verflochten, und wenn Du Dir zwischen den beiden Löwenfiguren am Fuß der Löwenburg das Stadtwappen von Gerolstein anschaust, begegnest Du auch einem Löwen. Das älteste bekannte Gerolsteiner Adelsgeschlecht waren nämlich die Herren von Blankenheim, und sie schmückten sich wie alle adligen Familien mit einem Wappen: In diesem Falle bestand es aus dem Bild eines »in Gold rotbezungten und rotbewehrten, schwarzen Löwen mit einem fünflätzigen roten Turnierkragen«, wie es in der fachmännischen Sprache der Heraldik (Wappenkunde) heißt. Darin ist nicht schwer ein goldumrahmter schwarzer Löwe mit roter Zunge und roten Krallen sowie einem fünflätzigen roten Turnierkragen zu erkennen, oder? Da die Blankenheimer die einstigen Herren von Gerolstein waren, schmückt sich unsere Stadt bis heute mit einem nahezu identischen Löwen-Wappen wie die etwa 30 km entfernte Stadt Blankenheim. Und so ist es wohl auch gekommen, dass die ursprünglich als *Gerhardstein* bekannte Burg, von der auch Gerolstein seinen Namen hat, mit der Zeit volkstümlich als *Löwenburg* bezeichnet wurde und wir heute beim Burgbesuch von zwei Löwen begrüßt werden.

Ella: OK, die Löwenburg hieß also ursprünglich Gerhardstein nach einem Gerhard von Blankenheim, der einen Löwen als Wappentier hatte – aber wie kam er zu seinem Löwen?

Oma: Die Wappenforscher vermuten, dass es sich um einen sogenannten Jülicher Löwen, also einen ursprünglich aus dem Wappen des einstigen Herzogtums Jülich stammenden Löwen handelt. Variationen derartiger Löwen kommen nämlich als Wappentiere im Umkreis der rund 100 km von Gerolstein entfernten Stadt Jülich recht häufig vor. Aber Löwen gehörten zu den allgemein beliebten Wappentieren, erinnere Dich etwa an die englischen *Three Lions* oder an den Löwen im Staatswappen der Tschechischen Republik ...

Abb. 32a: Der Stadtwappen von Blankenheim
Abb. 32b: Der Stadtwappen von Gerolstein
Abb. 32c: Der Löwen-Wappen unterhalb der Löwenburg

Abb. 32d: Gerolstein und Blankenheim als »historische Zwillingsstädte«
Im gängigen Sinne des Wortes sind die Städte Blankenheim und Gerolstein keine Zwillingsstädte, da sie keine aneinandergrenzenden Städte sind; jahrhundertelang waren sogar die Landwege zwischen ihnen recht beschwerlich. Dennoch ist es kein Zufall, dass sich ihre Stadtwappen sehr ähneln: Die beiden Städte waren jahrhundertelang durch dynastische Beziehungen eng verbunden. Die Herren bzw. Grafen von Blankenheim begleiteten die Gerolsteiner Geschichte von Anfang an bis zum Einbruch der modernen Gesellschaftsordnung infolge der Besatzung der Eifel durch das post-revolutionäre Frankreich am Ende des 18. Jahrhunderts.

Ella: Ich habe mich schon gefragt, warum Gerolstein nicht Löwenstein heißt, wenn es an der Löwenburg liegt ... Dass jedoch das Stadtwappen von Gerolstein auf eine so uralte Löwen-Tradition zurückgeht, ist mir nicht in den Sinn gekommen. Umso gespannter bin ich nun auf Deinen Geheimweg hinauf zur Löwenburg.

Oma: Steige bei der Normaluhr die linke Treppe bis zum kleinen Tor hinauf, aber biege unmittelbar vor ihm scharf nach links ab, bis Du Dich auf einer Plattform findest. Dort begegnest Du neben zwei modernen privaten Wohnhäusern einem viereckigen Turm und einem Felsenkreuz, über die ich Dir später mehr erzählen werde. Jetzt solltest Du vor allem rechts das beeindruckende Felsmassiv, auf dem die Burg errichtet wurde, sowie links die Altstadt betrachten, wo sich die Stadt Gerolstein seit dem 14. bis zum 19. Jahrhundert befand (vgl. In der Altstadt). Ein kleines Gässchen wird Dich weiter zum Haus auf der Hauptstraße Nr. 91 führen, dort laufe ein paar Meter rechts in derselben Richtung weiter, bis Du einen ganz versteckten engen Treppenaufstieg siehst. Er wird Dich zu einem engen Weg zwischen malerischen Häusern, Gärten und Wiesen hinaufführen, bis zu einer modernen Wohnstraße »Im Baumgarten«, der Du folgst. Von hier aus hat man den versprochenen wunderbaren Blick auf die bis heute beeindruckende Hinterseite der Löwenburg, die man sich nun als eine früher einmal mächtige Burg- und Schlossanlage viel besser vorstellen kann, als wenn man ihre Ruine nur aus der Stadt von ihrer nördlichen Seite kennt. Und wenn Du Dich weiterhin rechts hältst, wird Dich der Weg hinauf zum sogenannten Burgkreuz vor dem Eingang in die Löwenburg führen, und dieses unauffällige Kreuz verdient auch Deine Aufmerksamkeit.

Abb. 33: Die Löwenburg von heute

Vom Osten her, sozusagen von hinten, begegnen wir den Spuren der Löwenburg anders, als sie üblicherweise von der Stadt aus betrachtet und besucht werden.

Abb. 34: Das geheimnisvolle Burgkreuz
Das unauffällige und sagenumwobene Burgkreuz vor der Schildmauer im Westen der Löwenburg soll möglicherweise das älteste erhaltene Kreuz von Gerolstein sein.

Ella: ... Geschafft, Deinen Weg hinauf fand ich wirklich sowohl schön als auch erstaunlich hilfreich, um mir die einstige Burg vorstellen zu können. Nur das Burgkreuz kommt mir nicht gerade spektakulär vor ...

Oma: Das kann ich verstehen, viele Besucher beachten es nicht. Dennoch soll es das älteste Kreuz von Gerolstein sein, ein schon um das Jahr 1500 errichtetes Kreuz. Es ist von vielen Sagen umwoben. So wird manchmal vermutet, dass die Figuren der Kreuzabnahme an dem heute bekanntesten Gerolsteiner Kreuz am Eingang des Naturkundemuseums ursprünglich zu diesem, heute unauffälligen Burgkreuz gehörten – und folglich werden diese beiden Kreuze verschiedentlich als Nikodemuskreuz bezeichnet, ohne dass bisher geklärt werden konnte, welches von beiden das »echte« Nikodemuskreuz ist. Mit Sicherheit wissen wir dagegen, dass das Burgkreuz jahrhundertelang ein beliebtes Ziel spezieller Gerolsteiner Wallfahrten war, bei dem sich die Grafenfamilien mit den Stadtbürgern zum gemeinsamen Beten trafen. Dafür sprechen auch herumkursierende Angaben, dass an dieser Stelle ein Feldaltar mit einem spätmittelalterlichen, etwa 4 m hohem Steinkreuz gestanden habe, der bis zum 19. Jahrhundert bei Prozessionen um die Burg im Gebrauch gewesen sein soll.[64] Die heutige Form soll das Burgkreuz erst infolge der Zerstörungen am Ende des Zweiten Weltkriegs gewonnen haben. Hättest Du vermutet, dass ein so unauffälliges Kreuz so viele Geheimnisse in sich trägt? Aber Du solltest an dieser Stelle auch nicht vergessen, von hier aus die beeindruckend mächtige Schildmauer der Löwenburg mit dem Burgeingang zu betrachten ...

Ella: ... Alles geschafft, aber auf der Ruine der Löwenburg sieht man eigentlich nicht viel, oder?

Oma: Das würde ich überhaupt nicht sagen. Gerade alte Ruinen erzählen ganz viele spannende Geschichten, wenn man versucht, sich vorzustellen, was man hört oder liest. Dabei geht es keineswegs primär um Daten und Namen. Sie brauchst Du nur zur Orientierung in den spannenden Geschichten, die die alten Ruinen in sich bergen. So stellen beispielsweise die meisten Besucher zuallererst die Frage, wann und von wem die Löwenburg erbaut wurde. Das ist jedoch nicht bekannt. Es wird allerlei vermutet, und oft kannst Du sogar der unzutreffenden Behauptung begegnen, die Löwenburg sei urkundlich schon im Jahre 1115 nachgewiesen und soll damals einem Gerhard von Blankenheim gehört haben. Doch das stimmt nicht. In jener gemeinten Urkunde findet sich nämlich der Name Gerhard von Blankenheim, aber kein Hinweis auf »Gerhardstein«.[65]

Ella: Und was meinst Du, wann die Löwenburg entstanden sei?

Oma: Ich schließe mich jenen Autoren an, die den erst später geborenen Gerhard IV. von Blankenheim († 1308) für den eigentlichen Erbauer der Löwenburg halten. Er gilt als der »große Staatsmann« des Gerolsteiner Mittelalters.[66] Er nannte sich »Herr von Blankenheim, Gerhardstein, Kastelburg und Bettingen« und verlagerte die

Familieninteressen von Blankenheim nach Süden, in die Gerolsteiner Gegend. Er soll recht rücksichtslos und Reichtum süchtig gewesen sein, aber seinen Besitz soll er nicht nur erweitert, sondern auch gut gepflegt und ausgebaut haben. Im heutigen Gerolstein hat er wahrscheinlich um das Jahr 1300, möglicherweise an der Stelle eines schon älteren Baus, eine zweiteilige Wehrburg errichtet, die aus einer Vor- und einer Hinterburg bestand und zur Grundlage des späteren Schlosses wurde. Das kannst Du heute noch erkennen, wenn Du Dich auf der Löwenburg umschaust: Die Burg bestand nämlich aus zwei Teilen, die durch einen Graben voneinander getrennt waren. Im unteren Teil wohnten die Burgwachen und die Bediensteten, im oberen Teil die adlige Familie. Gerhard IV. förderte auch den Ausbau der kleinen Siedlung – der späteren Stadt – unterhalb des Burgfelsens, und nach seinem Tod folgte eine richtige Blütezeit für unsere Gegend.

Ella: Also muss ich mir den Namen Gerhard IV. Herr von Blankenheim, Gerhardstein, Kastelburg (wohl Kasselburg) und Bettingen aus dem 13. und dem frühen 14. Jahrhundert als den Namen des ersten »großen Gerolsteiners« des Mittelalters merken.

Oma: Das ist eine gute Idee, damit Du zumindest einen unserer mittelalterlichen Burgherren kennst. Über seine Vorfahren und Nachkommen wissen wir nicht viel Genaues, und daher kommt es zu der erwähnten Unklarheit auch hinsichtlich der genauen Bezeichnung des Erbauers der Löwenburg. Viele unserer mittelalterlichen »Herren« hießen entweder Gerhard oder Arnold, und mit den Geburts- und Todesdaten nahm man es damals nicht so genau. Die beiden Vornamen tauchen in einzelnen erhaltenen Urkunden immer wieder auf, ohne dass sich Historiker bis heute darüber einigen können, um wen es sich wann jeweils genau gehandelt haben könnte.

So soll etwa im 14. Jahrhundert ein Arnold gelebt haben, der nachweislich in Gerolstein seinen ständigen Wohnsitz nahm und bei dem der Namenszusatz »Herr zu Gerhardstein« zum ersten Mal bezeugt ist. Sein Name wird in zahlreichen Urkunden erwähnt, und daraus ergibt sich das folgende Bild seines Lebens: Er soll zusammen mit seinem Zwillingsbruder Gerhard regiert haben und ist vor allem wegen seiner vielerlei Streitigkeiten berühmt geworden. Er mischte sich nämlich in die »große« Politik ein, das heißt in die Auseinandersetzungen zwischen den mächtigeren Herren aus den umliegenden »Großstädten« wie Trier, Köln, Jülich oder Luxemburg. Dabei war er mal mehr und mal weniger erfolgreich. Auf jeden Fall gelang es ihm, in den Jahren 1352/53 die Löwenburg sowie das darunter liegende Städtchen gegen einen Eroberungsversuch des Erzbischofs Balduin von Trier erfolgreich zu verteidigen. Nur bei seiner persönlichen Selbstverteidigung sollte es einmal nicht gut geklappt zu haben: Bei einem »Ritterspiel« mit einem jahrelang verfeindeten Herzog Wilhelm von Jülich sollen die beiden »mit einer solchen Wucht mit ihren Pferden aufeinander zugerannt sein, daß sie sich ihre Lanzen tief in die Seiten stießen und beide von Pferde fielen« – und tot waren sie.[67] Das war Arnolds trauriges Ende, und bis heute wissen wir nicht genau, wessen Sohn, wessen Bruder und wessen Vater er war.

Ella: Und was wissen wir über das Geschlecht der Blankenheimer?

Oma: Sie wurden im Jahre 1380 zu Grafen erhoben, übrigens vom König von Böhmen und in den Jahren 1376–1400 römisch-deutschen König Wenzel IV., dem Sohn des schon erwähnten Kaisers Karl IV., dem wir im Zusammenhang mit Karl dem Großen und Aachen begegnet sind. Allerdings starben die Blankenheimer im Mannesstamm schon im Jahre 1423 aus, und nach einem kurzen Intermezzo kam im Jahre 1469 das Haus Blankenheim in den Besitz der Grafen von Manderscheid,[68] die nun die Burg Blankenheim zu ihrem Hauptsitz ausbauten. Das Grafengeschlecht Manderscheid-Blankenheim erwies sich für Gerolstein als ein Glücksfall. Es bestand aus mehreren Familienzweigen, die enge Beziehungen untereinander pflegten. Ihre umfangreichen Besitzungen erstreckten sich mit der Zeit zwischen der Mosel im Süden, der Maas im Westen und dem Rhein im Osten, sodass sie zu den mächtigsten Adelsdynastien in der Eifel gehörten.[69] Im Jahre 1524 ist die Löwenburg zur Residenz eines ihrer Familienzweige geworden, der Grafenfamilie von Manderscheid-Blankenheim-Gerolstein, und ist es etwa 170 Jahre lang geblieben, bis zum Jahre 1691, in dem die Löwenburg zerstört wurde, bzw. bis zum Jahre 1697, als dieser Familienzweig in Mannesstamm ausstarb. Insgesamt kümmerten sich diese Grafen ganz gut um unsere Gegend und modernisierten die Löwenburg zu einer einmalig schönen Schlossanlage.

***

Ella: Warum sprichst Du mal von einer Burg und nun von einer Schlossanlage?

Oma: Burgen dienten vor allem der Verteidigung gegen Angreifer, was ja im Mittelalter wichtig war. Ab dem 15. Jahrhundert lebten die Menschen auch in der Eifel schon in einer besser organisierten Umwelt und daher auch in mehr Sicherheit vor willkürlichen Angriffen. In ihren ursprünglichen Burgen konnten sich die Adligen nun mehr auf die Lebensqualität konzentrierten und haben die einstigen Burgen zu größeren Schlössern umgebaut, zu geräumigeren und feiner ausgebauten Wohnsitzen modernisiert.

Ella: Wie sah die Löwenburg aus, als sie zum Schloss geworden ist?

Oma: Leider haben wir keinerlei Bilder der Löwenburg vor ihrer Zerstörung im Jahre 1691. Aber Werner Schwind, ein guter Kenner der Eifler Geschichte, hat sich die Mühe gemacht, viele Quellen zusammenzusuchen und anhand der vorliegenden Informationen das Schloss detailliert zu beschreiben. Besonders hilfreich war ihm dabei der detaillierte Bericht des Besitzers des Schlosses zu Zeit von dessen Zerstörung, des schon erwähnten Grafen Karl Ferdinand.

Es soll ein Schloss mit vielen Türmen und eine der schönsten Residenzen dieser Gegend gewesen sein. Von außen gesehen soll sie damals zusammen mit der Stadt als eine insgesamt einheitlich wirkende, von Mauern, Türmen und Toren umschlossene Anlage ausgesehen haben. Die Stadt war zwar mit eigenen Mauern umschlossen, aber durch die vom Schloss hinuntergeführten Mauern war sie mit dem Schloss verbunden. Außerhalb der Mauern gab es verschiedene Gebäude wie gräfliche Gartenhäuser (»Lusthäuser«), Mühlen und Gerbereien, und unten im Tal zur Kyll, »dicht vor der nördlichen Stadtmauer« soll sich »ein Sauerbrunnen mit der Kohlensäurequelle« befunden haben.[70] Darüber hinaus gehörten zum Schloss auch umfangreiche Ländereien, Fischweiher und Wälder, Felder und Wiesen, Obst-, Gemüse und Blumengärten. Insgesamt kannst Du Dir eine stark befestigte Schlossanlage mit Rondelltürmen und Bollwerken, Ringmauern mit Zinnen und Scharten sowie Gräben mitten in einer kleinräumig fein gepflegten Landschaft vorstellen. Von all dem kannst Du heute kaum etwas sehen, am besten erhalten ist die vordere Schildmauer am Eingang zur Löwenburg, aber auch sie soll viel höher und mächtiger gewesen sein als heute.

Ella: Die Löwenburg von damals muss ich mir also viel, viel größer als die Ruine von heute vorstellen, und ihre Umgebung war wahrscheinlich viel weniger verbaut und verwaldet, sondern eher parkähnlich, oder?

Oma: Das denke ich auch, so geht es sogar aus einem weltberühmten kartographischen Werk von Sebastian Münster (1488–1552) aus dem Jahre 1550 hervor. Seinen Namen solltest Du Dir unbedingt merken, da er uns viele wertvolle Karten und Aufzeichnungen über die damals bekannte Welt hinterlassen hat – einschließlich eines Berichts über »Gerardstein« (Gerolstein). Darin ist unter anderem Folgendes zu lesen: »Um Manderscheid und Gerardstein möcht es zu sommer Zeiten verglichen werden Italie seiner summer früchten halb, dann es bringt Melonen, cucumern, krausen Lattich und der gleichen welschen früchten.«[71] Versuch mal die damalige Sprache zu verstehen, es ist nicht schwierig, und darüber hinaus sehr interessant.

Zunächst wirst Du Dich vielleicht über den Vergleich unserer Gegend mit Italien wundern, wo das Klima doch viel wärmer ist und dementsprechend anders auch die Natur. Unaufmerksame Leser hielten diese Äußerung für einen Fehler, der die mangelhaften Kenntnisse des Autors beweise. Dennoch: Der Hinweis auf Melonen, cucumern (Gurken) und einen krausen Lattich (eine damalige Sorte von Schnittsalat) weist auf einen anderen als den klimatischen Vergleich mit Italien hin. Mit Italien assoziiert man in nördlich gelegenen Ländern Zitronen oder Oliven, und davon war hier nicht die Rede. In diesem Text begegnen wir vielmehr den gerade zu jener Zeit in Europa in Mode kommenden neuartigen Gemüsearten, die hier ohne weiteres auch heute wachsen können. Unsere Grafen scheinen also im 16. Jahrhundert einfach einen modernen und gepflegten Obst- und Gemüseanbau kultiviert zu haben.

Ella: Und wie sah das Schloss von innen aus?

Oma: Außen vor der Schildmauer war ein Vorhof mit mehreren Gebäuden wie ein zweistöckiges Wohnhaus des Verwalters, ein Backhaus oder ein Schilderhäuschen zur Unterkunft für die Wache, aber auch ein Schafstall. All dies war von einer Mauer umgeben, jedoch außerhalb der Wehranlage.[72] In dem eigentlichen sogenannten Vorschloss auf der inneren Seite der Schildmauer, die man heute noch sehen kann, standen links vom Eingang ein Wachhaus, rechts eine Scheune und mehrere Wirtschaftsgebäude sowie ein Pferdestall. Über den Graben führte eine mit Holzdielen belegte große aufklappbare Brücke zum »Wohnschloss«.

Ella: Eigentlich bestand also die Schlossanlage damals nicht nur aus zwei Teilen, wie die Ruine andeutet, sondern aus drei Teilen, und es standen dort vielerlei Häuser und lebten viele Menschen. Und wie wohnte die Grafenfamilie?

Oma: Das Wohnschloss wurde von zwei großen Türmen auf der Ost- und Südostseite sowie einem Rundturm auf der nördlichen Seite zur Stadt hin umgeben, deren Spuren wir ja heute noch entdecken können. »Das Haupthaus bestand aus mindestens 4 Stockwerken,

Kellergewölben, 3 Treppentürmen, einem großen Eckturm, kleinen Ziertürmchen und einem aufwendigen Dach«, stellte Werner Schwind zusammenfassend fest.[73] Außerdem wies er insbesondere auf rund 40 doppelte und einfache Fenster hin, überwiegend große Rundbogenfenster mit geschmückten Fensterrahmen, aber auch auf das von Türmchen, Luken und den zahlreichen gewölbte Schornsteinen geschmückte Dach mit reichen Verzierungen.

Ella: Das stelle ich mir wie ein echtes Märchenschloss vor ...

Abb. 35: So könnte Gerolstein mal ausgesehen haben
Der Gerolsteiner Maler Günther Becker hat alle vorliegenden Informationen über die Gerolsteiner Schlossanlage vor ihrer Zerstörung im Jahre 1691 sorgfältig studiert und seine Erkenntnisse in diesem Gemälde berücksichtigt.

Oma: Es scheint so ausgesehen zu haben. Im Zentrum des Wohnschlosses lag ein großer repräsentativer Saal mit Kamin, wo sich die gräfliche Familie oft aufhielt. Dort wurden auch Gäste ebenso wie die Untertanen empfangen oder Gerichtsurteile verkündet. Darüber hinaus dienten 24 Stuben, je mit einem Eisenofen ausgestattet und mit hochwertigen Schränken, Tischen, Truhen, Sesseln sowie

Nachtstühlen möbliert, als Wohn-, Schlaf- und Gästezimmer. In einem Raum war das Familienarchiv untergebracht, und wahrscheinlich gab es auch eine Bibliothek und Bildergalerie, da die Familie zu den gebildeten Adelshäusern gehörte.

Zum zentralen Hof des Wohnschlosses führten zwei große Freitreppen, und dort befand sich ein reich geschmückter Springbrunnen – in den Urkunden heißt es: ein Springbrunnen mit »Zierrathen« und einem »Neptunus mit einigen Gesichtern«. Direkt hinter dem Wohnhaus soll sich ein »Hausgärtchen« der gräflichen Familie befunden haben, und ein »heimliges Treppgen« führte vom Hof aus zum »Flecken« (d. h. zur Stadt) hinab; als Flecken bezeichnen die Gerolsteiner ihre Innenstadt bis heute. An den Mauern gab es gedeckte seitlich offene Gänge, die dem Lustwandeln mit den schönen Blicken in alle Richtungen gedient haben sollen. Eine wichtige Stellung kam der reich ausgestatteten »Schlosskirche« mit einer gewölbten Decke und wahrscheinlich bemalten Wänden zu. Ihren Umriss kannst Du heute noch sehen. Sie diente auch als die letzte Ruhestätte der gräflichen Familie, und nachweislich befand sich dort eine prachtvoll ausgestattete Grabplatte der im Jahre 1655 verstorbenen Mutter des Grafen Karl Ferdinand.[74]

***

Ella: Und wieso wurde eine derart wertvolle Schlossanlage zerstört?

Oma: Das ist eine bis heute ungeklärte Geschichte. Hör gut zu: Während des bekannten Dreißigjährigen Kriegs (1618–1648) blieb die Eifel von großen Kämpfen relativ verschont, sie wurde weitgehend »nur« ausgeplündert, und die Bevölkerung verarmte. Wenig später, zwischen 1688 und 1697, tobte aber im westlichen Teil des heutigen Deutschlands ein weiterer sehr schlimmer Krieg, der Pfälzische Erbfolgekrieg. Er entstand im Zusammenhang mit Erbfolgestreitigkeiten nach dem Aussterben des Kurpfälzer Fürstenhauses im Jahre 1685. An ihm waren Heere aus verschiedenen Ländern beteiligt und er wird manchmal auch als »Krieg der Großen Allianz«

oder nur »Neunjähriger Krieg« genannt. Der Hauptverantwortliche für seinen Ausbruch war der als »Sonnenkönig« berühmte französische König Ludwig XIV., der einige Gebiete des Heiligen Römischen Reichs seinem Land einzuverleiben versuchte. Deshalb schickte er seine Heere auch in die Eifel.

Sie zogen durchs Land, plünderten und zerstörten Dörfer, aber auch ganze Städte wie Speyer, Mannheim oder Heidelberg. Im linksrheinischen Teil des heutigen Bundeslandes Rheinland-Pfalz versuchte der König ein Gebiet zu schaffen, das nicht als Aufmarschgebiet gegen Frankreich dienen konnte, und ließ auch die meisten Burgen und andere Befestigungswerke einfach rücksichtslos zerstören.[75] In der Eifel konnte kein Ort und keine Burg sicher sein. Die prächtige Abteikirche Prüm oder die Burganlage Kerpen, die Burgen in Hillesheim, Daun, Ulmen, Monreal, die Genovevaburg in Mayen und viele andere fielen diesem Vernichtungswahn anheim.

Ella: Und so wurde auch die wunderschöne Löwenburg von den Franzosen zerstört …

Oma: Keineswegs. Als im Jahre 1689 Berichte über das Geschehen eintrafen, herrschte natürlich große Angst. Graf Karl Ferdinand hatte dennoch eine gute Idee. Er war ein nicht nur bei seinen Untertanen geschätzter Mann, sondern er verfügte auch über gute Beziehungen in den einflussreichsten Kreisen des Heiligen Römischen Reiches ebenso wie in Frankreich. So nahm er umgehend Kontakte zu den deutschen und französischen Befehlshabern auf, um sein Gerolstein zu retten. Er erklärte beiden Kriegsseiten, dass er Neutralität bewahren wolle. Zunächst gelang es ihm, mit seiner Idee auf beiden Seiten Verständnis zu finden. Dennoch drangen eines Tages in seiner Abwesenheit brandenburgische Truppen in sein Gerolsteiner Schloss ein. Als das der französische Feldherr Louis-François de Boufflers (1644–1711) erfuhr, drohte er umgehend: Die Grafschaft Gerolstein werde wegen der Nichteinhaltung der versprochenen Neutralität wie andere umliegende Orte niedergebrannt.

Ella: Das hört sich wie ein Eifler Krimi an ...

Oma: Stimmt, Graf Karl Ferdinand mobilisierte nämlich erneut all seine diplomatischen Kontakte, um die Brandenburger aus seinem Schloss hinauszutreiben und die Franzosen zu beruhigen. Das war nicht einfach, aber unser Graf war abermals erfolgreich. Der brandenburgische Kurfürst Friedrich III. ließ höchst persönlich seine Einheiten aus Gerolstein abziehen, und daraufhin ordnete General Boufflers als Strafe »nur« die Demolierung der Schutzmauern an und befahl, dass die Schlossanlage sowie die Stadt zu öffnen seien. Dem folgte die Stadtbevölkerung zwar widerwillig, aber im September 1689 schien es, als sei das drohende Unglück abgewendet worden. Leider nicht für lange ...

Ella: Wieso nicht, die Neutralität war doch eine gute Idee. Keine der Kriegsparteien hatte einen Grund, Gerolstein zu fürchten, also konnte auch keine von ihnen etwas gegen Gerolstein haben, oder?

Oma: Logisch gedacht hast Du Recht, aber es ist anders gekommen. Keine zwei Jahre später, im Jahre 1691, als französische und brandenburgische Truppen immer noch die Eifel durchstreiften und terrorisierten, geriet Gerolstein wieder in Schwierigkeiten. Am 6. Juli 1691, als Graf Karl Ferdinand wieder einmal gerade nicht zu Hause war, erzwangen sich diesmal rund 180 in der Gegend marodierende französische Grenadiere Zutritt zur Löwenburg. Als das der Graf erfuhr, war er wieder entsetzt: Knapp zwei Jahre zuvor verstießen gegen seine Politik der Neutralität die Brandenburger und jetzt die Franzosen.

Der gute Diplomat Graf Karl Ferdinand gab dennoch auch diesmal nicht auf. Rasch erreichte er erneut das Versprechen der Franzosen, aus Gerolstein abzuziehen, wenn sich die deutschen Truppen verpflichteten, Gerolstein nicht zu besetzen. Mit dieser Zusage reiste er nach Düsseldorf zum Oberkommandierenden der alliierten deutschen Truppen in der Eifel, dem Kurfürsten Johann Wilhelm von der Pfalz. Bei seinen Verhandlungen wurde ihm Verständnis entgegengebracht und er sollte nur noch auf die schriftliche Zusage warten. Währenddessen wurden aber hinter seinem Rücken aus bisher ungeklärten Gründen die kurpfälzischen Truppen nach Gerolstein geschickt.

Ella: Und ...?

Oma: Die ersten von ihnen erreichten Gerolstein am 3. August 1691, zwei Tage später kam die Hauptarmee an. Jene 180 französische Grenadiere im Schloss waren nun von jeglicher Versorgung abgeschnitten und ein Teil von ihnen auch noch an der Ruhr, einer Darminfektion, erkrankt, so dass sie sich gegen die große Übermacht der pfälzischen Truppen hätten gar nicht wehren können. Das weitere Geschehen fasste Werner Schwind jedoch so zusammen: »Nach übereinstimmenden beeideten Aussagen von Augenzeugen wurde zunächst der Flecken in Brand gesetzt, dann das Schloss durch Einwerfung vieler Bomben und Feuerkugeln eingeäschert.«[76] So haben sich ganz Gerolstein, die Burg ebenso wie die Stadt, in einen Steinhaufen verwandelt, erzählte man sich damals, ja selbst Gärten und Fischweiher seien der Vernichtung anheimgefallen. Damit sei aber noch mehr verlorengegangen, erinnert uns Werner Schwind: »So fand im August des Jahres 1691 durch die Zerstörungswut der kurpfälzischen Truppen auch eine für ein Mittelgebirge der damaligen Zeit ungewöhnliche Gartenbautradition ihr Ende.«[77]

Ella: Und was ist mit den umliegenden Dörfern passiert?

Oma: Dörfer der ganzen weiten Umgebung wurden geplündert. Die Soldaten beraubten ihre Bewohner ihrer Nahrung, ihres Viehs, ihrer Wintervorräte, ihrer Geräte und oft ihres Daches, sodass die Truppen offensichtlich die harmlosen armen Bauern keineswegs besser als die Grafenfamilie behandelten. Irgendeinem militärischen Sinn und Zweck diente die ganze Aktion auf jeden Fall nicht.

Ella: Wenn einfache arme Bauern ebenso wie ihr sich um Neutralität bemühter Graf davon betroffen waren, muss es sich um eine wahre geistige Verblendung gehandelt haben. Aber wie erklärt man sich das?

Oma: Sechs Jahre später, als der Krieg beendet wurde, behaupteten die kurpfälzischen Gesandten bei den Friedens- und Entschädigungsverhandlungen, dass es sich um militärisch notwendige Handlungen gehandelt habe. Das halten Historiker angesichts des Verlaufs für nicht überzeugend; um die wenigen französischen Soldaten aus dem Schloss zu vertreiben, hätte es einer derart mutwilligen Zerstörung der gesamten Grafschaft nicht bedurft. Mir scheint es sich eher um eine Strafexpedition gegen den Grafen Karl Ferdinand gehandelt zu haben, wie es Werner Schwind formulierte. Man hätte ihn zwar wegen seiner Kontakte mit den französischen Befehlshabern des Verrats beschuldigen können, aber dafür lagen keinerlei Beweise vor, schließlich hat der Graf seine Bemühungen um die Neutralität als einen Weg zum Schutz seiner Grafschaft vor niemanden zu verheimlichen versucht.

Graf Karl Ferdinand hielt die Zerstörung seines Schlosses und Plünderung seiner gesamten Grafschaft für Unrecht und verwies auf jenen kaiserlichen Schutzbrief, der am 22. August 1653 von Kaiser Ferdinand III. in Regensburg unterzeichnet worden war und alte Sicherheitsgarantien für Gerolstein bestätigt und erneuert hatte: »Dieser Kaiserliche Schutzbrief war allen Reichstruppen zur Kenntnis gebracht worden.«[78] Graf Karl Ferdinand bemühte sich um die Anerkennung des Unrechts und dementsprechend um eine Entschädigung und damit um Mittel für den Wiederaufbau seines Schlosses sowie der Stadt. Dabei ging er zum Reichsgericht, und aus den erhaltenen Unterlagen, die er dort vorlegte, können heute Historiker das Bild des Schlosses vor dessen Zerstörung rekonstruieren. Aber er selbst war erfolglos und starb heimat- und mittellos vermutlich am 19. Dezember 1697 in Aachen.

Ella: Und was meinst Du, warum wurden die Löwenburg und die Stadt Gerolstein so brutal zerstört?

Oma: Genau weiß ich es nicht. Obwohl es sich um eine ungewöhnlich gut dokumentierte Geschichte handelt, liegen keine stichhaltigen Erklärungen vor. Anhand damaliger Gerüchte und trotz der bisher durchgeführten Archivforschungen kursieren bis heute Legenden, z. B. dass die Löwenburg von den Franzosen zerstört wurde, oder dass der Graf sie selbst zerstörte, um sie nicht den Franzosen in die Hände fallen zu lassen. Manchmal findest Du sogar die folgende Behauptung: »Die Zerstörung der Burg erfolgte im 17. Jahrhundert unbeabsichtigt durch eine Explosion.«[79] Mir persönlich scheint es, dass es sich um eine recht geläufige Geschichte des Grafen als eines klugen umsichtigen Mannes handelt, dessen selbständiges Denken und Handeln manch einer mächtigeren Person in seiner Umgebung nicht passte und er deshalb gebrochen werden sollte. So etwas kommt jederzeit und überall immer wieder vor. Besondere und friedenswillige Menschen haben es auf der Welt nie leicht gehabt. Deshalb finde ich es schön, dass die Gerolsteiner die Graf-Karl-Ferdinand-Straße nach solch einer interessanten Person benannt haben … Ob Du sie auf Deiner historischen Pirsch findest?

Ella: Das möchte ich unbedingt tun. Ich habe seinen Namen auch schon mal auf einem großen alten Steinkreuz im Gerolsteiner Stadtwald gesehen, ahnte damals aber nicht, um wen es sich handelte.

Oma: Das muss das Grafenkreuz bei der Büschkapelle gewesen sein. Darüber kannst Du bei unserem Abstecher zum Lieblingsspaziergang der Gerolsteiner mehr erfahren. Jetzt möchte ich nur noch an seine Ehefrau erinnern. Sie hieß Maria Katharina geb. Gräfin von Königsegg-Rothenfels (1640–1722). Die beiden haben im Jahre 1671 geheiratet und müssen sich sehr geliebt und gut verstanden haben, wie aus ihrer Korrespondenz hervorgeht. Die Gräfin trug das schwere Schicksal ihres Mannes tapfer mit und unterstütze ihn hingebungsvoll. Vielleicht möchtest Du die folgende Erinnerung an dieses Ehepaar nicht versäumen: Dem 6 km von Gerolstein entfernten Ort Kalenborn sollen die Eheleute noch im Jahre 1695 zwei bis heute existierende Glocken gestiftet haben: die größere ist als »Grafenglocke« und die kleinere als »Gräfinnenglocke« bekannt.[80]

Ella: Und Kinder hatten sie keine?

Oma: Nein, aber sie hinterließen ihr Erbe einem Verwandten, dem Grafen Salentin Ernst von Manderscheid-Blankenheim (1630–1705),[81] dessen zwei Söhne aus der Geschichte Gerolsteins auch nicht wegzudenken sind, und zwar aus verschiedenen Gründen.

Der ältere Sohn, Franz Georg Graf von Manderscheid-Blankenheim (1669–1731), wird als derjenige erinnert, der zu Beginn des 18. Jahrhunderts als erster die älteste bekannte Mineralwasserquelle in Gerolstein erschließen ließ und sogar schon versucht haben soll, das Wasser in einer dafür errichteten Niederlassung in Köln in extra dafür hergestellten keramischen Behältern zu verkaufen. Darüber hinaus war er aber auch der Großvater der letzten regierenden Gräfin von Manderscheid-Blankenheim-Gerolstein, Augusta Dorothea (1744–1811), die im Jahre 1762 einen tschechischen Adligen, Philip Christian Graf von Sternberg (1732–1811), heiratete und mit ihm im Jahre 1794 vor den französischen Truppen nach Prag flüchtete.[82]

Ella: Wie bitte: Wie kam damals eine hiesige Grafenfamilie zu Verbindungen mit Tschechien?

Oma: Zufällig geschah es nicht. Der jüngere Sohn von Graf Salentin Ernst hieß Johann Moritz Gustav Graf von Manderscheid-Blankenheim (1676–1763). Ihn führte seine Karriere in der katholischen Kirche nach Prag, als Erzbischof von Prag sowie Primas des Königreichs Böhmen in den Jahren 1735–1763. Dort lebte er bis zu seinem Tod, und sein Grab kannst Du heute noch im Prager Veitsdom besuchen. Er soll die erwähnte Ehe zwischen der Gräfin Augusta von Manderscheid-Blankenheim und dem böhmischen Adligen Philip Christian Graf von Sternberg vermittelt haben.

Ella: Und wer waren diese Sternbergs? Wahrscheinlich eine feine Familie, wenn sie für »unsere« Gerolsteiner Grafenfamilie gut genug waren, oder?

Oma: Die Sternbergs waren keine gängige Adelsfamilie, sondern eines der ältesten tschechischen Adelsgeschlechter, und sie spielten eine wichtige Rolle in der tschechischen Geschichte über Jahrhunderte hin. Der Sohn von Augusta und Philip Christian, Franz Josef Graf von Sternberg-Manderscheid (1763–1830), wird in Tschechien bis heute lebhaft als herausragender Förderer der Wissenschaft, Begründer wichtiger Kunstsammlungen sowie Mitbegründer des Prager Nationalmuseums verehrt.

Ella: »Unsere« letzte regierende Gräfin hat also in Prag keine schlechte Partie gemacht ...

Oma: Das ist richtig. Darüber hinaus hatte ihre Heirat auch eine ganz besondere Folge. Als die Familie Sternberg-Manderscheid im Jahre 1794 aus der Eifel nach Prag flüchtete, nahmen sie auch wichtige Teile ihres Archivs mit. Infolgedessen befinden sich bis heute im Prager Nationalmuseum wertvolle Archivalien zur Geschichte der Eifel wie beispielsweise »mehrere hundert Pergamenturkunden aus dem 12. bis 18. Jahrhundert« oder »die umfangreiche Korrespondenz einzelner Mitglieder der Familie vom Mittelalter bis zum 19. Jahrhundert«. Sogar das Manuskript des ersten wissenschaftlichen Werkes zur Geschichte der Eifel einschließlich Gerolsteins, *Eiflia illustrata,* liegt bis heute im Prager Nationalmuseum, ohne dass es je vollständig veröffentlicht worden wäre. Bedauerlicherweise habe »sich hundert Jahre lang kein Historiker für den Bestand Manderscheid-Blankenheim« in Prag interessiert, schrieb im Jahre 1990 der Archivdirektor Aleš Chalupa; erst seit den 1970er-Jahren sollen diese Archivbestände das Interesse vereinzelter Eifler Regionalhistoriker erweckt haben.[83]

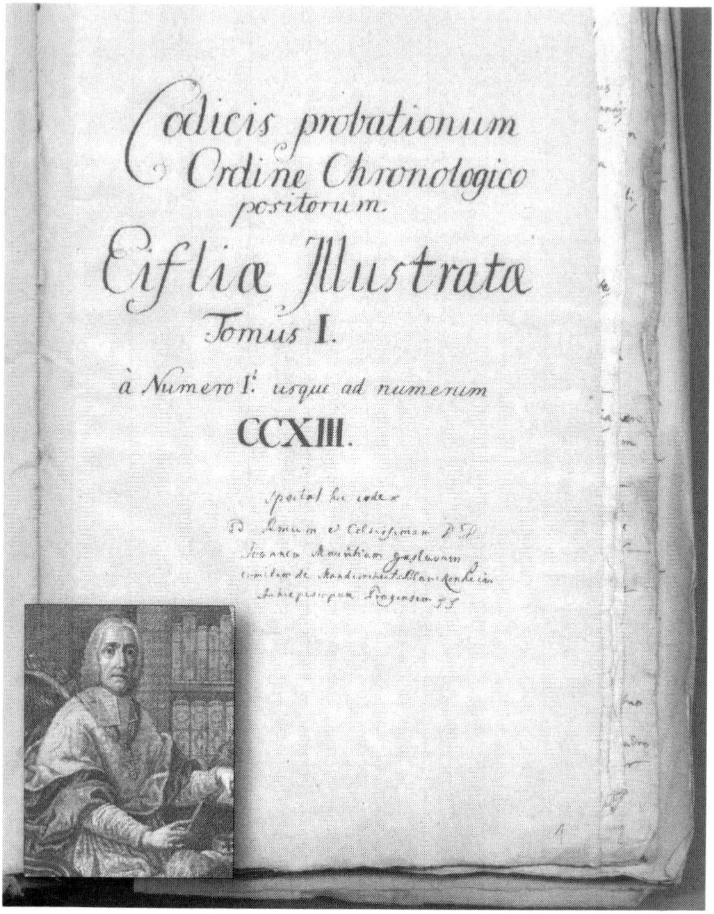

Abb. 36: Johann Moritz Gustav Graf von Manderscheid-Blankenheim

Abb. 37: Das erste wissenschaftliche Werk zur Geschichte der Eifel

Der im Jahre 1676 in Blankenheim geborene und 1763 in Dolní Břežany bei Prag verstorbener Erzbischof von Prag sowie Primas des Königreichs Böhmen Johann Moritz Gustav Graf von Manderscheid-Blankenheim stand nicht nur an der Wiege der familiären Bindungen zwischen der Blankenheim-Manderscheider Grafenfamilie mit Prag, sondern er initiierte und ermöglichte auch die Entstehung des ersten wissenschaftlichen Werkes zur Geschichte der Eifel, dessen bis heute nicht vollständig veröffentlichtes Manuskript sich im Archiv des Nationalmuseums in Prag befindet.

Abb. 38: Franz Josef Graf von Sternberg-Manderscheid

Der 1763 in Prag geborene und 1830 dort verstorbene Sohn von Augusta Gräfin von Sternberg-Manderscheid geb. von Manderscheid-Blankenheim verbrachte als Jugendlicher viel Zeit auch auf den Besitzungen in der Eifel, die seine Familie im Jahre 1794 verließ und anschließend weitgehend verlor. Er selbst war ein herausragender Kunstsammler, Numismatiker und Mäzen, der bis heute in Tschechien für seine Verdienste an der Wiege der modernen tschechischen Wissenschaften gerühmt wird. Er hinterließ auch eine beachtenswerte Beschreibung von Gerolstein aus dem Jahre 1786.

Aber die Familie Sternberg-Manderscheid hinterließ auch in Blankenheim und in Köln Beachtliches zurück. Ihr Schloss, ihre umfangreiche Kunstsammlung und große Teile ihrer Bibliothek sowie Archivalien blieben in Blankenheim und wurden leider zerstreut. In Köln stand bis 1913 der seinerzeit generationenlang bekannte »Blankenheimer Hof«. Den ließ Philipp Christian Graf von Sternberg errichten und nach seiner Ehefrau Augusta benennen, obwohl er auch als »Sternberger Hof« bekannt war. Es war ein so vornehmes Palais, dass dort zweimal sogar Napoleon Bonaparte übernachtete. Danach geriet es in den Besitz des preußischen Staates sowie später der Stadt Köln und wurde unterschiedlich genutzt, bis dort am heutigen Neumarkt ein Büro- und Geschäftshaus, der Schwerthof, errichtet wurde.

***

Ella: In Gerolstein überlebte wenigstens die Ruine der einst so böswillig zerstörten Löwenburg, und sie wird heute viel besucht ...

Oma: Kein Wunder, sie wurde schon im Jahre 1786 als »sehr schön« beschrieben, wie aus einem Brief jenes erwähnten Franz Josef Graf von Sternberg-Manderscheid über seinen Besuch in Gerolstein hervorgeht. Der im damaligen Deutsch verfasste Text ist auch heute verständlich und vermittelt uns ein einmaliges Bild der Gerolsteiner Landschaft jener Zeit:

> »Die Burg [Gerolstein], die groß und schön war und in welcher die Grafen von Manderscheid-Gerolstein einst wohnten, ist im vorigen Jahrhundert in Kriegszeiten von einem Pfälzischen Heere in Brand gesteckt worden. Ihre Ruinen sind sehr schön. Sie stehen ganz am Rande eines hohen, felsigen Berges. Man übersieht von da einen schönen Thal, in welchem die Kyll fließ[t], und jenseits dieses Flusses eine Gebirg-Kette, in welcher die Felsen in der Gestalt eines Amphitheaters, einer über dem andern, hervorragen und dem Auge die wunderlichsten

Gestalten darbiethen. Die meisten sehe[n] zum Täuschen alten Schlössern und Festungswerken gleich. Das Land ist fruchtbahr und erhebt sich sanfft aus dem Thal bis zu den Felsenwänden. Von diesen liegen ungeheuere abgefallene Trümmer mitten auf den Feldern.«[84]

Ella: Das ist ein schönes Bild, so kann man sich gut vorstellen, wie es hier vor etwas über zwei Jahrhunderten ausgesehen hat und warum die Löwenburg sogar als Ruine bis heute gerne besucht wird.

Oma: Nun haben aber auch Ruinen ihre Geschichte. Nach der Zerstörung aus dem Jahre 1691 mussten zunächst einmal die Überreste der Burg befestigt werden, damit sie für die Stadt nicht gefährlich wurden. Später hat man ihre Teile als wertvolles Baumaterial für Neubauten verwendet. Die Ruine wurde immer kleiner, aber im 19. Jahrhundert wurde sie berühmt, weil viele Menschen damals Überbleibsel alter Zeiten mochten. Damals kamen sogar viele Maler nach Gerolstein und hinterließen uns etliche Gemälde mit den Abbildungen der Löwenburg-Ruine. Nicht zuletzt daraus wissen wir, um wieviel größer sie damals war als sie heute ist. Es erwartete sie nämlich noch einmal ein großer Schlag. Vor etwa 80 Jahren fiel sie der zweiten Zerstörung von Gerolstein anheim, über die ich Dir noch erzählen werde. Erst seitdem werden ihre Reste sorgfältig gepflegt und immer wieder neu befestigt, so dass sie uns heute sowohl an glorreiche Zeiten der Gerolsteiner Geschichte als auch an sinnlose Feindseligkeiten, Gewalttätigkeiten und Kriege erinnert.

Ella: Dass die Löwenburg so mannigfaltige Geschichten erzählen kann, hätte ich mir bei meinen früheren flüchtigen Besuchen gar nicht vorstellen können – und dabei habe ich wirklich viel verpasst. Vielen Dank!

Abstecher zu den Burgen Kasselburg und Lissingen

Außer der Löwenburg gehören zum heutigen Bild Gerolsteins noch zwei weitere Burgen: die Kasselburg und die Lissinger Burg. Beide wurden auf der ältesten Landkarte der Eifel von Sebastian Münster aus dem 16. Jahrhundert als »Castelburg« und »Lesingum« eingezeichnet. Sie liegen nicht weit auseinander, die erste östlich und die zweite westlich vom Gerolsteiner Stadtzentrum, beide sind ungewöhnlich malerisch, erstaunlich gut erhalten und sehr unterschiedlich.

Die Kasselburg zeichnet sich durch ihre spektakuläre Lage oberhalb der Kyll und des im Tal gelegenen Orts Pelm aus, der heute zur Verbandsgemeinde Gerolstein gehört. Sie wird seit langem zu den viel gepriesenen Schätzen der Eifel gezählt, im 19. Jahrhundert wurde sie sogar als »die herrlichste Ruine des Kyllthales und eine der schönsten im ganzen Rheinlande« gepriesen.[85] Nach dem heute bekannten Kenner der Burgengeschichte Michael Losse »gehört sie zu den eindrucksvollsten und architektonisch, kunstgeschichtlich sowie burgenkundlich bedeutendsten Burgen der Eifel und des Rheinlandes – letztlich sogar Deutschlands.«[86]

Sie soll möglicherweise ältere »Wurzeln« als die Löwenburg haben, die beide mit dem Geschlecht der Blankenheimer verbunden sind; auf jeden Fall waren im 14. Jahrhundert die Herren von Blankenheim Besitzer sowohl der Löwenburg als auch der Kasselburg. Die Geschichte der Kasselburg ist von komplizierten Eigentumsverhältnissen und vielen Erbstreitigkeiten geprägt. Als das Reichskammergericht sie im Jahre 1674 dem Geschlecht der Arenberger zusprach, schienen letztere nicht an ihr interessiert gewesen zu sein. Die Arenberger verwendeten sie zeitweise als Kaserne, stellten dort ihre Artillerie unter und errichteten dort zuletzt das Amt und den Wohnsitz für ihre Förster. Im Jahre 1691 entkam die Kasselburg dem oben geschilderten traurigen Schicksal der nahe gelegenen Löwenburg und des Städtchens Gerolstein, wahrscheinlich weil sie nicht der Gerolsteiner Grafenfamilie gehörte. Seit 1794 war die Kasselburg zunächst französischer und danach preußischer Staatsbesitz. Das führte zwar zu ihrer weiteren Vernachlässigung und teilweise zum Verfall, trug aber auch zu einem mäßigen und letztlich kontinuierlichen Erhalt bei. Der ab 1840 regierende preußische König Friedrich Wilhelm IV. soll sogar selbst den Anstoß zu ihrem Erhalt gegeben haben, da er als der »Romantiker auf dem Thron« an alten Gemäuern an Rhein und Mosel interessiert war. Jedenfalls ist die Kasselburg nach der Errichtung der Eisenbahn im späten 19. Jahrhundert zu einer viel besuchten touristischen Attraktion geworden.

Bis heute wurden hier Bauteile aus dem 13., 14. und 15. Jahrhundert identifiziert. Als einzigartig gilt insbesondere der Mitte des 14. Jahrhunderts mit acht Geschossen errichtete 37 m hohe Tor- und Wohnturm. Von dessen oberster Plattform bietet sich ein einmaliger Ausblick auf die Eifellandschaft. Aber auch das dreigeschossige Hauptgebäude an der Südseite der Ringmauer mit einer angebauten Kapelle ebenso wie die innere Ringmauer mit Erkertürmchen, die Vorburg mit Resten von Wohn- und Wirtschaftsgebäuden, ein Brunnenturm und das äußere Burgtor mit einem vorgebauten quadratischen Torturm werden viel bewundert. Anhand der relativ gut erhaltenen Substanz wurden bisher keine Spuren baulicher Veränderungen gefunden, die über das 15. Jahrhundert hinausgehen, so dass sie dank ihrer Größe und dem relativ gut erhaltenen Zustand als ein ungewöhnliches Beispiel mittelalterlicher Burgenkultur gilt.[87]

Heute bietet die Kasselburg ihren Besuchern noch weitere Attraktionen. In einem Adler- und Wolfspark kann man eine Greifvögel-Flugschau sowie eine Wolfsfütterung besuchen. Lebendige Raubvögel erwecken Schrecken mit ihren Flügen über den Köpfen der Zuschauer, und in einem mit einer kaum erkennbaren Abzäunung geschützten Wald laufen Wölfe frei herum und verschlingen genussvoll wohldosierte Fleischportionen anderer Tiere. Die rund 10 ha Fläche große Wolfsschlucht bietet nicht nur dem größten

Abb. 39: Die Kasselburg heute

Wolfsrudel Westeuropas seinen Lebensraum, sondern auch ihren Besuchern die Gelegenheit, sich mit besten Kennern einer der seit Menschengedächtnis faszinierendsten europäischen Tierart zu unterhalten. Zudem bietet das Kasselburger Areal einen Tierpark als »Streichelzoo« mit friedlicheren Kreaturen Gottes, einem ganzen Burglabyrinth aus Vogelkäfigen, ja sogar auf den Burgturm kann man hinaufsteigen.

Im »Forsthaus Kasselburg« speiste sogar schon das englische Ehepaar Katharine und Gilbert Macquoid im Jahre 1895. Sie kehrten dort »zum schmackhaften Mittagessen« ein, das ihnen »die Försterfrau bereitete hatte«, und waren sehr angetan. Ihre Überlegung, »unsere Unterkunft« im Zentrum von Gerolstein »gegen die im Försterhaus in der köstlichen Bergluft und nahe bei den schönen Ruinen zu vertauschen«, zerschlug sich jedoch: Die Försterfrau, »Frau Henn hatte uns gesagt, daß man ihre Unterkunft immer einige Wochen im Voraus bestellen mußte, da sie so viele Nachfragen hatte«.[88] In diesem Forsthaus kann man heute zwar nicht mehr übernachten, dafür aber in der landschaftlich einmaligen Lage dieses Restaurants einer Wasserspielorgel lauschen, die mit ihren über 600 Düsen immer wieder neue Vorstellungen von Bildern, Figuren und Formen zur musikalischen Begleitung zaubert.

Abb. 40: Die Burg Lissingen im Jahre 1880

Die im Kylltal von weit her eher geheimnisvoll als spektakulär wirkende Burg Lissingen liefert ein ganz anderes Bild als die Kasselburg. Sie liegt in entgegengesetzter Richtung, auf dem rechten Ufer der Kyll etwa 2 km vom Stadtteil Sarresdorf entfernt, im auch zur Verbandsgemeinde Gerolstein gehörenden Ort Lissingen. Zur Zeit der Römer lag hier vermutlich eine Siedlung, und zwar nicht nur an dem Handelsweg des Flusses Kyll. Eine der sieben Pferdewechsel-Stationen an der wichtigen römischen Fernstraße »Via Agrippa« zwischen Trier und Köln, damals als Ausava überliefert und heute als Oos bekannt, war nur etwa 7 km entfernt. Somit können wir uns die Lage von Lissingen als eine einst lebendige Kreuzung wichtiger Handelswege vorstellen. Die Pferdewechselstation Ausava ist schon bei den Germaneneinfällen von 275/76 n. Chr. zerstört und, anders als die benachbarten Straßen-Orte Bitburg und Jünkerath, nicht mehr aufgebaut worden. So konnte dieser antike Ort bisher nicht mehr genau lokalisiert werden; heute ist der Ort Oos, am Oosbach gelegen, ein malerisch gelegenes Eifeldörfchen oberhalb von Lissingen, und im Areal der Burg Lissingen wurden bisher nur einige wenige Überreste aus römischer Zeit gefunden.

Die hier gelegene Siedlung gehörte seit dem 8. bis 9. Jahrhundert ähnlich wie Sarresdorf zum Besitz der Abtei Prüm, aber die Burg selbst verdanken wir erst dem späteren Mittelalter. Erbaut wurde sie im 13. Jahrhundert als Wasser- und Wehrburg. Sie war teils von der Kyll und teils von Wassergräben umgeben, die inzwischen auf der Süd- und Westseite der Burg verfüllt wurden. Hinter dem Antlitz einer heute nicht leicht erkennbaren und dennoch imposanten Burganlage verbergen sich in Wirklichkeit zwei Burgen. Die Lissinger Burg ist nämlich eine sogenannte Doppelburg; im Jahre 1559 wurde die ursprüngliche Burg in die Oberburg und die Unterburg geteilt, die bis heute unterschiedlichen Besitzern gehören.

Daraus ergaben sich zwei sehr unterschiedliche Geschichten. Bei der Besichtigung der Burg Lissingen begegnen wir einem Ensemble historischer Gebäude. So ist etwa das schlossartige Herrenhaus im Mittelpunkt aus drei mittelalterlichen Wohntürmen entstanden, während im späten 18. Jahrhundert größere bauliche Erweiterungen zur modernen wirtschaftlichen Nutzung der Burganlagen vorgenommen wurden. Die von den Bewohnern beider Burgen geteilte Hauskapelle wurde erst zu Beginn des 20. Jahrhunderts aufgegeben. Dennoch beschrieb noch im Jahre 1928 der Kunsthistoriker Ernst Wackenroder die gesamte Burganlage so: »Die ganze Baugruppe, zu verschiedenen Zeiten entstanden, wirkt bei aller Unsymmetrie des Grundrisses überaus malerisch und durchaus harmonisch, weil der Bau organisch von innen nach außen gewachsen ist unter steter Anpassung an das vorhandene Alte.«[89] Kein Wunder also, dass die Burg Lissingen zum nach der Haager Konvention geschützten Kulturgut gehört.

Dennoch wurde diese Burg bis unlängst auch wirtschaftlich genutzt. Zu Beginn des 20. Jahrhunderts wurden erstmals nach der Aufteilung aus dem Jahre 1559 die Ober- und Unterburg wieder vereinigt und ein landwirtschaftlicher Großbetrieb begründet. Die Burg wurde ebenfalls zum Sitz eines Elektrizitätswerkes und zwischen den 1930er und 1970er Jahren für eine moderne Milch- und Viehwirtschaft genutzt. Im Zweiten Weltkrieg soll der Lissinger

Burg sogar eine ganz andere praktische Nutzung zugefallen sein, wie uns der Trierer Historiker Gerald Grommes erinnert:

> »Im Gegensatz zu Freunden und Jagdgästen, die in den Jahren zuvor die Burg besucht hatten, waren es nun deutsche Soldaten ständig wechselnder Regimenter, die Lissingen bevölkerten. Militärische Bedeutung erlangte Burg Lissingen dadurch, dass sich in ehemaligen Wirtschaftsgebäuden gegen Ende des Krieges ein provisorisches Gefängnis für hohe Militärs sowie eine Befehlsstelle des deutschen Generalstabes befanden.«[90]

Darüber hinaus sollen einige der deutschen Generäle »bald als Kriegsgefangene auf die Burg zurückgekehrt« sein, die von den Alliierten mittlerweile als Gefangenenlager für hohe Offiziere genutzt wurde.[91]

Am Ende des Zweiten Weltkriegs fand sich die Burg Lissingen »einige Tage im Niemandsland«, aber am 1. März 1945 habe sie »der erste amerikanische Stoßtrupp mit schussbereiten Karabinern und Maschinenpistolen« übernommen. Erst am 8. Juni 1945 sollen die Eigentümer nach Lissingen zurückgekehrt sein. Es gelang ihnen, die Burg bis in die 1970er Jahre weiterhin wirtschaftlich zu nutzen. Danach haben sich einzelne Privatbesitzer und Liebhaber beider Burgen, der Ober- und der Unterburg, um Restaurierungen bemüht und immer wieder mehr oder weniger erfolgreiche Versuche unternommen, sie zu beleben. Historisch begeisterte Menschen haben sich schon vieles einfallen lassen, ein Burgcafé, Trauzimmer, als Museum genutzte Ausstellungsgebäude, ein Restaurant oder eine »Kulturscheune«, aber auf eine Idee mit finanziell tragbaren Dauererfolgen wartet die Burg immer noch.

In der Altstadt

Oma: Heute haben wir uns vorgenommen, die Altstadt von Gerolstein kennenzulernen. Weißt Du eigentlich, wo sie liegt?

Ella: Natürlich, dort wo viele alte Häuser stehen. Ich würde unseren Spaziergang am Bahnhof unten an der Kyll beginnen, die Hauptstraße hinauflaufen und unterhalb der Löwenburg nach links auf der Hauptstraße weiter gehen, so ungefähr bis zum Naturkundemuseum, wo die Aufschrift »Altes Rathaus« steht ...

Oma: Das wäre keine gute Idee. Die Altstadt von Gerolstein liegt nicht unbedingt dort, wo alte Häuser stehen. Sie ist auch nicht mit dem heutigen Stadtzentrum identisch. Sie war jahrhundertelang viel kleiner, als Du anzunehmen scheinst und erstreckte sich nicht bis zur Kyll. Wenn Du Dir von ihr eine Vorstellung machen möchtest, hast Du zwei Möglichkeiten: Entweder begibst Du Dich auf die Pirsch, um die Überreste der einstigen Stadtmauern zu finden, oder aber Du schaust Dir das Modell der Altstadt im Naturkundemuseum an, das die Schüler des St. Matthias-Gymnasiums 2003 gebaut haben.

Ella: Lass mich mit den Überbleibseln der Stadtmauer beginnen ...

Oma: Da könntest Du die Normaluhr zu Deinem Ausgangspunkt machen, die Du schon beim Besuch der Löwenburg kennengelernt hast. Dort solltest Du einen pfeilerförmigen Mauerrest des einstigen Westtors suchen. Zur Hilfe verrate ich Dir die heutige Adresse: Hauptstraße 65. Einen Abschnitt der Stadtmauer aus dem 14. Jahrhundert findest Du dann zwischen einem halbrund vorspringenden Turm, dem Ostturm (beim Haus Hauptstraße 91) und einem massigen Turm, dem Stadtturm (beim Haus Am Stadtturm 1). Ein weiterer Stadtmauerabschnitt mit Resten eines Tores – des Mühlentors –

hat sich im Norden der Altstadt erhalten (Mühlenstraße 19). Er öffnet Dir den Ausblick über die große Brunnenstraße hinunter zur Kyll hin.

Ella: OK, das will ich versuchen und mir danach das Modell der ganzen Altstadt im Naturkundemuseum anschauen. Es ist doch alles gar nicht weit voneinander entfernt.

Oma: Das stimmt, und beides ist zum Kennenlernen der Altstadt gleichermaßen nützlich: Wenn man die Überreste selbst sucht, kann man die einstige Altstadt sozusagen erlaufen, berühren und umwandern. Am Modell bekommt man das Bild des ganzen Städtchens wie auf einem Präsentierteller. Also mach Dich auf den Weg, und vergiss nicht, Dir die Stadtmauer mit ihren Türmen auch von unten, von der heutigen Brunnenstraße aus anzuschauen ...

***

Ella: ... geschafft, habe die Überreste der Stadtmauer sowie das Modell der Altstadt gesehen. Ich habe aber nicht das älteste Baurelikt entdeckt ...

Oma: Das ist der Stadtturm, der in die erhaltenen Überreste der Stadtmauer integrierte nordöstliche Wehrturm, der wahrscheinlich zwischen 1336 und 1352 erbaut wurde.

Ella: Ach so, den habe ich gesehen und er wirkt ziemlich mächtig. Die Stadt muss dagegen sehr, sehr klein gewesen sein, es ist doch nur ein Bruchteil des heutigen Gerolstein. Wie viele Menschen haben in der Altstadt gelebt?

Oma: Früher gab es keine Volkszählungen, aber nach den Angaben eines unserer Stadthistoriker, Karl-Heinz Böffgen, sollen dort um das Jahr 1400 etwa 42 Anwesen gestanden haben, in denen zwischen zwei- und dreihundert Stadtbürger gelebt haben könnten.[92]

Ella: Das sind nicht gerade viele, oder? Heute haben doch viele Dörfer mehr Einwohner. Warum reden wir denn im Falle von Gerolstein von einer »Stadt«?

Oma: Die Entstehung der Burg sowie der Stadt hing vermutlich mit der strategisch günstigen Lage dieses Landstücks zusammen. Denk an die Kyll, die allgemein vom Norden nach dem Süden fließt, aber in dieser Gegend einen Knick macht und durch ein recht enges Tal zwischen hohen Felsen fließt – konnte man gerade hier nicht den Durchgang vom Norden in den Süden gut kontrollieren? Solche Stellen waren begehrt zum Bau von Burgen. Wenn Du jedoch eine Burg errichtest, wie klein und einfach sie auch zunächst sein mag, brauchst Du eine Menge Menschen, schon allein für die Bauarbeiten sowie zur Versorgung, zumal unsere Gegend, die Eifel, im Mittelalter sehr dünn besiedelt gewesen war. Und so hat sich aus dem Jahre 1330 eine Urkunde erhalten, in der sich ein Mann verpflichtete, »Burgmann Gerhards von Blankenheim« zu werden und »ein Haus zu Gerarzstein zu bauen gleich anderen Burgleuten«.[93] Hier wird unser Ort zum ersten Mal genannt, als eine Ansiedlung der als »Burgleute« bezeichneten Menschen, die die heutige Löwenburg zu versorgen hatten.

Ella: ... ach so, als die Ansiedlung der Burgleute immer größer wurde, ist daraus eine Stadt geworden. Aber wieso war dann die Altstadt so klein?

Oma: Ob eine Ansiedlung von Menschen zur Stadt wird, hängt nicht von ihrer Größe ab. Dass Gerolstein eine Stadt wurde, ergab sich aus der Rechtslage der unterhalb der Löwenburg entstandenen Siedlung. Heute gehen wir wie selbstverständlich davon aus, dass alle Bürger eines Staates die gleichen Rechte haben, aber das ist keine sehr alte Gepflogenheit. Im Mittelalter hatten verschiedene Gruppen von Einwohnern eines Landes sehr unterschiedliche Rechte: etwa die Burgherren auf der Löwenburg einerseits und die Bewohner der kleinen bäuerlichen und handwerklichen Ansiedlung unterhalb der Burg andererseits, denn sie galten nur als Untertanen der Burgherren. Und was heißt das? Nur die Herren erließen Gesetze und Verordnungen, nur sie regierten und nur sie entschieden als die obersten Gerichtsinstanzen. In dieser Hinsicht hatten die Gerolsteiner ein großes Glück. Am 28. August 1336 verlieh Kaiser Ludwig der Bayer (1282–1347) dem Burgdorf Gerhardtstein (wie es damals genannt wurde) die Stadtrechte. Erst dadurch wurde Gerolstein zur Stadt, und das veränderte die Lebensverhältnisse seiner Einwohner grundlegend. Die Verleihung der Stadtrechte wird bis heute als ein großes Ereignis erinnert.

Ella: Wieso kam ein Kaiser auf die Idee, einem so kleinen Ort in der Eifel die Stadtrechte zu verleihen? Wieso kannte er überhaupt diese Gegend, wenn er aus Bayern kam?

Oma: Da musst Du zweierlei beachten. Erstens erlebte das ganze Gebiet des heutigen Deutschlands zu jener Zeit eine große Welle von Erhebungen einzelner Orte zu Städten. Im Vergleich zu den Städten des Römischen Reichs oder zu unseren modernen Städten waren es sehr kleine Städte; auf dem Gebiet des heutigen Deutschlands galt damals eine Stadt mit mehr als 10 000 Einwohnern schon als Großstadt, die meisten mittelalterlichen Städte sollen weniger als 2 000 Einwohner gehabt haben. Zweitens verlieh der Kaiser die Stadtrechte nicht wirklich den »Bewohnern« eines Ortes, sondern ihren jeweiligen Landesherren.[94] Im Original hieß es nämlich, dass der Kaiser (»Wir Ludwig von Gottsgnäden Rhömischer Kaiser zu allen Zeiten Mehrerer des Reichs«) seinem Getreuen »Edelmann Gerhardt von Blankenhaim« dessen Bitte erfülle und »den bescheiden leuten zu Gerhardtsein« besondere Rechte verleihe.

Ella: Warum waren gerade die Blankenheimer so große Freunde des Kaisers?

Oma: Die Frage lässt sich nicht einfach beantworten. Derlei politische Allianzen entstehen oft durch zeitbedingtes Zusammenwirken verschiedener Interessen und Entwicklungen. Kaiser Ludwig der Bayer war in diesen Jahren darum bemüht, seinen Einfluss im Rheinland zu steigern. So veranstaltete er beispielsweise im Jahre 1338 speziell in Koblenz einen Reichstag, zu dem er die meisten deutschen Fürsten und den englischen König Eduard III. einlud. Die bedeutende Rolle, die die Blankenheimer in der Geschichte der Eifel spielten, hängt dagegen sicher teilweise mit ihren individuellen Eigenschaften, aber vor allem mit einem historischen Wandel jener Zeit zusammen. Er begünstigte sie durch die Nähe Blankenheims zu Köln.

Zur Zeit des Römischen Reichs war Trier die bedeutendste Metropole in der Umgebung von Gerolstein gewesen, und zur Zeit der Karolinger spielte Aachen eine solche Rolle. Um das Jahr 1000 entwickelte sich dagegen das rund 100 km nördlich von Gerolstein und rund 70 km von Blankenheim gelegene Köln zu einem derart wichtigen Zentrum. Zu Köln hin ist Blankenheim verkehrsmäßig günstiger gelegen als die meisten südlicheren Eifler Orte, und so residierten dort auch nach dem Aussterben der Blankenheimer ihre Nachfolger, die Grafen von Manderscheid. Gerolstein hat aber auch eine direkte Verbindung zu Köln, und zwar durch Sarresdorf. Das war seit 1075 ein Pfarrort, der bis 1803 zum Eifeldekanat des Erzbistums Köln gehörte. Darüber hinaus wurden die Blankenheimer durch einen Gütertausch schon im Jahr 1291 zu Grundherrn von Sarresdorf.

Ella: Und was machte Köln zu so einer besonderen Stadt?

Oma: Die Geschichte Kölns geht so wie Triers und Aachens auch auf die römische Zeit zurück. Aber um das Jahr 1000 erlebte Köln einen erstaunlichen Aufschwung. Das kannst Du heute noch an den zwölf großen romanischen Kirchen in der Altstadt von Köln sehen. Sie stehen in einem Halbkreis um die Innenstadt und sind in der Zeit zwischen 1150 und 1250 in einem an die römische Architektur anknüpfenden Baustil mit ähnlichen Rundbögen, Pfeilern und Säulen erbaut worden. Mit der Überführung der überaus wertvollen

Reliquien der Heiligen Drei Könige aus Mailand nach Köln im Jahre 1164 ist Köln auch »bald unter die vier wichtigsten europäischen Pilgerziele« aufgestiegen – neben Jerusalem, Rom und Santiago de Compostela.[95] Köln wurde zu jener Zeit auch zu einer einmalig großen Stadt, mit etwa 40 000 Einwohnern schon zu Beginn des 13. Jahrhunderts; Trier hatte damals etwa 10 000 und Aachen etwa 20 000 Einwohner. Dementsprechend entwickelte sich Köln zu einer wichtigen Kirchen-, Kunst- und Handelsmetropole.

Im 15. Jahrhundert besang der große Gelehrte, Schriftsteller Enea Silvio Piccolomini (1405–1462) – ab 1458 Papst Pius II. – die Stadt Köln sogar sehr überschwänglich: »Nichts Großartigeres, nichts Schöneres wirst Du in ganz Europa finden! Es ist für Kirchen, edle Gebäude, ein hervorragendes Volk und für seine Schätze berühmt, mit Blei gedeckt, mit Prachtvillen geschmückt, mit Türmen befestigt, übermütig umringt vom Rhein und fröhlichen Feldern.«[96] Trier und Aachen erschienen ihm dagegen nur noch als Städte der Vergangenheit; die »Trierer Kirche ist alt und berühmt«, meinte Pius II., und Aachen erwähnte er zwar als den damaligen Krönungsort deutscher Könige, erinnerte aber außerdem nur noch an den »sehr edlen Palast der Kaiser von ganz Deutschland«, dessen »ausgezeichnete Statuen aus Stein und eine berühmte Kirche, wo die Könige gesalbt werden« sowie an die Aachener Wahlfahrten, um am Ende nur noch schlicht zu bemerken, dass man dort »den Kopf Karls des Großen unter den Reliquien« bewahrt.[97]

Ella: Merkwürdig, aus diesen Worten über Trier und Aachen klingt doch im Vergleich zu Köln eher Missachtung als Begeisterung, während sich heute dort Touristen aus vielen Ländern nicht weniger als in Köln drängen ...

Oma: Das stimmt, aber die wichtigsten Magneten der Touristen in Trier sind die antiken römischen und in Aachen die karolingischen Überreste – in Köln sind es die romanischen Kirchen sowie der gotische Dom. Papst Pius II. hinterließ uns natürlich nur seine subjektive Sicht Europas jener Zeit, und wie viele Europäer damals Köln für die »schönste« Stadt des Kontinents hielten, wissen wir nicht. Aber diese Erinnerung an Köln macht uns auf einen wichtigen Blickwinkel auf die Gerolsteiner Geschichte aufmerksam: auf die Lage dieses kleinen Eifler Städtchens im Dreieck zwischen Trier, Aachen und Köln, in dem sich dessen Geschichte jahrhundertelang unweit der jeweils historisch wichtigen Metropolen abspielte. Und nicht zuletzt deshalb bietet die Geschichte von Gerolstein einen sehr eigenartigen Einblick in die gesamteuropäische Geschichte.

Ella: Interessant, ich habe Gerolstein bisher nur als ein Städtchen im Grenzgebiet wahrgenommen, liegt es doch ganz nah an den Grenzen zu Belgien, Luxemburg und Frankreich, oder?

Oma: So kann es uns heute erscheinen, aber die Staatsgrenzen im heutigen Europa sind meistens nicht sehr alt. Die deutsche Geschichte hat sich im Laufe der Zeit vom römischen Gallien über das fränkische Karolingische Reich in den Osten hin verlagert, bis sich Gerolstein in der Neuzeit in einem zwischen Frankreich und Deutschland umstrittenen und von Kriegen geplagten linksrheinischen »Grenzgebiet« fand. Die Kenntnisse derartiger historischen Veränderungen helfen uns zur Orientierung in heutigen Streitigkeiten und Konflikten. Mit der Zeit ändert sich nämlich stets vieles, aber bruchstückhafte Erinnerungen begleiten Menschen aller Zeiten. Das macht die Geschichte so interessant und zeigt, wie wichtig es ist, alle Ereignisse nicht nur aus unserer eigenen Perspektive, sondern stets auch im Kontext ihrer Zeit zu betrachten. So war etwa auch die Verleihung der Stadtrechte an die kleine Siedlung unterhalb der Löwenburg am 28. August 1336 kein einzigartiges, sondern ein zeitbedingtes Ereignis, obwohl sie für Gerolstein selbst von sehr großer Bedeutung war.

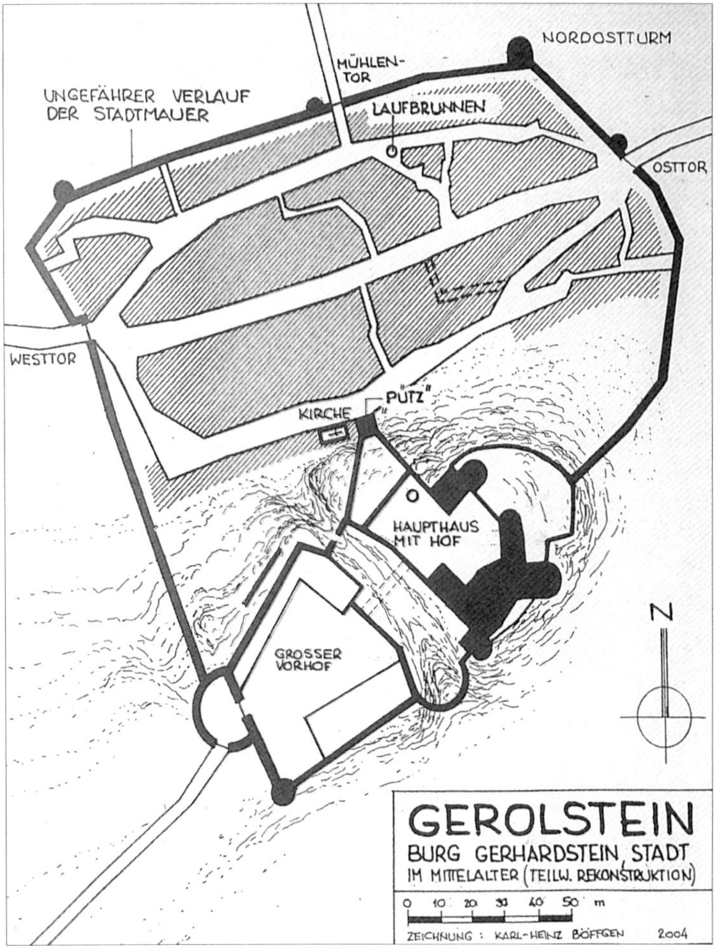

Abb. 41: Der Stadtplan der Altstadt im Mittelalter

Der bekannte Historiker Gerolsteins, Karl-Heinz Böffgen (1939–2015), rekonstruierte im Jahre 2004 den Stadtplan der einstigen Altstadt sowie ihrer Verbindung mit der damals als Gerhardstein bekannt Burganlage.

Abb. 42: Das Modell der Altstadt

Im Jahre 2003 bauten 13 Schüler des St. Matthias-Gymnasium ein 1:200 großes Modell der einstigen mittelalterlichen Stadt Gerolstein, das heute im Naturkundemuseum betrachtet werden kann. Natürlich ist es keine genaue, dennoch zur Veranschaulichung der einstigen Stadt sehr hilfreiche Rekonstruktion.

Ella: Was hat sich also mit der Verleihung der Stadtrechte für die Gerolsteiner konkret verändert?

Oma: Die Erhebung ihres Ortes zur »Stadt« brachte den Einwohnern damals bedeutende Privilegien. Zu den wichtigsten von ihnen gehörte erstens das Recht, die eigene Stadt schützen zu dürfen; das hieß damals, die eigene Stadt mit Mauern, Wehrgängen, Toren, Gräben und Palisaden zu befestigen, um sich gegen fremde Angreifer

Abb. 43: Der Stadtturm

Dieser Turm gilt als das älteste erhaltene Bauwerk der Stadt Gerolstein. Er soll als ein Teil der Stadtmauer an der Nordostecke der Stadtbefestigung im 14. Jahrhundert erbaut worden sein, wahrscheinlich nicht vor 1336 (Verleihung der Stadtrechte) und möglicherweise vor 1352, als zum ersten Mal über die erfolgreiche Abwehr einer feindlichen Stadtbelagerung berichtet wurde. Heute dient der Wehrturm als ein Wohnhaus.

Abb. 44: Der Wasserturm, das Alte Rathaus und das Nikkodemuskreuz

Die drei auf diesem Bild dominanten Motive laden heutige Besucher Gerolsteins ein, eine malerische Ecke der einstigen Altstadt kennenzulernen.

und Eindringlinge verteidigen zu können. Zweitens erhielt die Stadt das Recht, regelmäßig einen Wochenmarkt und zweimal jährlich Jahrmärkte abzuhalten. Die Märkte lockten Händler von nah und fern an und erweiterten damit den Horizont und die Verdienstmöglichkeiten der Stadtbewohner. Die Besucher der Märkte wurden von Abgaben und Zöllen befreit, was zur Attraktivität der Märkte beitrug, und den Gerolsteiner Kaufleuten kam das Recht zu, im gesamten Reichsgebiet abgaben- und zollfrei Handel zu betreiben.[98] Das öffnete für die Gerolsteiner neue Handelsmöglichkeiten, ein wenig ähnlich wie die EU für die Bürger einzelner Mitgliedstaaten. Darüber hinaus ergaben sich aus dem neuen Stadtrecht aber auch neue Freiheiten und Rechte für die Stadtbewohner, die in der kaiserlichen Urkunde für Gerolstein mit einem Hinweis auf das »Stadtrecht von Aachen« als Vorbild erwähnt wurden, ohne im Einzelnen genau definiert zu werden. Derartige Hinweise auf einige wenige Großstädte als Vorbilder für die neuen kleineren Städte waren damals üblich.

Ella: Und hielten dann auch alle Reichen und Mächtigen derartig wichtige Privilegien der Gerolsteiner ein?

Oma: Ja, über Jahrhunderte hin musste jeder neue Herr der Löwenburg die Gerolsteiner Stadtrechte bestätigen. Derartige Urkunden liegen für die Zeit zwischen 1336 und 1794, das heißt für 458 Jahre, vor.[99] Formalrechtlich gesehen verloren die Gerolsteiner Stadtprivilegien erst durch die preußische Städteordnung im Jahre 1856 ihre Gültigkeit. Als nahezu ein Jahrhundert später, am 7. Juni 1953, Gerolstein das Stadtrecht wieder verliehen wurde, feierten das die Gerolsteiner sehr.

Ella: Und wie hat sich die Verleihung der Stadtrechte an Gerolstein praktisch bemerkbar gemacht?

Oma: Praktisch hat sich das von Kaiser Ludwig dem Bayern dem Ort Gerhardstein verliehene Stadtrecht rasch als vorteilhaft erwiesen. Als es beispielsweise zu dem schon erwähnten Konflikt zwischen Arnold von Blankenheim-Gerolstein und dem Trierer Erzbischof Balduin im Jahre 1353 kam, waren die Stadtbürger über ihre neue Stadtbefestigung sehr glücklich. Balduin belagerte nämlich Gerolstein wochenlang, bis er im Juli 1353 aufgab und abzog. Langfristig gesehen förderten die erwähnten Rechte nach dem »Aachener« Vorbild das Selbstbewusstsein der Gerolsteiner Stadtbürger und führten mit der Zeit zu Erweiterungen ihrer eigenen Selbstverwaltung.

Vor allem war man in der Stadt viel mehr sein eigener Herr als zuvor. Man war befreit von früheren Arbeitsverpflichtungen für den Grundherren, konnte frei seinen Ehepartner wählen, war nicht mehr an seinen Geburts- und Wohnort gebunden und konnte über die eigene Arbeitskraft und seinen Arbeitsertrag frei verfügen, wie es etwa Karl-Heinz Böffgen wunderbar beschrieb: »Hier in der Stadt besaß man Freizügigkeit, hier waren alle Bewohner dem Recht nach gleich, jedem wurde Frieden und Freiheit garantiert, und hier gab es das freie Besitz- und Erbrecht, sowohl für die männliche als auch für die weibliche Stadtbevölkerung.«[100]

Ella: Das klingt gut, ab dann konnten die Gerolsteiner also endlich so ähnlich leben wie wir heute, oder?

Oma: So einfach solltest Du Dir es nicht vorstellen. Die realen Lebensverhältnisse der Gerolsteiner veränderten sich in der langen Zeit bis zum 19. Jahrhundert bei weitem nicht so grundlegend wie in den letzten zwei Jahrhunderten. Das zeigen etwa die Einwohnerzahlen. Zwischen den Jahren 1300 bis 1800 stiegen sie nämlich nur sehr, sehr langsam. Von um das Jahr 1400 innerhalb der Stadtmauern 200 bis 300 lebenden Menschen sollen es um das Jahr 1600 ca. 300, um 1700 knapp 400 und im Jahre 1801 gerade 500 Menschen gewesen sein.[101] Und warum vergrößerte sich die Stadt in all diesen Jahrhunderten kaum? Zu all jenen Zeiten mussten Menschen viel schwerer als heute arbeiten, sie starben an Krankheiten infolge der beschränkten medizinischen Kenntnisse und wurden immer wieder von Kriegen und Hungersnöten geplagt. Erst das 19. Jahrhundert brachte allmählich grundlegende Veränderungen in den Lebensverhältnissen mit sich, wie wir sehen werden, und erst damit ergab sich ein nie da gewesenes Bevölkerungswachstum: von ca. fünf Hundert um das Jahr 1800 auf etwa 1 200 um das Jahr 1900 und über fünf Tausend in Gerolstein lebenden Einwohnern um das Jahr 2000.[102] Das ist doch im Vergleich zu den Jahrhunderten davor ein wirklich großer Unterschied, oder?

Ella: In der Tat, aber was bewirkte diesen erstaunlichen Wandel?

Oma: Für mein Dafürhalten waren es zwei wichtigste Entwicklungen. Am Ende des 18. und zu Beginn des 19. Jahrhunderts begegnen wir überall in Europa tiefgreifenden Veränderungen infolge der industriellen Revolution einerseits und der intensiven Bestrebungen um staatsbürgerliche Gleichstellung aller Menschen andererseits. Diese beiden Entwicklungen verliefen nur allmählich und keineswegs überall gleichmäßig, und ihnen stellten sich Widerstände in den Weg. Darüber werden wir uns im Zusammenhang mit dem 19. Jahrhundert unterhalten.

***

Ella: Bei der Suche nach den Stadtmauern ist mir aufgefallen, dass die beiden Kirchen, sowohl die katholische als auch die evangelische, nicht in der einstigen Altstadt liegen. Wie kommt es? Die Altstadt muss doch eine Kirche gehabt haben, oder? Jede Stadt hat doch immer eine Kirche ...

Oma: Das ist eine gute Beobachtung. Dass die evangelische Erlöserkirche außerhalb der einstigen Altstadt liegt, ist nicht schwer zu erklären: Sie wurde erst zu Beginn des 20. Jahrhunderts erbaut, als sich die Stadt über die einstige Stadtmauer verbreitet hatte (vgl. Abstecher zur Erlöserkirche). Dass die katholische Kirche auch außerhalb der Altstadt liegt, das ist in der Tat sehr ungewöhnlich. Das hängt mit der eigenartigen Geschichte von Sarresdorf zusammen.

Wie ich schon erwähnte, wurde im Jahre 1075 das heutige Stadtteil von Gerolstein Sarresdorf zum Pfarrort, also zum Ort einer rechtlich definierten Gemeinschaft von Gläubigen, der ein Pfarrer vorstand und die man Pfarrgemeinde nannte. Im Jahre 1291 kam Sarresdorf durch einen Gütertausch zwischen der Abtei Prüm und den Grafen von Blankenheim an das Blankenheim-Gerolsteiner Territorium.[103] Als später Gerolstein entstand, gehörten seine Einwohner zur Sarresdorfer Pfarrei, sodass die dortige Kirche zu ihrer

Pfarrkirche wurde. Folglich kam es dazu, dass in unserer Altstadt über Jahrhunderte hin keine eigenständige Kirche erbaut wurde und die Gerolsteiner zu Gottesdiensten, Taufen oder Begräbnissen nach Sarresdorf wandern mussten (vgl. Abstecher nach Sarresdorf).

Ella: Und deswegen steht in Sarresdorf ein viel älteres Pfarrhaus als bei der St.-Anna-Kirche ... Bei unserem Abstecher nach Sarresdorf habe ich jedoch nicht verstanden, warum man die Kirche in Sarresdorf so brutal abgerissen hat: Mussten nun die Sarresdorfer zu Gottesdiensten, Taufen oder Begräbnissen nach Gerolstein wandern?

Oma: Keineswegs. Dazu kann ich Dir auch eine eigenartige Geschichte erzählen. Während die Gerolsteiner zu »ihrer« Kirche nach Sarresdorf wandern mussten, fanden viele Sarresdorfer wegen seiner Stadtrechte Gerolstein attraktiver als ihren Heimatort und zogen gerne dorthin um. In Sarresdorf wurde zwar noch im 16. Jahrhundert eine neue offensichtlich sehr schöne Kirche erbaut, aber im 18. Jahrhundert beklagte sich ein Sarresdorfer Pfarrer über Folgendes: Sarresdorf sei seit Langem ein Dorf gewesen und dennoch hätten es seine Bewohner verlassen und seien der Freiheit wegen in den Flecken Gerolstein gezogen. Die Kirche, das Pfarrhaus sowie das Küsterhaus seien also »allein geblieben«.[104] So lebten die Gerolsteiner und ihre Kirche lange weit voneinander entfernt, während die Sarresdorfer mit der Zeit wegen der Vorteile des Gerolsteiner Stadtrechts ihr Heimatdorf verließen. Deshalb ist Sarresdorf zu Beginn des 19. Jahrhunderts zu einer »Wüstung« geworden, wie wir gesehen haben, zu einem Ort ohne Bewohner.

So ist es auch gekommen, dass die alte offensichtlich schöne Sarresdorfer Kirche abgerissen und die heutige St. Anna-Kirche in der Burgstraße, ganz nah an der Altstadt, aber schon außerhalb der einstigen Stadtmauer, erbaut wurde. Im Jahre 1803 wurde die alte Pfarrei Sarresdorf in Pfarrei Gerolstein umbenannt, am 12. September 1813 die St. Anna-Kirche geweiht und 1834 zog auch der Pfarrer von Sarresdorf nach Gerolstein. Nur der Friedhof blieb noch lange in Sarresdorf, wie wir schon bei unserem Abstecher nach Sarresdorf gesehen haben.

Ella: War es nicht ein wenig zu weit für die Gerolsteiner, all die langen Jahrhunderte immer in die Kirche bis nach Sarresdorf laufen zu müssen? Wie ging es mit den Alten oder Kranken?

Oma: Das war in der Tat problematisch, aber die Gerolsteiner waren nicht die Einzigen, die lange Wege zu ihrer Kirche zurücklegen mussten. Zum Pfarrbezirk Sarresdorf gehörten mehrere Orte wie Wallenborn, Dohm, Lammersdorf, Pelm, Gees, Bewingen, Michelbach oder Büscheich. Das Ungewöhnliche war nur, dass Gerolstein eine Stadt war. Gerolstein konnte zwar über Jahrhunderte hin seine Stadtprivilegien genießen, aber es blieb auch sehr lange eine Stadt ohne eine Pfarrkirche. Dieses Problem bemerkten auch die Grafen auf der Löwenburg. Aber Kirchen konnte niemand einfach selbst errichten, nicht einmal, wenn man ein Graf war; darüber wurde nur in den römisch-katholischen Kirchengremien entschieden. Man konnte jedoch Kapellen errichten. Das waren kleinere oder manchmal sogar recht große Bet- oder Gottesdiensträume für private Zwecke, für Familien oder kleinere Gemeinschaften, ohne dass sie die Rechtsstellung einer Kirche hatten. Die berühmteste von ihnen ist die Sixtinische Kapelle in Rom, in der Päpste gewählt werden. Das kirchenlose Gerolstein erhielt eines Tages sogar zwei Kapellen.

Als unsere Grafen im 15. Jahrhundert für sich oben auf der Löwenburg eine feine Schlosskapelle erbauen ließen, errichteten sie für die Stadtbevölkerung auch eine Kapelle. Das war im Jahre 1486. Beide Kapellen müssen recht schön ausgestattet gewesen sein. Die untere Kapelle für die Stadtbewohner stand direkt unterhalb des Burgfelsens auf jener kleinen Plattform, die Du auf Deinem Weg auf die Löwenburg besuchtest, dort, wo heute ein großes Kreuz an der Felsenwand hängt. Jene Kapelle wurde nach der Zerstörung der Burg und der Stadt im Jahre 1691 sogar wieder instand gesetzt. Doch fünfzig Jahre später wurde sie durch ein von oben aus der Burgruine heruntergefallenes Mauerstück erneut stark zerstört und erneut repariert, bis sie weitere drei Jahrzehnte später abermals durch den großen Stadtbrand von 1784 beschädigt wurde. So kannst Du Dir vorstellen, wie froh die Gerolsteiner waren, als endlich die heutige St. Anna-Kirche erbaut wurde.

***

Ella: Dafür hatte die Altstadt aber ein bewundernswertes Rathaus gehabt. Ich habe nämlich am Naturkundemuseum die Aufschrift »Altes Rathaus« gesehen, und dieses Haus gehört sicher zu den ältesten und schönsten Gebäuden Gerolsteins. Wurde es gleichzeitig mit der Einführung des Stadtrechts errichtet?

Oma: Nein, so alt ist es bei weitem nicht. Die Altstadt blieb lange ein kleines, ländliches Wohngebiet. Der Weg zur städtischen Selbstverwaltung in unserem Sinn war lang. Die Geschichte des Gebäudes, das heute den Namen »Altes Rathaus« trägt, erzählt uns auch, auf welch verwinkelten Wegen sich unsere Welt stets entwickelt. Dieses Gebäude soll nach dem Großen Brand vom Jahre 1708 an der Stelle eines alten Fachwerkhauses aus Steinen der alten und inzwischen weitgehend zerstörten Stadtmauern erbaut worden sein. Im Jahre 1710 sei der Bau fertiggestellt worden und irgendwann mal in den Besitz eines Schreiners und Wirtes namens Johann Linden gekommen. Es war also zunächst mal kein Rathaus und es ist auch nicht besonders alt. Aber es soll mit Steinen erbaut worden sein, die wahrscheinlich etliche Jahrhunderte früher zu Bausteinen behauen worden oder möglicherweise sogar römischen Ursprungs gewesen seien. Das Gebäude wurde erst im Jahre 1890 von der Stadt gekauft und zum Amts- und Wohnsitz des Gerolsteiner Amtsbürgermeisters umgestaltet. Danach diente es 90 Jahre lang als Rathaus, bis im Jahre 1979 ein neues, größeres und bis heute existierendes Rathaus unten an der Kyll erbaut wurde.

Ella: Und was hat sich in Deinen Augen in der Geschichte der Altstadt insgesamt besonders Bemerkenswertes abgespielt?

Oma: Da würde ich an die Hexenverfolgungen denken. Das Thema kennst Du sicherlich, das ist keine Gerolsteiner Besonderheit. Aber aus der hiesigen Perspektive betrachtet, bietet es interessante Einblicke in jenes erstaunliche Geschehen. Wie Du weißt, liebe ich Bücher, da man aus Büchern viel erfahren und lernen kann. Aber am Beispiel der Hexenverfolgungen kannst Du sehen, wie Bücher auch Unglück anrichten können.

So ist in der rund 175 km von Gerolstein entfernten Stadt Mainz um das Jahr 1450 in der Druckerwerkstatt von Johannes Gutenberg die weltberühmte erste gedruckte Bibel entstanden: das erste mit beweglichen Metalllettern gedruckte Buch. Die Technik des Buchdrucks verbreitete sich umgehend mit rasanter Geschwindigkeit im gesamten Europa, und brachte eine wahre Kulturrevolution mit sich. Nun wurde Bildung viel leichter zugänglich als bis dahin. Und trotzdem: Es dauerte nicht lange, und in Europa verbreiteten sich mit ähnlicher Geschwindigkeit die Hexenverfolgungen.

Ella: Ich dachte, dass so ein Aberglaube im dunklen Mittelalter existierte, als es noch außerhalb von Klöstern und Universitäten keine Bücher gab ...

Oma: Keineswegs. Der Höhepunkt dieser grausamen europäischen Verfolgungswelle liegt in den Jahren zwischen 1550 und 1650. Damals sollen an die drei Millionen Menschen wegen angeblicher Hexerei angeklagt und etwa 40 000 bis 60 000 Betroffene grausam hingerichtet worden sein. Die Mehrzahl der Opfer waren Frauen, von denen man behauptete, dass sie mit dem Teufel im Bunde stünden und Zauberei praktizierten.

Ella: So einen Aberglauben würde ich nie im Zusammenhang mit der Erfindung des Buchdrucks sehen, das verstehe ich nicht.

Oma: Die Bildung allein macht Menschen weder selig noch friedlich; die Gebildeten sind weder klüger noch moralisch besser als andere. Allein in der Grafschaft Gerolstein soll diese Welle der

Hexenverfolgung um das Jahr 1580 begonnen haben, und im Laufe von etwa 50 Jahren sollen 47 Personen angeklagt, gefoltert und verurteilt worden sein; am Ende seien 44 von ihnen verbrannt worden. Die öffentlichen Verbrennungen sollen im Zentrum der Stadt, vor dem heutigen Naturkundemuseum, stattgefunden haben. Das war der wichtigste Platz der Altstadt, der sogenannte Keks, benannt nach der alten Bezeichnung eines Prangers.[105]

Ella: Und wie ging das vor sich? Sind alle Menschen damals verrückt geworden? Wie und von wem wurde darüber entschieden, wer eine Hexe sei?

Oma: Gute Fragen. Dazu kennen wir eine Gerolsteiner Geschichte, die Dir verdeutlichen kann, wie es damals zuging. Sie betrifft den Amtmann Heinrich von Mühlheim, der am 29. November 1629 wegen des »schändlichen Verbrechens der Zauberei« zum Tode durch Enthaupten mit dem Schwert verurteilt wurde; zugleich wurde auch Anna Clemens, vermutlich auch aus Gerolstein, durch Erdrosseln hingerichtet und anschließend in der sogenannten Reisighütte verbrannt, wie das bei »Hexen« damals üblich war.[106]

Heinrich von Mühlheim war ein gebildeter Jurist und des Grafen Amtmann, d. h. der oberste Verwalter. Er galt als ein vernünftiger, umsichtiger und dem damaligen Grafen von Gerolstein nahestehender Mensch. Gerade das scheint aber einem anderen Juristen, der ein fanatischer Hexenjäger war, nicht gepasst zu haben. Er hieß »Dr. utr. jur. Johannes Moden« und hatte die Reputation des agilsten Gerolsteiner Hexenjägers. Ihm gelang es auch, durch Intrigen, Einschüchterungen sowie mit Hilfe von unter Folter erpressten Aussagen mehrerer schon verurteilter »Hexen« den allgemein geschätzten und vernünftigen Heinrich von Mühlheim zu Tode zu bringen.

Ella: Das heißt aber, dass wir die damaligen Hexenverfolgungen keineswegs als den Ausdruck eines allgemein verbreiteten Irrglaubens erklären können. Manche Menschen können jenem Aberglauben tatsächlich verfallen gewesen sein, aber viele schürten wohl nur

Hass und Grausamkeit, während andere wiederum vermutlich aus Angst mitgemacht haben, oder?

Oma: Richtig. Menschen sind immer überall unterschiedlich, aber diejenigen, die Hass schüren und andere dämonisieren, sind immer gefährlich, ob sie im guten Glauben handeln oder den Glauben anderer einfach missbrauchen. Daran kannst Du Dich in der Gerolsteiner Altstadt immer wieder erinnern, wenn Du über jenen Platz gehst, an dem einst die sogenannten Hexen grausam gequält und umgebracht wurden – und wo heute am Naturkundemuseum eine befestigte Gedenktafel an eine andere schrecklichere Verfolgung einiger Gerolsteiner Bürger, diesmal aus dem 20. Jahrhundert, erinnert: »Zum ehrenden Gedenken an die jüdischen Mitbürger Gerolsteins, die bis zu ihrer Deportation und Ermordung durch die Nationalsozialisten das Leben in unserer Stadt mitgeprägt haben.« Damit wird an die als Holocaust bekannte Verfolgung der Juden im 20. Jahrhundert erinnert.

Ella: Welch ein Vergleich – aber ganz abwegig ist er nicht. Der Holocaust entsprang wirklich einem ähnlichen Wahnprojekt wie einst die Hexenverbrennungen, nur dass der Holocaust viel mehr Menschen zu Opfern machte und im 20. Jahrhundert geschehen ist. Und ich dachte immer, dass moderne Menschen klüger und edler als ihre Vorfahren seien ...

Oma: Keineswegs. Der Fortschritt in der Bildung und Wissenschaft bietet kein Patent auf menschliche Weisheit und moralische Überlegenheit. Aber: Es ist auch wichtig, stets zu bedenken, dass einzelne Menschen immer unterschiedlich sind und deshalb auch nie alle einem Wahn verfallen. So stammte aus dem knapp 50 km von Gerolstein entfernten Binsfeld etwa der Trierer Weihbischof Peter Binsfeld (1546–1598), der als Verfasser eines der fürchterlichsten Traktate des Hexenwahns bekannt geworden war. Zugleich lebte auch unweit von hier einer der klügsten und tapfersten Kritiker dieser Grausamkeiten, der in der Nähe von Düsseldorf im

Jahre 1591 geborene und 1635 in Trier verstorbene Friedrich Spee von Langenfeld. Er veröffentlichte im Jahre 1631 ein bis heute berühmtes Buch, in dem er die gesamte Praxis der Hexenverbrennungen einer rationalen Kritik unterzog. Heute gilt dieses Buch als einer der wichtigsten Beiträge, die jenen nahezu gesamteuropäischen Hexenwahn zu beenden halfen.

Ella: Und was waren seine Argumente?

Oma: Eigentlich ganz einfach. Spee beobachtete: Die meisten der Hexerei Angeklagten seien nur deshalb vor Gericht geschleppt worden, weil sie zuvor von anderen Angeklagten unter Folter der Hexerei im Pakt mit dem Teufel beschuldigt worden waren. Darüber hinaus haben nahezu alle Angeklagten ihre vermeintliche Schuld selbst ebenfalls nur unter Folter zugegeben und aufgrund dessen weitere Mitmenschen beschuldigt. Friedrich Spee von Langenfeld folgerte daraus, dass die meisten Gefangenen ihre Aussagen möglicherweise nur deshalb machten, um ihre furchtbaren Folterqualen zu stoppen. Die Folter diene deshalb keineswegs zur Wahrheitsfindung, meinte er. Außerdem wies er darauf hin, dass die unter Folter erzwungenen Beschuldigungen anderer Menschen sinnlos seien: Entweder sei die gefolterte Person unschuldig und könne daher keine Komplizen gekannt haben, oder aber sie sei tatsächlich im Pakt mit dem Teufel gewesen, in welchem Falle man ihren Aussagen keineswegs vertrauen könne.

Ella: Das kann ich gut nachvollziehen, Friedrich Spee von Langenfeld argumentierte eigentlich recht einfach rational. Wieso haben es nur damals so viele Menschen nicht verstanden ...

Oma: Unsere Vernunft ist ein recht einfaches und sehr nützliches Hilfsmittel zur Orientierung in der Welt. Leider beschimpfen sich jedoch viele Menschen aller Zeiten gegenseitig häufiger, als dass sie ihre Meinungsunterschiede in rationalen Diskussionen zu klären versuchten.

Ella: Zur guten Letzt möchte ich noch wissen, wie die Altstadt eigentlich mit Wasser versorgt wurde, wenn sie doch ziemlich hoch oberhalb und recht weit von der Kyll entfernt gelegen war?

Oma: Ganz genau wissen wir es nicht. Wasserversorgung war bis zum 20. Jahrhundert ein großes Problem aller Städte. Aber auch diesbezüglich hat Gerolstein eine interessante Geschichte. Auf Deinem Weg auf die Löwenburg hast Du den viereckigen Turm am Felsen zwischen der Burg und der Altstadt gesehen. Im Volksmund wurde er »Pütz« genannt, und das kommt von dem Wort Pfütze. Erst unlängst konnte bestätigt werden, dass der Turm wohl schon vor dem Jahre 1600 genau an einer Wasserquelle erbaut wurde, aus der mit Hilfe raffinierter Pumpenanlagen die Löwenburg mit Wasser versorgt wurde. Aus den in diesem Burgmassiv verborgenen Wasserschichten wurden aber auch mehrere Laufbrunnen in der Stadt versorgt. Der wichtigste hieß »Komp« und lag am Mühlentor im Norden der Altstadt, dessen Überreste Du schon besucht hast. Das war wahrscheinlich die älteste Wasserversorgungsstelle der Altstadt vom Mittelalter bis zum 19. Jahrhundert, während auch etliche weitere Brunnen »mitgeholfen« haben sollen. Jedenfalls hatten die Gerolsteiner mit der Wasserversorgung großes Glück gehabt. Je mehr Menschen jedoch in der Stadt lebten, desto mehr häuften sich ihre Klagen über Wassermangel, bis dann ab 1901 allmählich moderne Wasserleitungen angelegt wurden, wie wir sie heute kennen – als eine der mit Sicherheit großartigsten Errungenschaften der Geschichte!

Ella: Und das weltberühmte Gerolsteiner Mineralwasser?

Oma: Unser Mineralwasser ist ein wahres Luxusgeschenk der Erdgeschichte an Gerolstein. Das war schon im Altertum bekannt, aber zur Wasserversorgung der Stadt reichten die wenigen früher bekannten Quellen natürlich nicht, und erst recht nicht dazu, die modernen Wasserleitungen der Gerolsteiner zu versorgen. Die älteste bekannte Quelle, *Sidinger Drees*, habe ich schon im Zusammenhang mit den Römern und der Villa Sarabodis erwähnt. Heute sprudelt dort kein Wasser mehr, nur jene Stelle findest Du markiert noch am südlichen Ufer der Kyll unweit von unserem jetzigen Rathaus. Die Römer müssen die Quelle gekannt und genutzt haben, da dort römische Münzen gefunden wurden. Das entdeckte erst viel später der schon erwähnte Graf Franz Georg von Manderscheid-Blankenheim, als er dort im Jahre 1724 – leider noch erfolglos – versuchte, Mineralwasser zum Verkauf zu gewinnen. Erst gegen Ende des 19. Jahrhunderts wurden zahlreiche Bohrungen durchgeführt, Quellen erschlossen und Verkaufsfirmen gegründet, wie ich Dir im Zusammenhang mit dem 19. Jahrhundert erzählen werde.

Abstecher zum Lieblingsspaziergang der Gerolsteiner

Wenn ein Lieblingsspaziergang der Gerolsteiner gekürt werden sollte, würde sich rasch die Büschkapelle in den Vordergrund drängen. Im »Stadtwald« gelegen und bequem zugänglich wird sie von alten ebenso wie jungen Spaziergänger überaus häufig besucht. Manche zünden hier Kerzen zum Gebet ein, andere legen eine Ruhepause an, um weiter hinauf auf die Dietzenley mit ihrer spektakulären Aussicht auf die umliegende Berglandschaft zu wandern. Manche Besucher schenken ihre Aufmerksamkeit auch den beiden, unweit gelegenen alten Kreuzen, die mit der bis heute rätselhaften Entstehungsgeschichten dieser Kapelle verknüpft werden. Die Büschkapelle ist nämlich auch ein »sagenumwobener Wallfahrtsort«.[107]

Mancherorts ist zu lesen, dass der in Gerolstein beliebte Graf Karl Ferdinand eines der beiden Kreuze, das sogenannte Grafenkreuz, auf das Drängen seiner Ehefrau errichten ließ, nachdem sie beide eines Tages aufgrund der inneren Eingebung der Gräfin bei einem

Überfall unverletzt davongekommen waren. Der Gräfin sei dies aber als Dankesbezeugung nicht genug gewesen, sie habe gelobt, für die wunderbare Errettung eine Kapelle zu bauen und ließ nicht nach, bis ihr Gemahl auch die Büschkapelle errichten ließ.[108]

Manchmal begegnen wir jedoch einer anderen Geschichte. Peter Horsch beschrieb die Entstehung der Büschkapelle so:

> »Nachdem das gräfliche Schloß am 29. 4. 1665 durch einen Brand sehr gelitten hatte, wurde es 1670 von einem neuen Unheil heimgesucht. In der Donatusnacht [7. August] entfaltete sich ein ungewöhnlich starkes Gewitter über dem Gerolsteiner Raum. Hierbei schlug der Blitz in einen der Türme [ein], in dem das Pulver lagerte, und dieses entzündete. Das dabei entfachte Feuer richtete am Schloß großen Schaden an. Einige Türmchen, die Kanzlei, die Rüstkammer, das Archiv und mehrere andere Gemächer mit unersetzlichen Dokumenten und Briefschaften wurden vernichtet. Fast kein Fenster blieb ganz.«

Durch Zufall habe »der Bruder des Grafen, Graf Wilhelm-Ernst, hoher Dom- und Capitularherr zu Köln und zu Straßburg, dieses Ereignis im Residenzschloß zu Gerolstein miterlebt« und sei sehr glücklich gewesen, überlebt zu haben: »Er bezeichnete es als eine höchste Gnad von unserem grundgütigen Gott, daß hierbei von den unsrigen und auch sonsten niemand zu Schaden gekommen, und daß kein großes Vernichtungsfeuer entstanden ist.« Und wie drückt so ein Domherr seine Dankbarkeit aus? Zunächst habe er gelobt, an jedem Jahrestag des Unglücks drei Messen in der Schlosskapelle zelebrieren und »jährlich ein Malter Korn an Brot und einen Reichstaler Geld an unsere alten Leute verteilen zu lassen.« Gleichzeitig sei auch »ein Dankesgelöbnis zum Bau einer Marienkapelle im Wald ins Auge gefaßt« worden: »Graf und Domherr Wilhelm-Ernst ließ mit seiner Stiftung und Beteiligung der Bürgerschaft mit Frondiensten im Jahre 1681 die Kapelle errichten. Er nannte sie *ad fontem beata Virginis* (Kapelle zur Marienquelle). Die Kapelle wurde 1682 eingeweiht.«[109]

Abb. 45: Die Büschkapelle um das Jahr 1948
Abb. 46: Das Grafenkreuz um das Jahr 1972
Im heutigen Stadtwald oberhalb von Gerolstein in Richtung Salmwald (dem größten zusammenhängenden Waldgebiet der Vulkaneifel) steht nicht nur die sagenumwobene Büschkapelle, sondern auch das Grafenkreuz mit seinen Geheimnissen ebenso wie mit einer nahezu »eigenhändigen« Unterschrift des legendären Gerolsteiner Grafen Karl Ferdinand.

Die erste Entstehungsgeschichte der heutigen Büschkapelle über einen »Überfall des Grafenpaares« und die »Eingebung« der Gräfin ist populärer als die zweite, die von einem Blitzschlag auf der Löwenburg und der Dankbarkeit des Grafen und eines hohen katholischen Würdenträgers an Gott erzählt. Den Ursprung der ersten Erzählung kennen wir nicht, aber die zweite Erzählung wurde schon im bekannten Werk *Eiflia illustrata* aus dem 18. Jahrhundert erwähnt, diesmal ohne die Beteiligung des Gerolsteiner Grafen: »Graf Wilhelm Ernst, Domherr zu Cöln und Strasburg, erbauete im Jahre 1681 die Buschkapelle zu Gerolstein und nannte solche ad fontem beatae Mariae Virginis.«[110] Manchmal werden beide Erzählungen vermischt, wie etwa in dem hoch geschätzten Handbuch *Die Kunstdenkmäler der Rheinprovinz* aus dem Jahre 1928. Dort erfahren wir, dass zwar ein Graf aus »Anlaß der Errettung aus der Hand von

Wegelagerern« die Büschkapelle errichten ließ, aber genannt wird nicht der Gerolsteiner Graf Karl Ferdinand, sondern der »Domherr zu Köln und Straßburg«.[111] Das Volkstümliche und das Wissenschaftliche mischen sich häufig nicht nur in Gerolstein, wie uns etwa der heute populärer Begriff *fake news* erinnert ...

***

Das etwa 200 m von der Büschkapelle stehende Grafenkreuz aus rotem Sandstein führt uns auch zu ihrer Entstehungsgeschichte. Dessen unterer Teil soll noch das Original aus dem Jahr 1680 sein. Das Kreuz soll mit der Zeit allmählich verfallen sein, der obere Teil wurde im Jahre 1972 erneuert, und ist von besonderer Bedeutung für die Geschichte Gerolsteins. Es zeigt nämlich das Wappen der Grafschaft Gerolstein mit der Inschrift »Carl Ferdinand Graf von Manderscheid Blankenheim, Gerolstein, Herr zu Cronenburg, Bettingen und Dhaun haben das Denkmal wegen des großen Unglücks errichten lassen«. Damit stehen wir vor einer sozusagen eigenhändigen Unterschrift des bekanntesten Gerolsteiner Grafen mit all seinen Titeln. Aber welches »Unglück« ist hier gemeint? Nach der volkstümlichen Version der Entstehungsgeschichte der Büschkapelle soll dieses Kreuz jene Stelle markieren, wo sich ein Überfall ereignet haben soll, aber es gibt noch das zweite oben erwähnte Kreuz in der Nähe, das Davitskreuz.

Nach der beliebten Sage soll das Davitskreuz jene Stelle markieren, an der die Gräfin von ihrer »Eingebung« ergriffen wurde und ihren Mann zum Verlassen der Kutsche wegen einer drohenden Gefahr bewegt habe. Die beiden sollen dann zu Fuß zu ihrem Schloß Löwenburg gegangen sein, während der Kutscher alleine weiterfuhr – um dort, wo heute das Grafenkreuz steht, von schießenden Räubern überfallen zu werden. Dem Kutscher sei nichts weiter passiert, aber das gräfliche Ehepaar soll im Gefühl, dem sicheren Tode entronnen zu sein, aus Dankbarkeit das Grafenkreuz, das Davitskreuz sowie die Büschkapelle errichtet haben.

Zur Entstehung des Davitskreuzes kennen wir auch eine andere Überlieferung. Dieses barocke Schaftkreuz, das die Jahreszahl 1764 trägt, soll von einem Mann namens Davits aus Büscheich gestiftet worden sein. Er habe am Allerseelentage jenes Jahres seine Ochsen eingespannt, um nach Pelm in die Schmiede zu fahren, obwohl man an diesem Tagen nicht zu arbeiten, sondern für die Verstorbenen zu beten hatte. Die Ochsen sollen die Sünde ihres Herrn erkannt haben, seien plötzlich im Wald stehengeblieben und nicht mehr zu bewegen gewesen: »Der Bauer mühte sich ohne Erfolg ab, die Ochsen vorwärts zu bringen. In seiner Not machte er das Gelübde, an dieser Stelle ein Kreuz zu errichten, wenn er mit seinem Gespann wieder glücklich nach Hause käme. Und siehe: Ohne weiteres zogen die Ochsen den Wagen voran.«[112] Diese Geschichte hat auf den ersten Blick gar nichts mit der Entstehung des Grafenkreuzes sowie der Büschkapelle zu tun. Wir können nur darüber spekulieren, ob das Davitskreuz an einer schon mit der tradierten Erzählung über das Grafenpaar verknüpften Stellle erbaut worden sei, oder ob die Grafensaga erst später mit dem Davitskreuz verknüpft wurde. Auf jeden Fall begegnen wir am Lieblingsspaziergang der Gerolsteiner einem anschaulichen Beispiel dessen, wie vorsichtig und umsichtig wir mit allen Erzählungen über die Vergangenheit umgehen sollten.

Die ursprüngliche Kapelle bekommen wir beim Besuch der Büschkapelle nicht zur Sicht, und auch diesbezüglich liegen bisher unterschiedliche Erklärungen vor. Auf der Website der Stadt Gerolstein können wir Folgendes erfahren: »Die Kapelle verfiel in den Kriegsläufen der folgenden Jahrhunderte und durch die Flucht der gräflichen Familie nach Böhmen. Erst in den Jahren 1852/53 errichtete dann die Familie Daubach aus Gerolstein die heutige, vielbesuchte und beliebte Büschkapelle.«[113] Die historische Erklärungstafel neben der Büschkapelle erzählt dagegen die folgende Geschichte:

> »Nach Besetzung der linken Rheinlande durch französische Revolutionstruppen im Jahre 1794 und der Flucht des Gerolsteiner Grafengeschlechts nach Böhmen verfiel die Kapelle. In ihrer

jetzigen Form wurde sie um 1900 von einer Gerolsteiner Kaufmannsfamilie neu gestiftet. Ein Sohn der Familie war nach einem mißlungenen Sturm bürgerlicher Aufständischer am 18. Mai 1848 auf das Zeughaus der preußischen Garnison in der nahegelegenen Kreisstadt Prüm in Festungshaft geraten. Ein mildes Urteil entließ ihn zurück in die Freiheit.«

Was einmal schwarz auf weiß steht, verdient keineswegs immer unser Vertrauen. Mit Sicherheit begegnen wir heute im Gerolsteiner Stadtwald einer im neogotischen Stil aus rotem Kylltal-Sandstein erbauten und als Wallfahrtskapelle der Maria zum klaren Bronnen geweihten Kapelle. In ihrem Zentrum steht eine goldene Marienfigur mit dem sterbenden Jesus im Arm, stets von liebevoll gebundenen Blumengestecken umrankt und von einem Kerzenständer beleuchtet. Mit Sicherheit lässt sich auch sagen, dass die sagenumwobene Büschkapelle seit etlichen Generationen zum Lieblingsziel der Gerolsteiner Spaziergänger geworden ist.

Und woran erinnern uns ihre Sagen nicht? Als die ursprüngliche Büschkapelle wohl um das Jahr 1680 erbaut wurde, geschah es mitten in der Zeit großer Zerstörungen infolge der Deutsch-Französischen Kriege des späten 17. Jahrhunderts; nur zehn Jahre später wurden die Löwenburg sowie die Stadt innerhalb weniger Tage mutwillig zerstört, wie wir gesehen haben (vgl. Auf der Löwenburg). War das etwa die wichtigste Ursache für den Verfall der Kapelle? Oder hat sie vielleicht nicht einmal die große Gerolsteiner Katastrophe des Jahre 1691 überlebt? Mit Sicherheit wissen wir nur, dass dort bei der zweiten großen Zerstörung Gerolsteins im Zweiten Weltkrieg viele Gerolsteiner Zuflucht suchten und Schutz fanden.

Heute wirkt die in tiefen Wäldern versteckte Büschkapelle bei jedem Tageslicht und zu jeder Jahreszeit unterschiedlich, aber immer verführerisch malerisch. Auch im Innern ist sie bezaubernd, und so ist es kaum überraschend, dass die Gerolsteiner sie lieben, wie es etwa die Verse aus der Feder ihres Bürgermeisters Karl-Heinz Schwartz aus den Jahren 2004–2010 bezeugen:

»Im Wald, umsäumt von hohen Bäumen
Da steht ein Kleinod schlicht und schön,
es scheint still vor sich hin zu träumen
dort will ich nicht vorüber gehn.

Ich trete in die Kapelle,
im Volksmund auch »Büschkirch« genannt,
nur sanftes Kerzenlicht bringt Helle
ich setz mich in die hölzern Bank.

Gewaltge Stille hier umfängt mich
wie gut, daß es noch sowas gibt,
wo draußen doch die Hast so kläglich
daß ich am liebsten ganz hier blieb.

[...]

Im Wald umsäumt von hohen Bäumen
da steht das Kleinod schlicht und schön
wir sollten deshalb nicht versäumen
Dort öfter mal hinein zu gehen.«

Gerolstein im 19. Jahrhundert: Wandel und Wahrnehmung

Ella: Auf die modernen Zeiten bin ich schon richtig neugierig, denn im 19. Jahrhundert kamen doch endlich nach Europa Freiheit, Demokratie und Wohlstand, in denen wir heute leben ...

Oma: Langsam. Gegen Ende des 19. Jahrhunderts hieß es zwar im damals populärsten deutschen Reiseführer *Baedeker*, dass Gerolstein »einer der Glanzpunkte der Eifel« sei,[114] aber der Weg zu den heutigen Lebensverhältnissen war dort ähnlich wie im gesamten Europa noch lang und mühsam. Für die Gerolsteiner kam der Aufbruch in die »neue Zeit« im Jahre 1794, als unsere Gegend von Frankreich besetzt wurde. Aber einfach war es nicht. Die bis heute bekannte Devise der Französischen Revolution aus dem Jahre 1789 *Liberté, Égalité, Fraternité* (Freiheit, Gleichheit, Brüderlichkeit) wurde für viele Europäer zum Symbol der Ideale einer besseren Welt. Viele Europäer bekämpften diese Ideale, ihre Protagonisten waren wie üblich untereinander zerstritten, in Frankreich überzogen sie ihr eigenes Land mit blutigem Terror und das gesamte Europa verfiel in schwere Kriege.

Ella: Wie? Der heutige Wohlstand kam vielleicht nicht sofort und Kriege hat es auch noch lange gegeben. Aber die Französische Revolution war zumindest der Beginn unserer Freiheit und Demokratie, oder?

Oma: So sagt man oft, aber in den meisten europäischen Staaten setzten sich die freiheitlich-demokratischen Regierungsformen erst im Laufe des 20. Jahrhunderts durch. Am Beispiel Gerolsteins kannst Du gut sehen, wie kompliziert der Weg dahin war. Hier herrschten zunächst einmal die Franzosen in ihrer Sprache und nach ihren Vorstellungen, was für die Stadtbewohner sicherlich nicht einfach war. Von der französischen Fremdherrschaft waren sie nicht begeistert, aber die Franzosen haben zumindest die hiesige Rechtsordnung und Verwaltung zugunsten allgemeiner bürgerlicher Gleichberechtigung modernisiert, was für viele Menschen Vorteile mit sich brachte. Doch schon im Jahre 1815 wurde Gerolstein mit dem gesamten Rheinland an das entfernte protestantische Königreich Preußen angeschlossen, ohne dass seine Bürger befragt worden wären. Zum Glück war Preußen wenigstens auch dabei, sich zu modernisieren.

Ella: Das klingt wirklich nicht gerade so, als hätten die Gerolsteiner nach der Französischen Revolution ihre eigenen Lebensverhältnisse nach eigenen Vorstellungen gestalten können. Aber die Industrialisierung brachte ihnen wenigstens Wohlstand, oder?

Oma: In unserem ländlichen Städtchen machte sich die Industrialisierung nur langsam bemerkbar, und nicht nur positiv. Die wichtigsten Impulse dazu kamen aus England und wurden gerade in Preußen rasch mit- und fortentwickelt. Die von der Dampfkraft angetriebenen Maschinen konnten bald vieles schneller produzieren und transportieren als handarbeitende Menschen. So verloren aber auch viele Menschen ihren Lebensunterhalt, viele wanderten in die rasch wachsenden industriellen Zentren, um dort neue Arbeit in Fabriken zu suchen, und manche sogar nach Übersee. Infolge der städtischen Konkurrenz sowie der Ausbeutung von Fabrikarbeitern hat es überall noch lange sehr viel Armut gegeben, auch in Gerolstein.

Ella: Und wie genau führte die Revolution in Frankreich zu Kriegen außerhalb von Frankreich?

Oma: Zunächst einmal versuchten manche europäische Regierungen, Frankreich zu erobern, um dort die alten, vor-revolutionären Verhältnisse wieder einzuführen. Im Gegenzug eroberte bald im Namen der revolutionären Ideale einer der bis heute berühmtesten Franzosen, Napoleon Bonaparte (1769–1821), große Teile Europas und versuchte, sie nach eigenen Vorstellungen umzugestalten. Das gefiel vielen Menschen natürlich nicht, und so bildete sich ein breiter Widerstand sowohl gegen die revolutionären Ideen wie auch gegen die Herrschaft der Franzosen. Napoleon konnte sich nach seiner 1812 in Russland erlittenen Niederlage nie mehr richtig erholen, wurde 1814 abgesetzt und starb im Jahre 1821 in britischer Gefangenschaft auf der Insel St. Helena im Südatlantik. Stell Dir aber auch vor, dass zu jener Zeit nicht nur die Ideale Freiheit, Gleichheit, Brüderlichkeit, sondern auch die einstigen römischen Kaisertitel in Mode kamen.

Ella: Wie bitte, im 19. Jahrhundert, in dem sich modernisierenden Europa?

Oma: Ja, genauso. In Paris ließ sich der in Korsika geborene »revolutionäre« Führer Napoleon im Jahre 1804 zum »Kaiser der Franzosen« krönen, ja sogar der damalige Papst Pius VII. ist dazu aus Rom angereist. Der damalige »Kaiser des Heiligen Römischen Reiches« Franz II. ließ sich darauf hin zum erblichen »Kaiser von Österreich« erheben (um zwei Jahre später zu erklären, dass das »Heilige Römische Reich« erloschen sei und er deshalb dessen alte Kaiserkrone niederlege). Bald danach, in den Jahren 1852 bis 1870, herrschte in Frankreich im sogenannten Zweiten Kaiserreich Napoleons Großneffe Napoleon III. als »Kaiser der Franzosen«, und im Jahre 1876 nahm sogar Queen Victoria den Titel »Kaiserin von Indien« an. Der preußische König Wilhelm I. ließ sich im Jahre 1871 ausgerechnet im Schloss der einstigen französischen Könige Versailles zum »Kaiser« des neu erschaffenen Deutschen Reichs proklamieren, das oft als das deutsche »zweite Kaiserreich« bezeichnet wird. So stark wirkten also die uralten römischen Traditionen an der Wiege unserer

Abb. 47: Napoleon am Thron Karls des Großen in Aachen
Als der 1769 auf der Mittelmeerinsel Korsika geborene und 1821 auf der Insel St. Helena im Südatlantik verstorbene Napoleon Bonaparte an der Spitze Frankreichs stand, ließ er sich zur Überraschung vieler seiner revolutionär gesonnenen Anhänger zum Kaiser krönen. Dennoch war dieser Schritt angesichts seiner Verehrung für den einstigen Kaiser Karl den Großen und der dementsprechenden Vorliebe für die Stadt Aachen nicht so erstaunlich, wie es manch einem seiner Zeitgenossen erschien. Daran erinnert uns auch das Gemälde des französischen Malers Henri-Paul Motte (1846–1922) aus dem Jahre 1898 mit Napoleon am Thron Karls des Großen in Aachen. »Je suis Charlemagne« – Ich bin Karl der Große, soll Napoleon sogar einmal gesagt haben.

modernen Welt … Sogar noch bei der Grundsteinlegung unserer Gerolsteiner Erlöserkirche im Jahre 1911 hieß es, sie sei als »ein Denkmal für den ersten großen Kaiser des alten Deutschen Reiches Karl den Großen und für den ersten großen Kaiser des neuen Deutschen Reiches Wilhelm den Großen«[115] erbaut worden … (vgl. Abstecher zur Erlöserkirche).

Ella: So einen Traditionalismus habe ich mir an der Wiege unserer Moderne nicht vorgestellt …

Oma: Den Erinnerungen an das Römische Reich kannst Du in der gesamten Geschichte Europas immer wieder begegnen, wie wir schon gesehen haben. Das 19. und 20. Jahrhundert machten da keine Ausnahme. Das *British Empire* wurde häufig mit dem einstigen *Roman Empire* verglichen, in den republikanischen USA wurde in Nachahmung des Kapitolshügels im antiken Rom in der Hauptstadt Washington auf dem *Capitol Hill* das *United States Capitol*, der Sitz des höchsten legislativen Organs der USA, erbaut. Der große britische Staatsmann des 20. Jahrhunderts, Winston Churchill, bewunderte Caesar und wurde mit ihm häufig verglichen. Der italienische Diktator Benito Mussolini erklärte im Jahre 1936, dass das antike Römische Reich wiedererrichtet worden sei, und selbst der schreckliche Diktator Hitler berief sich auf das antike Rom, die römische Geschichte sei »die beste Lehrmeisterin« nicht nur für heute, sondern wohl für alle Zeiten. Deshalb schwadronierte er auch von seiner Vision eines »Tausendjährigen Reichs«, das er durch die Unterjochung anderer Europäer aufbauen wollte ...

Das Römische Reich wurde im 19. Jahrhundert von vielen Europäern nicht zuletzt wegen seiner erfolgreichen Eroberungen und Eingliederungen großer Gebiete unter seiner Herrschaft bewundert. Die Ideale der Französischen Revolution, Freiheit, Gleichheit und Brüderlichkeit, sollten keineswegs für alle Menschen gelten. In den damaligen Bestrebungen etlicher europäischer Staaten um die Beherrschung großer Teile der Welt versuchte man, von den Römern zu lernen, ja sogar die beiden wichtigen Begriffe der europäischen Moderne, »Kolonialismus« und »Imperialismus«, gehen auf römische Begrifflichkeit zurück: auf das lateinische Wort »colonia«, d. h. »Ansiedlung außerhalb des römischen Bürgergebiets« sowie das lateinische Wort »imperare« (herrschen). Dieser Kolonialismus der europäischen Mächte, der schon im 16. Jahrhundert begann, erreichte im 19. Jahrhundert seinen Höhepunkt. Zu Beginn des 20. Jahrhunderts soll allein das Britische Imperium etwa ein Viertel der damaligen Weltbevölkerung sowie ein Viertel der Landfläche der Erde beherrscht haben; Frankreich, Deutschland, Belgien sowie die Niederlande, um allein an die nähere Umgebung von Gerolstein zu erinnern, machten dabei tüchtig mit. Den meisten versklavten Völkern gelang es mit mehr oder weniger opferreichen Kämpfen erst im Laufe des 20. Jahrhunderts, sich zumindest als formal gleichberechtigte Staaten zu befreien.

Ella: Sollten wir die Vergangenheit nicht lieber vergessen, wenn das Erinnern an das Römische Reich Menschen zu derart verbrecherischer Politik inspirierte?

Oma: Keineswegs. Erinnerungen an die Vergangenheit können lehrreich sein, viele Menschen rufen zu Recht danach, man möge aus der Geschichte lernen. Aber Erinnerungen können auch verwirren. Der Fortschritt im Sinne wissenschaftlicher, technischer und politischer Neuerungen bedeutet keineswegs, dass die Spuren der Vergangenheit aus den Köpfen von Menschen verschwinden. Es kommt darauf an, wie man die Vergangenheit betrachtet. Folglich kann man auch die Ursachen politischer Konflikte und Kriege nie ohne historische Kenntnisse verstehen. Das betrifft beispielsweise auch die beiden Weltkriege sowie den langen sogenannten Kalten Krieg im 20. Jahrhundert. Auch sie kann man ohne die Kenntnisse ihrer »Wiege« im 19. Jahrhundert nicht erklären.

Ella: Wie bitte? In den beiden Weltkriegen kämpften doch die Europäer gegen schlechte Regierungen in Deutschland, und im Kalten Krieg wehrten sie sich gegen den Kommunismus. Was soll das mit dem 19. Jahrhundert zu tun haben?

Oma: So einfach ist es nicht. Wie beides mit dem 19. Jahrhundert zusammenhing, kannst Du auch in unserer Gegend gut erkennen. Erstens erinnerst Du Dich sicher noch, dass wir schon über die älteren Deutsch-Französischen Kriege sprachen, und zweitens hast Du vielleicht auch schon mal in Trier das Karl-Marx-Denkmal gesehen.

Abb. 48: Das Karl-Marx-Denkmal in Trier

Einer der weltbekannten Gelehrten und Publizisten der europäischen Moderne, Karl Marx (1818-1883), wurde in Trier geboren und ist dort aufgewachsen. Heute kann man dort u. a. das Museum Karl-Marx-Haus besuchen. Dennoch ist Marx bis heute auch eine der weltweit umstrittensten Persönlichkeiten, und dementsprechend lebhaft und kontrovers waren im Jahre 2018 die Reaktionen, als anläßlich seines 200. Geburtstags in seiner Geburtsstadt diese Karl-Marx-Statue als ein Geschenk der Volksrepublik China enthüllt wurde.

Ella: Ja, aber was die alten Deutsch-Französischen Kriege oder Karl Marx mit dem 20. Jahrhundert zu tun haben könnten, habe ich mir nie überlegt ...

Oma: In den langen Deutsch-Französischen Kriegen – denen beispielsweise schon im Jahre 1691 Gerolstein und seine Löwenburg zum Opfer fielen – ging es um einfache territoriale Konflikte: nämlich über die Frage, ob das linksrheinische Gebiet einschließlich der Eifel zu Deutschland oder zu Frankreich gehören sollte. Darüber hinaus hatten die Deutschen im 19. Jahrhundert auch allerlei weitere ähnliche Grenzprobleme, nicht nur mit Frankreich.

Damals wünschten sich viele Deutsche nämlich einen gemeinsamen Nationalstaat anstelle vieler kleiner deutscher Staaten, und sie stritten sich mit allerlei Nachbarn darüber, welche Gebiete zu dem ersehnten künftigen deutschen Staat gehören sollten. Diese sogenannte deutsche Frage, also die Frage, in welchen Grenzen sich der moderne deutsche Staat konstituieren sollte, belastete die europäische Geschichte des 19. und 20. Jahrhunderts nachhaltig, einschließlich der beiden Weltkriege. Das Hauptproblem dabei war, dass viele Europäer viel zu lange an die militärischen Lösungen ihrer Konflikte und nur wenige an die Möglichkeit politisch-diplomatischer Konfliktlösungen glaubten. Friedfertigkeit setzte sich in Europa erst nach dem Zweiten Weltkrieg, also seit der Mitte des 20. Jahrhunderts durch, und so gesehen, kannst Du die Geschichte des 20. Jahrhunderts ohne die Kenntnis des 19. Jahrhunderts nicht verstehen.

Ella: OK, und was hat das 20. Jahrhundert mit Trier und Karl Marx zu tun?

Oma: Der im Jahre 1818 in Trier geborene und 1883 in London verstorbene Karl Marx veröffentlichte zusammen mit seinem Freund Friedrich Engels im Jahre 1848 eine kleine Broschüre, die bis heute zu den weltweit bekanntesten Texten gehört. Sie trägt den Titel *Manifest der Kommunistischen Partei*, und die Anhänger von Marx und Engels nannten sich Marxisten, aber auch Sozialdemokraten,

Sozialisten, Kommunisten oder in Russland Bolschewiki. Sie bemühten sich ähnlich wie die französischen Revolutionäre vor ihnen um den Aufbau einer in ihren Augen besseren neuen Welt. Die Kaiser und Könige, der Adel und Generäle sowie reiche Leute sollten entmachtet und alle Menschen gleichbehandelt werden. Eine solche neue Weltordnung sollte durch die Herrschaft des Proletariats (Industriearbeiter) verwirklicht werden. Dabei, wie in der Geschichte üblich, stritten auch die Marxisten viel untereinander, und sie wurden von vielen anderen Europäern gehasst.

Ella: Wieso eigentlich, wenn sie doch den Armen zu einem besseren Leben verhelfen wollten, daran ist doch nichts Schlechtes ...

Oma: So haben es sich die Anhänger von Karl Marx vorgestellt, und deshalb sind die marxistisch-kommunistischen Bewegungen im 19. und 20. Jahrhundert nicht nur in Europa, sondern weltweit populär geworden. Sie inspirierten viele Menschen zum Kampf um die gesetzliche und soziale Gleichberechtigung, um allgemeines Wahlrecht, um die Frauenemanzipation sowie zum Kampf gegen Rassismus und Kolonialismus. Aber sie setzten oft wie schon die französischen Revolutionäre vor ihnen auf Gewalt und vermochten nicht einmal, ihre Konflikte untereinander gewaltlos zu lösen.

Ella: Wieso starb der in Trier geborene Marx eigentlich in London?

Oma: Das war kein Zufall. Im 19. Jahrhundert wurden Marxisten in den meisten Ländern und so auch in Deutschland verfolgt. Marx ging 1843 ins Exil nach Paris, wurde von dort 1845 nach Brüssel ausgewiesen und lebte von 1849 bis zu seinem Lebensende im Jahre 1883 in London als Flüchtling.

Ella: Und warum wurde er verfolgt?

Oma: Wegen seiner Texte und Anschauungen, er war Philosoph, Wissenschaftler und Publizist und seine Texte passten vielen damaligen Regierungen und Politikern nicht. Er wusste es, schon das *Manifest der Kommunistischen Partei* fängt mit dem folgenden Satz an: »Ein Gespenst geht um in Europa – das Gespenst des Kommunismus. Alle Mächte des alten Europa haben sich zu einer heiligen Hetzjagd gegen dies Gespenst verbündet«. Schon im 19. Jahrhundert hatten sehr viele Europäer Angst vor seinen Ideen.

Ella: Und ich dachte, dass es den Kommunismus erst im 20. Jahrhundert gab …

Oma: Keineswegs, sowohl der Kommunismus als auch der Antikommunismus sind viel älter. Erstens sympathisierten viele Europäer noch nie mit den Armen, und zweitens riefen die Marxisten nach einer gewaltsamen Revolution, womit viele Europäer keine guten Erfahrungen hatten, wie ich Dir schon erzählt habe. Darüber hinaus kam nach dem Ersten Weltkrieg die marxistische Partei der Bolschewiki in Russland an die Macht und baute ihren Staat in die nach kommunistischen Vorstellungen mit viel Gewalt regierte Sowjetunion (UdSSR) um. Das passte natürlich vielen Europäern auch nicht, und so begann gleich nach dem Sieg über Nazi-Deutschland der sogenannte Kalte Krieg, zumal die Sowjetunion rund vier Jahrzehnte lang mit Hilfe ihrer kommunistischen Anhänger etliche weitere Staaten im östlichen Europa beherrschte. Dennoch war *Das Kommunistische Manifest* von Karl Marx und Friedrich Engels aus dem Jahre 1848 weltweit auch weiterhin populär, beispielsweise in China gewannen die Kommunisten im Jahre 1949 einen Bürgerkrieg und herrschen dort bis heute – und so kam es, dass die Volksrepublik China im Jahre 2018 der Stadt Trier zum 200. Geburtstag von Karl Marx jenes erwähnte Denkmal schenkte.

Ella: Dass so viele Spuren der politischen Entwicklungen im 20. Jahrhundert zurück ins 19. Jahrhundert führen, habe ich nicht geahnt, und die Beliebtheit der Erinnerungen an das Römische Reich überrascht mich ebenso sehr. Die Vergangenheit scheint allen Veränderungen zum Trotz nie zu vergehen, das muss ich mir

Abb. 49: Gerolstein im Jahre 1834

Dieses Bild des wallonischen Lithographen Jean Nicolas Ponsart (1788-1870) aus dem Jahre 1834 zeigt die Stadt Gerolstein vom Nordwesten, etwa von der heutigen Lindenstraße aus mit der Löwenburg-Ruine im Mittelpunkt. Links im Vordergrund sieht man den einst legendären uralten Gerolsteiner Lindenbaum, in dessen Schatten im frühen 20. Jahrhundert ein Ausflugslokal stand und sogar Kaiser Wilhelm II. einmal einen Trunk zu sich nahm. Diese seltene altkolorierte Lithographie wird hier mit freundlicher Genehmigung des Antiquariats Peter Fritzen in Speicher (Eifel) veröffentlicht.

Abb. 50: Gerolstein im Jahre 1872

Der hier im Jahre 1872 photographierte gerade neu erbaute Gerolsteiner Bahnhof stand nahezu einsam zwischen dem damaligen Stadtzentrum im Rücken des Photographen und dem imposanten, damals weitgehend kahlen Felsenmassiv Munterley im Hintergrund des Bildes.

merken. Und wie machte sich nun die Modernisierung in Gerolstein bemerkbar? In der Altstadt waren wir schon, wann ist denn die Neustadt entstanden?

***

Abb. 51: Gerolstein im Jahre 1889

Der bekannte Landschaftsmaler aus Halle an der Saale, Hans Richard von Volkmann (1860–1927), hinterließ auch eine interessante Ansicht Gerolsteins aus dem Jahre 1889, vom Tal aus nach oben hin zum heute noch erhaltenen Mühlentor.

Abb. 52: Gerolstein im Jahre 1895

Für das im Jahre 1895 erschienene Eifelreisebuch des englischen Ehepaars Macqouid, dem die Leser dieses Buches mehrfach begegnen, zeichnete Gilbert S. Macqouid sorgfältig erarbeitete realistische Illustrationen, darunter auch aus dem damaligen Gerolsteiner Stadtzentrum.

Oma: Auf einen Schlag wurde in Gerolstein keine Neustadt erbaut. Die einstige Altstadt wurde ab dem frühen 19. Jahrhundert allmählich größer und für ihre Bewohner komfortabler, so ähnlich wie in anderen europäischen Städten. Gerolstein ist allerdings damals auch ungewöhnlich berühmt geworden, und so möchte ich Dir auf unserer historischen Pirsch zweierlei erzählen: erstens, wie sich im 19. Jahrhundert allmählich Gerolstein veränderte, und zweitens, wie sich das Image von Gerolstein entwickelte.

Ella: OK, fangen wir mit der Wirklichkeit an. Wie haben sich also die hiesigen Lebensverhältnisse gewandelt?

Oma: Zuallererst sollten wir uns abermals die Einwohnerzahlen vergegenwärtigen. Dazu begegnest Du natürlich je nach der Art der Berechnungen unterschiedlichen Angaben, aber nach den gängigen von ihnen sollen hier im Jahre 1815 bezogen auf das heutige Stadtgebiet 1 876 Einwohner gelebt haben, während im Jahre 2015 hier 7 613 Menschen lebten. Dementsprechend veränderte sich die Stadt, die Lebensweise ihrer Bewohner sowie die städtischen Verwaltungsstrukturen, zumal Menschen heute in viel größeren Wohnräumen als früher leben.

Ella: ... und wo mehr Menschen leben, dort können auch mehr Menschen am gemeinsamen Wohlergehen zusammenarbeiten ...

Oma: Richtig, und so ist es auch kein Wunder, dass sich die Lebensverhältnisse im Laufe des 19. und 20. Jahrhundert allmählich gebessert haben. Im Jahre 1843 wurde Gerolstein an die Post angeschlossen und ab 1876/77 erhielt es ein Post- und Telegraphenamt mit einem Telefonapparat.[116] Seit 1882 besteht die Freiwillige Feuerwehr.[117] In demselben Jahr wurde die schon erwähnte erste Gerolsteiner Fabrik, eine Drahtwarenfabrik eröffnet (vgl. Abstecher nach Sarresdorf). Sie stellte Gießkannen, Körbe, Küchengeräte, die damals wichtigen Mausefallen und Haushaltsgeräte aus Draht her und war bis zum Jahre 1999 im Betrieb. Zu Beginn des 20. Jahrhunderts wurden Wasserleitungen erbaut und ab 1926 entstand die Kanalisation.[118] Im Jahre 1902 wurden die Stromlieferungen für die ersten Straßenlaternen und 1912 die gesamte öffentliche Straßenbeleuchtung errichtet. Zur selben Zeit erhielt die neuerbaute Erlöserkirche als erstes öffentliches Gebäude ihre elektrische Beleuchtung (vgl. Abstecher zur Erlöserkirche), während entlegene Stadtteile erst nach dem Zweiten Weltkrieg an den elektrischen Strom angeschlossen wurden.

Ella: Und wie war es mit den Schulen?

Oma: So selbstverständlich wie heute war die Schulbildung lange nicht. Seit 1708 gab es in Gerolstein eine Volksschule, aber das heißt nicht, dass alle Kinder sie besucht hätten. Erst im Jahre 1825 wurde die allgemeine Schulpflicht eingeführt, und viele Menschen verstanden lange nicht, wie wichtig Schulen sind.[119] So wurde in Gerolstein erst im Jahr 1911 die erste höhere Schule gegründet, aus der allmählich das heutige St.-Matthias-Gymnasium entstanden ist. Die wirklich bedeutenden Veränderungen im Schulwesen brachte erst das 20. Jahrhundert, sodass heute Gerolstein auch nicht nur über mehrere Kindergärten verfügt, sondern mit der Bildungseinrichtung »BBS Vulkaneifel« sogar über die größte berufsbildende Schule im Landkreis Vulkaneifel. Sie bietet rund 1 500 Schülern ein breites Spektrum schulischer und beruflicher Bildung mit Abschlüssen von der Berufsreife über die Fachhochschulreife bis zur Allgemeinen Hochschulreife (Abitur) in Bereichen wie Bautechnik, Elektrotechnik, Ernährung und Gastgewerbe, Fahrzeugtechnik, Farb- und Raumgestaltung, Metalltechnik, Holztechnik, Wirtschaft und Verwaltung. Etwas Vergleichbares könnte man sich im 19. Jahrhundert noch nicht einmal vorstellen.

Ella: War nicht auch die Eisenbahn von großer Bedeutung?

Oma: Richtig, und das trifft gerade für die Gebirgslandschaft der Eifel besonders zu. Um Dir die Bedeutung der Eisenbahn besser vorstellen zu können, solltest Du bedenken, dass beispielsweise um das Jahr 1790 eine Reise von Koblenz nach Trier in den damals gängigen Kutschen vierundzwanzig Stunden dauerte: »Wegen des Mangels an Brücken und des durchaus windungsreichen Verlaufs der

Mosel führte der Weg über die Eifelhöhen durch das Südwesteifeler Vulkanfeld in die Wittlicher Senke hinein bis zur Mündung der Kyll und weiter bis nach Trier.« Noch im Jahre 1857 wurde berichtet, dass keine einzige Straße der Preußischen Monarchie bei einer so kurzen Strecke »an so zahlreichen normalwidrigen Beschaffenheiten« leide.[120]

Als 1870/71 Gerolstein an die für die gesamte Eifel bedeutende Eisenbahnverbindung Köln – Gerolstein – Trier angeschlossen wurde sowie infolge rascher weiterer Eisenbahnerweiterungen ist unsere Stadt zu einem regional wichtigen Eisenbahnknoten geworden: Es gab Eisenbahnstrecken nach Osten bis Koblenz und nach Westen über Prüm bis an die belgische Grenze. Das hat den Gerolsteinern den Zugang zu Großstädten und zu kleineren Eifler Orten erleichtert und damit auch die Modernisierung beschleunigt. Die Stadt wurde allmählich auch für Besucher attraktiver. Insgesamt konnte man im Jahre 1876 in einer der bekanntesten deutschen Enzyklopädien über unser Städtchen – genau genommen über die Kernstadt, die damals als »Flecken« bezeichnet wurde – Folgendes erfahren:

> »Gerolstein, Flecken im preuß. Regierungsbezirk Trier, Kreis Daun, in einer reizenden, an vulkanischen Erzeugnissen reichen Gegend, an der Kyll und der Eisenbahn, hat Eisenbergbau, eine schöne Burgruine, eine schon den Römern bekannt gewesene Mineralquelle (Säuerling) und (1871) 930 kathol. Einwohner. Durch die Eisenbahn ist G. ein Ausgangspunkt für die die Eifel bereisenden Touristen geworden und neuerlich auch als Luftkurort in Aufnahme gekommen.«[121]

Ella: Und wie kam es zur Entdeckung des heute weltberühmten Gerolsteiner Sprudel?

Oma: Die Existenz der Mineralwasserquellen war lange bekannt, wie Du schon bemerkt hast, aber erst die moderne Technik sowie die Eisenbahn verhalfen Gerolstein zur Erschließung und zum erstaunlich erfolgreichen Vertrieb der verborgenen Wasserschätze.

Heute ist der Gerolsteiner »Sprudel« der berühmteste Exportartikel unserer Stadt, mit ihm wird der Stadtname am häufigsten assoziiert. Hast Du Dir eigentlich schon mal das Markenzeichen seiner Flasche genau angeschaut: den achteckigen roten Stern mit dem Gerolsteiner Löwen in der Mitte? Dieses Logo wurde schon im Gründungsjahr des erfolgreichen Unternehmens im Jahre 1888 entworfen, aber die Lorbeeren für den Erfolg unseres Mineralwassers kann der »Sprudel« allein nicht beanspruchen. Früher wärest Du hier auch anderen Mineralwasserunternehmen begegnet, z. B. dem »Schloss-Brunnen«, »Flora-Brunnen«, »Gerolsteiner Brunnen« oder »Hansa-Brunnen«. Der »Gerolsteiner Sprudel« setzte sich nur allmählich als das erfolgreichste Unternehmen durch.

Im späten 19. Jahrhundert hättest Du etwa in England häufig Reklamen des in der Ortsgemeinde Pelm gelegenen Unternehmens »Schloss-Brunnen Gerolstein« sehen können, und nicht nur das. Schon im Jahre 1881 machte diese Firma Werbung mit dem Verweis, dass ihr Mineralwasser an die »Royal Households, The House of Lords, The House of Commons, The principle Clubs, and the most important Hospitals« (Königliche Haushalte, das Oberhaus, das Unterhaus, die wichtigsten Klubs und die wichtigsten Krankenhäuser) geliefert werde.[122] Sogar in der damals feinsten englischen Zeitung *The Times* von 1891 findest Du die folgende Anzeige[123]:

ANKÜNDIGUNG – GEROLSTEIN
Ein perfektes Tafelwasser.
Empfohlen von den herausragendsten Ärzten.
GEROLSTEIN – Rein. Sprudelnd. Köstlich.
ZEUGNISS des KÖNIGSHAUSES
»Ihre königliche Hoheit PRINZESSIN MARY hat das Gerolsteiner Wasser gekostet und seine Qualitäten so geschätzt, dass sie mich beauftragt hat, Sie zu bitten, zwei Kisten davon sobald wie möglich an die angeführte Adresse zu liefern.
Hochachtungsvoll, Richd. J. Freeborn, Sekretär.«
16s. je Kiste, 50 pints; 21s je Kiste, 50 quarts.
Gerolstein Co., 153 Cheapside, E.C.

Ella: Da müssen die Gerolsteiner wirklich sehr tüchtig gewesen sein, dass sie die Vorteile der Modernisierung so rasch so erfolgreich zu nutzen wussten …

Oma: Das stimmt, die hiesigen Quellen wurden gegen Ende des 19. Jahrhunderts in der Tat sehr rasch industriell erschlossen, infolgedessen sich auch die Stadt rasch veränderte. Daran erinnert ein Bericht eines in die USA ausgewanderten Gerolsteiners, der 1912 seine einstige Heimatstadt besuchte:

> »So hatte ich oft in dem an Mineralwässern so reichen Gerolstein als Kind geweilt und in dem Wiesental gespielt, wo die Sauerbrunnen an mehreren Stellen aus der Erde hervorsprudelten, um ungenützt wieder darin zu versinken oder in kleinen Rinnsalen in den nahe vorbeifließenden Fluß, die Kill [sic.], sich zu ergießen. Jetzt sind in diesem Tale ausgedehnte Betriebe angelegt, in denen im großen Stil die heilkräftigen Wässer in Flaschen gefüllt und in alle Welt versandt werden. Ein enormes industrielles Etablissement war aus dem einst so idyllischen Wiesental geworden und anstatt Kinderlachen ertönten jetzt dort die Kommandorufe des Aufsehers und das Klirren der Glasflasche. Aber man braucht darum nicht zu trauern.«[124]

Ella: Da hat sich aber sowohl vor als auch nach 1912 viel verändert. Unser Opa zeigt mir immer wieder, wo in seiner Kindheit die verschiedenen Firmenhäuser wie Flora-Brunnen oder Schloss-Brunnen standen. Später seien sie alle vom Gerolsteiner Sprudel verschluckt worden, und jetzt können am Flussufer wieder Kinder spielen, ja sogar in der neuen wunderbaren Parkanlage an der Kyll unterhalb des Rathauses.

Oma: So kennst Du selbst schon ein Beispiel für den unaufhaltsamen Gang der Geschichte …

Ella: Und wie war es mit der Modernisierung der vielen Wälder und was ist mit den Wölfen geschehen, für die die Eifel doch immer berühmt gewesen sein soll?

Oma: Wälder sind kein Naturprodukt unserer Umgebung. In Mitteleuropa, zwischen Nordsee und Alpen sowie zwischen Ostsee und Schwarzem Meer, breiteten sich Wälder nach der letzten Eiszeit aus. Menschen entdeckten vor etwa 2 000 Jahren, wie vielfältig sie die Wälder nutzen konnten. So wurden Wälder zu einer herausragenden Quelle des Wohlstands, sei es zur Gewinnung von Holz als Baustoff, als Energieträger und Brennstoff, aber auch zur Nahrungsbeschaffung sowie zur Gewinnung von Ackerflächen. So sank der Anteil der Waldflächen im Laufe der Jahrhunderte beträchtlich, bis man begann, sie im 19. Jahrhundert systematisch anzubauen, zu pflegen und zu bewirtschaften.

Auch die Waldverwaltung hat sich zu Beginn des 19. Jahrhunderts grundlegend verändert. Die großen Ländereien, d. h. Felder, Wiesen, Wald umfassender Grundbesitz, gehörten seit Jahrhunderten der Kirche und dem Adel. Infolge tiefgreifender Reformen kamen nun viele Wälder in den Besitz der Gemeinden, und in der Eifel wurden sie zur Hauptquelle ihrer Finanzen für die Modernisierung des öffentlichen Lebens. Dementsprechend bemühte man sich auch um die Waldwirtschaft. Das Ergebnis kannst Du heute auf Deinen Wanderungen kennenlernen, da Erklärungstafeln auch diese Geschichte erläutern ...

Ella: Und die Wölfe? Galten sie nicht als gefährlich?

Oma: Wölfe lebten in den Eifeler Wäldern seit eh und je, wie die Knochenfunde aus dem Buchenloch zeigen. Sie wurden aber auch seit Jahrhunderten als gefährliche Raubtiere gejagt und bekämpft, wie eine schon von Karl dem Großen stammende Verordnung zu Wolfsbekämpfung beweist. Im 19. Jahrhundert wurden sie mit Hilfe gesetzlicher Regulierungen, moderner Forstverwaltung und Pressekampagnen systematisch verfolgt und damit, mit den Worten des Historikers Werner Schwind gesagt, »hatte der Mensch spätestens Ende des 19. Jahrhunderts das erreicht, um was er sich Jahrhunderte bemüht hatte. Die Wölfe waren in der Eifel ausgerottet.«[125]

Ella: Das verstehe ich nicht. Ich habe an der Munterley einen neuen elektrischen Zaun gesehen, der sie vor Wölfen schützen soll ...

Oma: Wie es in der Geschichte oft der Fall ist: Neues kommt und Altes schwindet, während sich Menschen darüber streiten, was davon besser sei. Heute engagieren sich manche Eifler für die Wiedereinführung von Wölfen, während andere dagegen sind. Der neue Zaun an der Munterley beschützt eine Ziegenherde, die jeden Sommer dorthin hingebracht werden soll, um dort zu weiden. Und warum? Damit die Felsen nicht von Sträuchern und Bäumen überwuchert werden. Die Felsen sollen aus unserem Blickfeld nicht verschwinden, und die zur Felsenlandschaft passenden Pflanzen und Kleintiere sollen nicht aussterben. Früher sollen dort Ziegen als geschickte Kletterer gelebt und die Felsen vor einer Überwucherung durch Pflanzen geschützt haben. So siehst Du wieder einmal, wie neue und alte Ideen auch heute koexistieren.

Ella: Aber wie soll man nur erkennen, wann was am besten ist? Kein Wunder, dass sich Menschen immer so viel streiten ...

***

Oma: Wenn wir uns nun dem Image von Gerolstein im 19. Jahrhundert zuwenden, könnten wir mit Deinem englischen Eifel-Buch beginnen. Erzähl mal uns darüber ...

Ella: Wie Du weißt, liebe ich Gerolstein sehr. Dennoch bin ich immer wieder überrascht, wie bekannt dieses kleine Städtchen auch im Ausland ist. Dass viele Leute in England den Stadtnamen kennen, könnte man sich mit dem Hinweis auf den Gerolsteiner Sprudel erklären. Aber vor einiger Zeit haben mir zwei Freunde sogar ein uraltes englisches Reisebuch *In the Volcanic Eifel* geschenkt. Darin beschrieben zwei Engländer, Katharine und Gilbert Macquoid, ihren Besuch in der Eifel schon im Jahre 1895. Sie kamen mit dem Zug an und müssen sehr angenehm überrascht gewesen sein:

> »Nach wenigen Minuten erreichten wir unter den unheimlichen Klippen der Munterley den malerischen Bahnhof von Gerolstein, wo wir unsere erste Rast machen wollten [...]. Zuerst war die Straße eben, und bald kamen wir zu einer Pappelallee und einer Brücke über die Kyll, an der wir bisher entlang gegangen waren. Von der Brücke aus hatten wir eine sehr malerische Ansicht von Gerolstein, das steil den Hügel über die Kyll emporstieg; aber als der Träger auf unser Hotel zeigte, murrten wir, denn das Posthotel lag fast auf der höchsten Stelle.«[126]

In ihrem Hotel Zur Post (damals Hauptstr. 31, heute 55) fanden sie ihr schon voraus reserviertes Zimmer und waren zufrieden, obwohl sie bemerkten, dass ein anderes Hotel in der Nähe, Hotel Heck, luxuriöser und bequemer gewesen wäre. Aus ihrer Perspektive war Gerolstein ein bezauberndes, aber rückständiges Städtchen:

> »Während unser Abendessen bereitet wurde, erkundeten wir die kleine, zerstreut liegende Stadt. Ihre einzige, steil ansteigende Straße erschien uns sehr malerisch und voll reizender Szenen, aber sie war entstellt durch die häufige und betonte Zurschaustellung von Misthaufen vor den altertümlichen Häuschen. Man sagt, daß die Größe des Misthaufens auf den Reichtum des Hüttenbewohners hinweist.«[127]

Das klingt aber nicht gerade so, als wäre Gerolstein zu jener Zeit, am Ende des 19. Jahrhunderts, schon eine sehr »moderne« Stadt gewesen, oder?

Oma: Ja und nein, es kommt auf die Perspektive an, aus der man Dinge betrachtet. Immerhin kamen Deine beiden Reisenden mit dem Zug an einem bis heute beeindruckenden Bahnhof an, und sie haben ihr Hotelzimmer sogar schon voraus buchen können. Klingt das nicht nach »Modernität«? Und dass sie über Misthaufen vor altertümlichen Häuschen erstaunt waren, kommt mir nicht unverständlich vor. Sie kamen doch aus dem damals als Vorbild der Modernität geltenden London, und was wem als »modern« oder als »rückständig« erscheint, hängt von den subjektiven Gewohnheiten der jeweiligen Betrachter ab. Deine beiden Autoren waren bei weitem nicht die einzigen, die damals Gerolstein als rückständig empfanden. Das haben manche Besucher beklagt, aber andere haben hier den Charme der Vergangenheit genossen.

Ella: Die Macquoids haben sich überhaupt nicht beklagt, Du weißt doch, Engländer meckern nie, das gilt in England als unhöflich ...

Oma: Aber manche Besucher kommentierten alles Rückständige abschätzig, und so sind pejorative Stereotypen entstanden. Die Eifel wurde vielfach sogar als »Preußisch Sibirien« bezeichnet, was wahrlich kein Kompliment war ... Im Jahre 1832 behauptete sogar einer der damals bekanntesten deutschen Schriftsteller, Ernst Moritz Arndt (1769–1860), dass niemand die Eifel möge:

> »Hier ist man also nun schon in dem Anfang der eigentlichen Eifel, wozu wunderlich genug kein Mensch gern gehören will, da sie wegen ihrer Wildheit und Rauhigkeit übel berüchtigt ist: Denn jeder schiebt die Eifel so weit von sich, als wenn von einer ungesegneten oder gar von einer versegneten Wüste die Rede wäre; [...] Übrigens spürt man an der hiesigen Wirtstafel ebenso wie in Blankenheim und den umliegenden Orten nicht alleine in der Unterhaltung über Wolfs- und Eberjagden, sondern an dem Fettduft der Küche, dass man hier dem Urzustand der alten Germanen noch gemäßer lebt als im Rheintal.«[128]

Ella: So abwertend über andere zu schreiben ist doch ähnlich dumm, wie meine eigenen früheren Vorstellungen von den Neandertalern oder die der Römer über jene als »Barbaren« abgestempelten Völker …

Oma: Ja, dennoch geschieht es bis heute häufig, dass manche Menschen immer wieder über andere Menschen von oben herab urteilen. Aber manche Besucher der Eifel waren schon immer begeistert, wie etwa der englische Schriftsteller Charles Kingsley (1819–1875). In einem Brief an seine Familie vom 10. August 1851 aus Gerolstein berichtete er so: »Der wunderbarste Platz meines Lebens, und während der letzten drei Tage bin ich überwältigt von Staunen.« Seine folgenden Eindrücke solltest Du sorgfältig lesen und sie mit dem heutigen Bild von Gerolstein vergleichen, um zu begreifen, wie sehr sich die hiesige Landschaft seitdem verändert hat und wir trotzdem genau erkennen können, dass er dieselbe Landschaft betrachtete:

> »Eingestürzte Berge, die grüne Seen inmitten von Getreideland bilden; Hügel, aufgetürmt zu den wildesten steilen Klippen, und zu Staub verglüht; Krater mit so vollkommenen Rändern, daß ihr Feuer noch vor kaum einem Jahr in ihnen hätte lodern können; Haufen von Schlacke und Asche zweitausendfünfhundert Fuß über Meereshöhe, auf denen nichts wachsen kann, so verbrannt sind sie; Lavaströme, die sich ins Tal ergießen, die Bäche austrocknen, wo sie sie treffen, und die dabei in Klippen aufschäumen und riesige Massen von Trachit weit in alle Vertiefungen ablagern; geheimnisvolle Mineralquellen, sprudelnd mit Kohlensäure, gleich am Straßenrand …«[129]

Das negative Image der Eifel sollte sich zum Glück rasch ändern, ja sogar Ernst Moritz Arndt schrieb schon im Jahre 1844 anders. Diesmal erzählte er z. B. von den »lustigsten« Wegen »längs der Kill nach Gerolstein, Kasselburg, Daun, Manderscheid u. s. w.«:

> »So gelangt man auch hier nach weiter Umkreisung wieder in den belebteren Mittelpunkt der Eifel. In dem Umlauf von acht

Tagen kann man hier viel Schönes und Lehrreiches sehen und erkunden und mit den lieben und freundlichen Bewohnern des Landes herzig und vertraulich leben lernen. Wer hier einmal gewesen ist, sehnt sich öfter zurück und wandert, wenn er kann, auf immer neuen Wegen und Pfaden gern zum dritten und vierten Mal in diese noch ziemlich abgeschiedene und unschuldige Weltgegend.«[130]

Arndts Blick auf die Eifel änderte sich infolge einer neuen Mode, die der Eifel zugutekam.

Ella: Ist etwa ein Unternehmen auf die Idee gekommen, die Eifel an die Touristen zu vermarkten?

Oma: Ach geh, damals reisten nur wenige Menschen, mal mit Pferdekutschen und meistens wanderten sie. Erst die Eisenbahn brachte das Aufblühen des Tourismus in der Eifel. Doch schon zuvor entdeckten beispielsweise romantisch gesonnene Maler der Düsseldorfer Kunstakademie die Eifel als ein großartiges Thema für ihre Bilder. Die noch dünn besiedelte Eifel lockte sie mit ihren vielfältigen malerisch bergigen Landschaften, romantischen Felsen und unzähligen Burgruinen, mit kleinen Ortschaften sowie ihren Bewohnern und ihren traditionellen Lebensgewohnheiten. Das erschien den Großstädtern zwar altertümlich, aber diesmal wurden die Spuren der Rückständigkeit zur Attraktion der Eifel. Heute spricht man sogar über die sogenannten Eifelmaler als einer spezifischen Kunstrichtung der Düsseldorfer Malerschule.

Ella: Haben die Eifelmaler auch Gerolstein gemalt?

Oma: Natürlich, man könnte sogar sagen, dass gerade Gerolstein zu ihren beliebtesten Sujets gehörte, vielleicht neben dem Ahrtal sowie der Doppel-Burgruine in Manderscheid (vgl. Abstecher zu »den schönsten Punkten der Eifel«). So ist es gekommen, dass wir dank diesen Künstlern ungewöhnlich viele Bilder von Gerolstein aus dem 19. Jahrhundert haben. Sie sind in der Regel eher romantisch gefärbte als realistisch genaue Abbildungen, aber dank ihnen können wir uns dennoch eine ziemlich gute Vorstellung vom damaligen Gerolstein und seiner Umgebung machen. Somit können wir auch die Veränderungen der Stadt in den beiden letzten Jahrhunderten besser verstehen, ebenso die Koexistenz der beiden volkstümlichen Vorstellungen von der Eifel als eines armen, rückständigen halbwilden Gebiets einerseits und einer attraktiven und liebenswürdigen Gegend andererseits.

Ella: Und wie kam es, dass Gerolstein sogar weit über die Grenzen Deutschlands hinaus bekannt geworden war, schon bevor der Sprudel zum internationalen Hit-Getränk wurde?

Oma: Dazu hat das Pariser Kulturleben beigetragen, insbesondere der Schriftsteller Eugène Sue (1804–1857) und der Komponist Jacques Offenbach (1819–1880). Die beiden Namen solltest Du Dir merken ebenso wie ihre durchaus unterschiedlichen Gerolstein-Bilder.

Ella: Also fangen wir mit Eugène Sue an, dessen Name mir unbekannt ist.

Oma: Das mag sein, aber um die Mitte des 19. Jahrhunderts war Eugène Sue einer der meistgelesenen französischen Romanciers. In seinem 1841/43 als Fortsetzungsroman in einer Zeitung veröffentlichten Werk mit dem Titel *Les Mystères de Paris* (Die Geheimnisse von Paris) schuf er einen Weltbestseller. Darin beschrieb er das Alltagsleben der Pariser Unterschichten-Milieus zwischen Elend und Verbrechen. Das Thema wirkte damals sensationell, da es in der Literatur neu war. In seinem Buch stand zwischen intriganten Adligen und meist verbrecherisch verkommenen Armen der Pariser Unterwelt die Heldenfigur des Romans namens Rudolphe. Er wurde als *le* Grand-Duc de Gérolstein (Großherzog von Gerolstein) präsentiert, der aus einem idyllischen ländlichen und wohl verwalteten Staat gekommen sei, im Kontrast zum verkommenen Pariser Milieu. Das hatte nichts mit unserem echten Gerolstein zu tun, die Bezeichnung des Großherzogs von Gerolstein stand für einen fiktiven deutschen Kleinstaat. Angesichts der sensationellen Popularität dieses Werkes ist jedoch der Stadtname Gerolstein nicht nur in Frankreich, sondern weltweit bekannt geworden, was immer sich jemand darunter vorgestellt haben mag.

Ella: Das heißt, dass die Franzosen zwar nicht unbedingt wussten, wo Gerolstein liegt, aber kannten immerhin schon dessen Namen. Und was hat Jacques Offenbach mit Gerolstein zu tun?

Oma: Im Jahre 1867, während einer Weltausstellung in Paris, wurde dort die »komische Oper« (oder wie man deutsch sagt: Operette) mit dem Titel *La Grande-Duchesse de Gérolstein* von Jacques Offenbach uraufgeführt; auf Deutsch ist sie als *Die Großherzogin von Gerolstein* bekannt. Es ist eine bis heute aktuelle Satire auf Militarismus, Vetternwirtschaft und Opportunismus, hier symbolisiert durch ein fiktives Großherzogtum Gerolstein jener Zeit. Die musikalisch großartig gelungene Operette wurde international sehr erfolgreich und wird bis heute erstaunlich oft aufgeführt; als sie im Jahre 2020 an der berühmten Semperoper in Dresden neu inszeniert wurde, erinnerte man auch daran, dass sie schon im November 1867 in Paris zum 200. Mal gespielt wurde, noch in demselben Jahre aber auch in Wien, Budapest, London und New York sowie 1868 in Berlin und Melbourne.[131] Es war ein theatralisches Großereignis, und auch diesmal hat das Werk nichts mit echtem Gerolstein zu tun, trug aber sehr zur Bekanntheit des Stadtnamens bei.

Ella: In beiden Fällen wurden also ganz unterschiedliche Assoziationen mit Gerolstein populär, und keine von beiden beruhte auf irgendwelchen realen Kenntnissen der Stadt. Wie vorsichtig muss man wohl sein, um nicht dem Irrtum zu verfallen, dass man irgendetwas über eine Stadt weiß, wenn man nur ihren Namen kennt ...

Oma: So ist es, obwohl man bei Jacques Offenbach sogar vermuten könnte, Gerolstein gekannt zu haben, da er in Köln geboren wurde. Aber dafür liegen keinerlei Anhaltspunkte vor, zumal er schon seit seiner Jugend in Paris lebte. Wahrscheinlich wählte er diese Ortsbezeichnung im Blick auf die Popularität des Romans von Eugène Sue. Dennoch trug auch Offenbach mit dazu bei, dass viele Menschen aus allerlei Ländern schon damals ein Vertrautheitsgefühl hatten, wann immer sie dem Wort Gerolstein begegneten. Ja, sogar der weltbekannte schottische Schriftsteller Robert Louis Balfour Stevenson (1850–1894) veröffentlichte im Jahre 1885 einen kleinen Roman mit dem Titel *Prince Otto: A Romance*, der in fiktiven deutschen Gegenden spielt und wo Gerolstein auch als die Bezeichnung eines kleinen deutschen Staats vorkommt.[132]

Ella: Nun werde ich so richtig kunstbeflissen, wenn ich auf meiner historischen Pirsch in Gerolstein die Werke der Eifelmaler kennenlerne, einen französischen und einen schottischen Roman lese und mir eine Operette irgendwo am Theater anschaue ... Am meisten bin ich aber davon beeindruckt, wie unterschiedlich die damals kursierenden Vorstellungen von Gerolstein waren. Mir kommt das englische Reisebuch aus dem Jahre 1895 am interessantesten vor. Seine beiden Autoren scheinen einfach mit wohlwollenden Augen einen ihnen unbekannten Landstrich besucht zu haben. Trugen sie nicht mehr zur Verbreitung realistischer Informationen über die Eifel bei, als all die berühmten Künstler und Schriftsteller?

Oma: Schwer zu sagen, ihr Reisebuch mag informativer gewesen sein, aber es war sicherlich viel weniger bekannt als die anderen erwähnten Werke. An diesem Beispiel kannst Du aber auch gut die Ursachen der endlosen zwischenmenschlichen Streitigkeiten, ja großer politischer Konflikte oder sogar Kriege erkennen: Was wissen Menschen eigentlich und welche Images haben sie in ihren Köpfen, wenn sie über ganze Städte, Nationen und Staaten, etwa über Deutschland, Frankreich oder China, über Russland oder die USA reden oder gar streiten? Am Beispiel »Gerolstein« können wir erkennen, wie sich stereotype Bilder unserer Welt verbreiten, aber auch wie sie sich verändern können.

So sollte sich etwa in Deutschland das gängige Image der Eifel gegen Ende des 19. Jahrhunderts insgesamt zum Guten gewandelt haben. Das behauptete zumindest der Dichter Helmut Freimuth (1836–1895) im Jahre 1890 in seinem Gedichtband *Eifelstrauß*. Mit dem Titel meinte der Dichter seine der Eifel gewidmeten Gedichte, und das letzte von ihnen fängt mit den folgenden Versen an:

»Vergangen ist nicht manches Jahr,
Da, Eif'ler sein, nicht ruhmvoll war;
Sein Land, wie Petrus einst den Herrn,
Verleugnete der Ef'ler gern. [...]
Denn Eifel hieß, was rau und kalt,
Was öd' und arm, von Sitten alt,
Was nicht geweckt und was nicht sein;
Darum wollte niemand Eif'ler sein.«

Heute sei das anders, meinte Helmuth Freimuth im Jahre 1890, heute hätten die Eif'ler den Stolz auf ihre Gegend entdeckt:

»Wer hat das Wunder denn vollbracht?
Wir, die wir sangen deine Pracht,
Du Landschaftskleinod, Eifelgau,
Erfrischungsborn und Wonneschau!
Wir, die manch Jahr in Wort und Bild,
Die Eifel hoben auf den Schild!
Da hat man heute gut denn schrei'n:
'Wir wollen alle Eif'ler sein!'«[133]

Ella: Ob ich diese wirklich etwas altmodisch klingelnden Verse auswendig lernen werde, weiß ich noch nicht, so merkwürdige Wörter merkt man sich nicht leicht ... Und wie fühlten sie die Gerolsteiner selbst in ihrer Stadt am Ende des 19. Jahrhunderts?

Oma: Dazu kannst Du Dir eine Vorstellung anhand des Reiseführers Gerolstein und seine Umgebung aus dem Jahre 1905 machen.[134] Die Gerolsteiner scheinen damals auf ihre Stadt recht stolz gewesen zu sein, auf ihre Natur ebenso wie auf ihre Geschichte, aber auch auf ihre Bürger. Gerolstein sei noch vor wenigen Jahrzehnten »ein nur dem Maler und Geologen bekannter Ort« gewesen, es habe sich dennoch nun zum alljährlichen »Reiseziel vieler Tausende[r]« verwandelt. Neben den älteren Hotels seien zahlreiche neue entstanden: »Sie sind alle mit den Bequemlichkeiten (Wasserleitung, elektr. Licht, Badegelegenheit) ausgestattet, wie sie der moderne Reisende wünscht«. Auch die Gemeindeverwaltung soll keine Kosten gescheut haben, »den Ort mit den Einrichtungen zu versehen, deren sich sonst nur größere Städte erfreuen.« Die Zahl der in Gerolstein verkauften Fahrkarten soll von 72 325 im Jahr 1895 innerhalb von zehn Jahren auf 105 000 gestiegen sein, innerhalb eines Jahres übernachteten nun in Gerolstein ca. 9 000 Gäste, während die Zahl der Tagesbesucher sich auf 26–27 000 belief – und dabei war die Stadt selbst damals viel kleiner als heute war: Die Zahl ihrer Wohnhäuser sei auf 240, die der Einwohner auf annähernd 1 500 gestiegen.

In diesem Reiseführer spürt man eine vielseitige Freude der Gerolsteiner an ihrer Stadt. Mit Stolz wird hier nicht nur über neue technische Errungenschaften, sondern auch über das breite Engagement der Stadtbewohner zugunsten der Pflege ihrer Umwelt berichtet. Es müssen damals sehr viele Spazier- und Wanderwege angelegt und viele »Ruhebänke« an schönen Aussichtspunkten errichtet worden sein. Auch die Spuren der Vergangenheit wurden gepflegt. So wird hier detailliert beschrieben, wo man welche Versteinerungen, Münzen oder Baurelikte finden oder gar sammeln könne. Am meisten sei Gerolstein jedoch durch die vorzüglichen Mineralbrunnen bekannt geworden, meinten die Verfasser: »Der Gerolsteiner Schloßbrunnen bei Pelm, erbohrt 1876, der Florabrunnen, erbohrt 1886, Gerolsteiner Sprudel und Hansabrunnen, erbohrt 1888, haben einen jährlichen Versandt von über 8 Millionen Gefäßen, ihr Absatzgebiet ist die ganze Erde.« Die Gerolsteiner scheinen damals jedem Detail ihrer Umwelt viel Aufmerksamkeit geschenkt zu haben, und wenn Du mit diesem Reiseführer heute einmal durch Gerolstein und seine Umgebung wandern würdest, könntest Du vieles nicht mehr finden. Seit dem Jahre 1905 ist unsere Welt zweifellos komfortabler geworden, aber vieles an Lebensfreude und Lebensqualität ist zweifellos auch verloren gegangen.

Ella: Diese Idee, mit einem ein Jahrhundert alten Reiseführer auf meiner historischen Pirsch durch Gerolstein zu laufen, gefällt mir gut. Zuletzt möchte ich noch wissen, wieso im 19. Jahrhundert sogar in Paris nach der Eifel der berühmte Eiffelturm benannt wurde?

Oma: Das ist eine recht einfache Geschichte, die aber kaum jemand kennt. Sein Erbauer hieß mit seinem ganzen Namen Alexandre Gustave Bonickhausen dit Eiffel. Er wurde 1832 in Dijon geboren und war Franzose. Aber sein Ur-Ur-Großvater Heinrich Johann Bönickhausen wurde im Jahre 1680 in Marmagen (heute ein Teil von Nettersheim) in der Nordeifel geboren und wanderte um 1710 nach Frankreich aus. Dort französierte er seinen Vornamen in Jean-René und fügte seinem Familiennamen Bönickhausen der Einfachheit halber den Zusatz »dit Eiffel« (d. h. »genannt Eiffel«) hinzu; das Doppel-F war die damals gebräuchliche Schreibweise für die Region. So ist es gekommen, dass im Jahre 1734 in den königlichen Wäldern bei Dijon ein Förster namens Jean-René Eiffel starb und sein Ur-Ur-Enkel Gustave sich im Jahre 1888, also kurz vor der Fertigstellung seines weltberühmten Turmes, entschied, dass er nur noch »Gustave Eiffel« heißen wolle, vielleicht weil ein »Bönickhausenturm« etwas umständlich klingen würde ...[135]

Ella: Nach der Eifel wurde der weltweit berühmte Eiffelturm also nicht benannt, aber ohne die Eifel würde er gar nicht existieren ... Jedenfalls ist nicht nur Gerolstein, sondern die ganze Eifel im 19. Jahrhundert bei weitem nicht nur wegen Trilobiten international bekannt geworden, wie Du zu Beginn schon erzählt hast. Jetzt weiß ich auch, wie sich die Lebensbedingungen der Eifler langsam, aber doch kontinuierlich besserten, sodass sie sich selbst in ihrer Gegend auch immer wohler fühlen konnten.

Oma: Dennoch dürfen wir nicht vergessen, dass im 19. Jahrhundert, aller Modernisierung zum Trotz, keineswegs freiheitliche politische Verhältnisse herrschten und sehr viele Menschen in großer Armut lebten. Die demokratischen Bemühungen um Gleichberechtigung und politische Mitspracherechte aller Bürger vermochten sich nur mühsam durchzusetzen. Zensur und politische Verfolgungen standen noch lange auf der Tagesordnung, und etliche Gerolsteiner waren noch so arm, dass sie manchmal aus purer Not nach Amerika auswanderten. Dennoch setzte sich der wissenschaftliche, technische und wirtschaftliche Aufschwung im 20. Jahrhundert überall in Europa fort, trotz der beiden schrecklichen Weltkriege und ihrer Zerstörungen. Wie es dazu kam, werde ich Dir ein anderes Mal erzählen.

Abstecher zu »den schönsten Punkten der Eifel«

»Die schönsten Punkte der Eifel sind das Kyllthal (Casselburg, Gerolstein, Birresborn, Kyllburg) und Manderscheid.«[136] Diese im 19. Jahrhundert populäre Meinung lädt zu einem Abstecher in die Nachbarschaft von Gerolstein entlang der Kyll sowie zum Besuch des ca. 25 km entfernten Stammsitzes der einstigen hiesigen Grafenfamilie in Manderscheid ein. Die Kasselburg wird man in Gerolstein ohnehin nicht missen (vgl. Abstecher zu den Burgen Kasselburg und Lissingen), und durch Birresborn nach Kyllburg führt außer den üblichen Autostraßen auch ein rund 25 km langer Fahrradweg, wenn wir nicht die kleine idyllische Bahnfahrt zwischen Gerolstein und Kyllburg wählen. Einen Abstecher nach Manderscheid werden die wohltrainierten Fahrradliebhaber ebenso genießen wie die bequemeren Autoausflügler, zumal sie unterwegs auch die oben erwähnte Nerother Burgruine besuchen können.

Der Weg von Gerolstein nach Kyllburg führt zunächst entlang der Kyll vorbei an der Burg Lissingen (vgl. Abstecher zu den Burgen

Kasselburg und Lissingen) und bald danach, bevor man Birresborn erreicht, zu einem unübersehbaren Pavillon am rechten Straßenrand. Darin verbirgt sich die Birresborner Lindenquelle. Das runde, im neoklassizistischen Stil erbaute Gebäude mit einem rundbogigen Eingang ist mit acht Fensteröffnungen und Pilastern ausgeschmückt und wird von einem schiefergedeckten Spitzdach abgeschlossen. Es erinnert uns daran, dass das einst ruhmreiche Birresborner Mineralwasser erst im 20. Jahrhundert von dem heute berühmten Gerolsteiner Sprudel überschattet wurde. Um die Mitte des 19. Jahrhunderts hieß es nämlich noch: »Die Eifel ist sehr reich an Mineralquellen; die berühmteste derselben ist die bei Birresborn, deren Wasser weit versendet wird.«[137] Heute können wir es nur noch in diesem kleinen Pavillon ganzjährig und kostenlos kennenlernen.

»Seit drei Jahrhunderten Heilkraft aus vulkanischer Quelle« heißt es dort auf einer erläuternden Tafel, genau hier solle man »die stärkste alkalische Quelle Deutschlands« suchen. Das Wasser dieser Quelle wurde schon im 17. Jahrhundert als heilsam erwähnt und seit dem Jahre 1726 bis nach Trier, Luxemburg, Münstereifel oder Aachen verkauft. An eine andere einst berühmte Quelle werden wir im Ortszentrum von Birresborn erinnert, wenn wir dort links hinunter zur Kyll-Brücke abbiegen und vorm Gebäude »Der Turm« Halt machen. Dort sprudelt kein Wasser mehr, der Betrieb der Birresborner Phönix Sprudel GmbH sei im Jahre 2003 wegen Verunreinigung seiner Quellen auf einen Schlag eingestellt worden. Hier werden wir nur noch daran erinnert, dass Birresborn einmal zu den »Großmächten« auf dem Mineralwassermarkt gehörte.

Von Birresborn nach Kyllburg führt der Weg an der Bertradaburg in Mürlenbach vorbei, dem legendären Geburtsort Karls des Großen (vgl. Zu Besuch bei den Franken), weiter zu einer der verborgenen Perlen der Eifel, zum kleinen Ort Sankt Thomas an der Kyll. Hier begegnen wir einer heute kaum bekannten, aber sehr alten Verbindung zwischen der Eifel und England. Der Name dieses Orts und seine Geschichte gehen auf den im Jahre 1170 in der Kathedrale von

Canterbury ermordeten Thomas Beckett (1118–1170) zurück. Er war Erzbischof und Lordkanzler, also einer der höchsten Amtsträger des englischen Königreichs, und wurde von vier Rittern im Auftrag König Heinrichs I. getötet. Schon drei Jahre nach seinem grausamen Tod wurde er von Papst Alexander III. heiliggesprochen, und an dieser Stelle der Eifel fand sich erstaunlich früh danach seine Reliquie.

Die Ermordung des Erzbischofs Thomas Beckett erweckte eine europaweite Empörung. Zur Verehrung des Märtyrers fanden umgehend Wallfahrten nach Canterbury statt, und der Eifler Ritter Ludwig von Deudesfeld und seine Ehefrau Ida gehörten zu den allerersten Pilgern. Sie reisten nach England, brachten eine St.-Thomas-Reliquie zurück und errichteten für sie in dem rund 20 km von Gerolstein entfernten heutigen Ort St. Thomas eine Kapelle, die rasch zur im deutschsprachigen Raum ersten Pilgerstätte dieses Heiligen wurde. Anschließend gründete das Eifler Ehepaar von Deudesfeld ein adeliges Frauenkloster »Zu Ehren der Jungfrau Maria und des hl. Thomas Becket«, dem sie größere Ländereien schenkten, und eine ihrer Töchter, Elisabeth, wurde dessen erste Äbtissin. Die um das Jahr 1200 erbaute und erstaunlich gut erhaltene Klosterkirche sowie ihre von der jahrhundertelangen Existenz dieses einmaligen Klosters geprägte Umgebung können bis heute besucht werden.

Abb. 53: Sankt Thomas um das Jahr 1905
Abb. 54: Kyllburg um das Jahr 1900

Der Weg zwischen Gerolstein und Kyllburg ist nicht nur historisch interessant, sondern auch landschaftlich sehr schön, wie das englische Ehepaar Maquiods schon im Jahre 1895 feststellte:

> »Mit der Eisenbahn ist Kyllburg nur eine kurze Strecke von vierzig Minuten von Gerolstein entfernt, und trotzdem ist der Anblick der Landschaft so verschieden, daß man kaum glauben kann, daß diese beiden Plätze so nahe beieinander sind. Anstelle von sonderbar geformten Hügeln mit Krateröffnungen und fantastischen Lavamassen, Wegen, die, wenn nicht gebaut, so doch ausgebessert sind mit vulkanischen Aschen, sahen wir lächelnde grüne Weiden bis in große Höhen, hier und da mit dunklem Wald bedeckt; aber das düstere Laub wurde angenehm unterbrochen von dem hellen und doch zarten Grün kleiner Hopfengärten, die wir, als wir uns Kyllburg nährten, überall durch die Stadt auf der anderen Kyllseite sehen konnten.«[138]

Heute dauert die Zugreise etwa halb so lang, aber an Attraktivität hat sie nichts verloren. In Kyllburg angekommen, steht man zunächst vor einem steilen bebauten Berg und einem kaum sichtbaren engen Flusstal, deren verschlungene Formen es schwer machen, den Grundriss dieses ungewöhnlichen Städtchens rasch zu begreifen. Ohne bis zu den von unten unsichtbaren Überbleibseln einer mittelalterlichen Burganlage sowie der wohlerhaltenen, unerwartet monumentalen Stiftskirche hinaufzusteigen, kann man nicht erahnen, welch ein historisches Kleinod uns in Kyllburg erwartet.

Die eigenartige Lage dieser Stadt versuchten schon viele ihrer Besucher zu beschreiben, z. B. das Ehepaar Macquoid: »Der Fluß windet sich vollkommen um diese lange Landzunge oder Halbinsel, auf der die Stadt hauptsächlich steht, und die Flußufer sind so steil und hoch, daß es kaum möglich ist, daß die Stadt noch viel wachsen kann; selbst der Nordteil nahe der Eisenbahn liegt in einem tiefen und engen Tal.«[139] Im Jahre 2018 versuchte der Luxemburger Eifel-Kenner Joseph Groben das Einmalige Kyllburgs zu beschreiben:

»Wie für eine Festung hat die Natur den Zugang der Stadt bestens geschützt. Nirgendwo sonst mussten so viele Tunnels durch den harten Buntsandstein gebrochen werden, nirgendwo sonst muss der Fluss eine so mäanderartige Schleife ziehen wie um Kyllburg, wo er eine jähe Wende nach Westen vollzieht und sogar wieder nordwärts fließt, indem er eine Haarnadelkurve ins Gebirge schneidet.«[140]

Kyllburg muss man mit eigenen Augen gesehen haben, um zu begreifen, warum es im 19. Jahrhundert als einer der schönsten Punkte der Eifel gepriesen wurde. Heute leben hier etwa 900 Einwohner, aber ihre Stadt, heute die kleinste Stadt von Rheinland-Pfalz, liegt nicht nur in einer einmaligen Lage am Ufer der Kyll. Sie blickt auch auf eine lange Geschichte zurück. Daran erinnern uns noch etliche alte prächtige Häuser, die vom einstigen Wohlstand zeugen. Aber auf der Höhe wartet noch Erstaunlicheres.

Gleich am Eingang zu den von unten nicht sichtbaren »Geheimnissen« des als Stiftsberg bekannten Teils von Kyllburg begegnen wir einer kleinen in die Wand eingemauerten Steintafel mit der Inschrift »Zur Stiftsfreyheit«, begleitet von einer richtungsweisenden Hand. Es handelt sich um einen der selten erhaltenen Hinweise auf das im Mittelalter übliche Privileg, an bestimmten Stellen Zuflucht vor gefürchteten Gewalttätern oder als ungerecht empfundenen Bestrafungen zu finden. Als es noch keine geordnete Polizei und Gerichtsbarkeit gegeben hat, waren derartige Freistätten oder Asylstätten – oft in Klöstern und Kirchen oder an nur entsprechend markierten Stellen – sehr wichtig; an solchen Asylstellen konnten sich Geflüchtete dem Schutz sowie der Gerichtsbarkeit ihrer meist milderen Grundherren unterstellen.

Auf dem Stiftsberg finden wir die Überreste einer im Jahre 1239 erbauten Burg, die einst zum Schutz gegen die Besitzer der in Sichtweite auf dem gegenüberliegenden Berg erbauten und bis heute einmalig gut erhaltenen Schlossanlage Malberg diente. Um das

Jahr 1300 wurde hier aber auch eine große gotische Stiftskirche erbaut. In dieser für die heute kleine Stadt unerwartet prächtigen Kirche hat sich sogar viel von ihrer einstigen Innenausstattung erhalten, wie etwa die Renaissance-Fenster im Chor, die hochgotische Skulptur der Madonna mit Kind oder der einmalig farbige Annenaltar aus dem 17. Jahrhundert. Auch der malerische gotische Kreuzgang verführt zum Verweilen, um eine ganz einzigartige Oase oberhalb von Kyllburg auszukosten.

Eines ist hingegen seit dem Besuch des Ehepaars Macquoid verloren gegangen: »Jedermann schien in Kyllburg einen Hopfengarten zu besitzen, und alle waren fleißig dabei, Hopfen zu pflücken«[141], schrieben sie 1895. Wer die einzigartige Blüten- und Blätterpracht des zur Bierherstellung unentbehrlichen Hopfens kennt, wird die Überraschung des englischen Ehepaars verstehen. Inzwischen ist der Hopfen aus dem Stadtbild verschwunden. Darüber, wie hier mal der Hopfen wuchs, blühte, gepflückt und getrocknet wurde, erzählen die Stadtbewohner dennoch bis heute gerne. Zwischen Sankt Thomas, Kyllburg und Malberg sei Hopfen seit dem Mittelalter angebaut worden, und diese drei Orte seien von den terrassierten Anbauflächen der attraktiv blühenden sowie wirtschaftlich ertragsreichen Pflanzen geprägt gewesen. Um das Jahr 1700 sei Hopfen für die Brauereien in Kyllburg und Malberg angebaut worden, aber das heute weltberühmte Bitburger Bier stamme nicht zufällig aus der Nähe, klagt manch ein Kyllburger wehmütig: Bis 1905 sei der Hopfen in Kyllburg für die Brauerei Simon in Bitburg angebaut worden, aber dann begann hier der Hopfenabbau. Die terrassenförmigen Anbauflächen konnten mit dem technologisch modernen Anbau nicht mehr konkurrieren. Den Spuren der wechselhaften Zeiten kann man in Kyllburg so anschaulich wie kaum anderswo begegnen.

***

Abb. 55: Die Manderscheider Burgen um das Jahr 1647

Zu den »schönsten Punkten der Eifel« zählte im 19. Jahrhundert auch der für Liebhaber von Gerolstein wichtiger Stammsitz der Grafenfamilie von Manderscheid. Die Macquoids besuchten es diesmal mit der Kutsche: »Es dauert – mit Gepäcke – etwa drei Stunden, die fünfzehn Meilen zwischen Manderscheid und Kyllburg zurückzulegen; die Straße ist sehr hügelig.«[142] Heute kann man von Kyllburg oder direkt von Gerolstein aus mit dem Fahrrad oder mit dem Auto nach Manderscheid gelangen; unterwegs können wir sogar die mitten im Wald versteckte Burgruine am Nerother Kopf besuchen, die im 14. Jahrhundert vom böhmischen König Johann von Luxemburg erbaut wurde, wie wir schon gehört haben. (vgl. Zu Besuch bei den Franken) Einen Besuch wert ist auch eine weitere Nerother »Spezialität«: das Mausefallenmuseum sowie die größte Mausefalle der Welt im benachbarten Café-Restaurants »Mausefalle«.[143]

Manderscheid liegt nicht im Kylltal, sondern an der Lieser, einem auch in die Mosel mündenden Fluss. Es ist als ein heilklimatischer Kneippkurort bekannt, aber seit Jahrhunderten wegen seiner Doppelburg-Ruine berühmt. Dabei handelt es sich um die Überbleibsel zweier nahegelegener Burgen, die gelegentlich unterschiedlichen und sich gegenseitig bekämpfenden Herren gehörten, so ähnlich wie es zwischen den Burgen in Kyllburg und Malberg der Fall war. In Manderscheid liegen die beiden Burgruinen jedoch ganz nah nebeneinander und sind individuell frei begehbar, was zu ihrer Attraktivität bei den Besuchern beiträgt.

Die Oberburg war die ältere der beiden Burgen und gehörte seit der Mitte des 12. Jahrhunderts zum Besitz der Erzbischöfe von Trier. Im Dreißigjährigen Krieg sei sie beschädigt worden, aber noch im Jahre 1658 bewohnbar gewesen. Bald danach wurde sie, wie viele andere Burgen der Eifel einschließlich der Gerolsteiner Löwenburg, im Pfälzischen Erbfolgekrieg niedergebrannt und im Jahre 1794 von den französischen Revolutionstruppen abermals geplündert. Anschließend versuchten sie einzelne Privatpersonen vor dem völligen Zerfall zu retten, bis sie 1870 von der Gräfin Paula von Brühl gekauft und »gerettet« wurde. Die jüngere Niederburg wurde zum Stammsitz der Herren und später Grafen von Manderscheid. Sie wurde mit der Zeit »modernisiert« und zu einer ansehnlichen Schlossanlage ausgebaut, bis sich nach dem Jahr 1600 der Stammsitz der Manderscheider nach Blankenheim verlagerte. Danach ähnelte auch ihr Schicksal dem der Oberburg, bis auch sie im Jahre 1689 durch französische Truppen niedergebrannt, im Jahre 1794 geplündert und anschließend zum Abbruch versteigert wurde. Danach liegen auch für die Niederburg nur noch Hinweise auf private Besitzer und teilweise Nutzung, bis auch sie von der Gräfin Paula von Brühl als ihrer »Retterin« erworben wurde.

Auch Ruinen brauchen Pflege, um zu überleben. Die Möglichkeit, heute noch solche Spuren der Vergangenheit kennenlernen zu können, verdanken wir immer nur einigen wenigen engagierten Vorfahren. In Manderscheid hat sich solche Verdienste die soeben erwähnte Gräfin Paula von Brühl (1826–1889) erworben. Und warum wohl? Sie stammte aus dem alten rheinischen Adelsgeschlecht der Grafen von Spee, die im Mittelalter mit dem Geschlecht der Manderscheider verwandt gewesen sein sollen, aber nicht nur das.

Paulas Ehemann, Friedrich Stephan Graf von Brühl (1819–1893), war Enkel der uns schon bekannten und 1794 nach Prag geflüchteten Gräfin Augusta von Sternberg-Manderscheid. Der Familiensitz des Ehepaars von Brühl lag zwar in einem kleinen uralten Herrschaftsgebiet Pförtner an der heutigen deutsch-polnischen Grenze, ihr Interesse an der Pflege der Manderscheider Ruinen verdanken wir wohl ihren persönlichen Familiengeschichten. Ihren Nachkommen lag Manderscheid nicht mehr am Herzen. Um die Überbleibsel der Niederburg kümmerte sich seit 1899 länger als ein Jahrhundert lang der Eifelverein. Von ihm wurde die Ruine in ihren jetzigen Zustand versetzt, und heute können wir in der Niederburg auch Zeugnisse aus der Geschichte des Eifelvereins kennenlernen. Seit 1921 befindet sich die Oberburg und seit 2018 auch die Niederburg im Besitz und Pflege der Stadt Manderscheid.

Der Eifelverein war auf den Erwerb der Niederburg richtig stolz, da er sie als »die Stammburg des einst mächtigen Eifler Grafengeschlechts und geradezu ein Symbol für die Herrschaft über die Eifel« betrachtete.[144] Zu derselben Zeit, am Ende des 19. Jahrhunderts, war auch das Ehepaar Macquoid von den beiden Burgruinen sehr beeindruckt, aber aus anderen Gründen:

> »Die sinkende Sonne rötete die Oberburg, während die untere Burg im tiefen Schatten lag. So wie uns der Pfad an der Kante des Felsbogens vorbeiführte, zeigte die Niederburg immer neue wechselnde Bilder. Schließlich brachte uns der Pfad unter die Oberburg und wendete sich so abrupt, dass der Blick den steilen Abfall ins Liesertal hinunter mich schwindelig machte.«[145]

Den heutigen Besuchern liegt die Macquoids Wahrnehmung dieser beiden Ruinen wohl näher als die des Eifelvereins jener Zeit, aber beide, sowohl ein englisches Reisebuch als auch der Eifelverein, haben ähnlich wie Paula von Brühl zum Erhalt und Popularität der eigenartigen Ruinen beigetragen – und damit nicht zuletzt auch zur Rettung wichtiger Spuren der historischen Beziehungen Gerolsteins zu Manderscheid.

Das Kylltal, die Stadt Kyllburg ebenso wie die Doppelburg-Ruine in Manderscheid bieten uns Einblicke in die Geschichte der unmittelbaren Nachbarschaft Gerolsteins. Die heutigen Alltagserfahrungen der Gerolsteiner werden nicht von diesen Orten, sondern von den beiden Nachbarstädten Hillesheim und Daun dominiert; ja selbst Prüm, zu dessen Abtei das heutige Stadtteil Sarresdorf lange gehörte, spielt in ihrem Alltag eine geringere Rolle. Räumliche Erfahrungen der Menschen verändern sich im Laufe der Zeit in kleinen Räumen des Alltags ebenso wie im großen gesamteuropäischen Kontext. Die Geschichte von Gerolstein wurde vom Geschehen in weit entfernten Gegenden und Städten wie Rom, Trier, Aachen oder Köln, Paris oder Berlin bestimmt, obwohl sie sich stets in der kleinräumigen Umgebung der Eifel abspielte.

Abstecher zur Erlöserkirche

Das frühe 20. Jahrhundert hinterließ in Gerolstein ein ganz eigenartiges Erbe: die Erlöserkirche. Diese Sehenswürdigkeit sollte man nicht verpassen, obwohl ihr Besuch gut organisiert werden muss; einen Besuch erlauben uns z. Z. nur Gottesdienste und Gruppenführungen. Aber er lohnt sich sehr, da die Geschichte der Erlöserkirche ein einmaliges Licht auf Deutschland am Vorabend des Ersten Weltkriegs wirft.

Die Erlöserkirche ist eine evangelische Kirche, obwohl Gerolstein zu den traditionell katholischen Gegenden Deutschlands gehört. Nach der Eingliederung in das Königreich Preußen zogen hierher jedoch Verwaltungs- und später Eisenbahnbeamte evangelischer Konfession. So ist auch in Gerolstein eine evangelische Diasporagemeinde entstanden, und im Jahre 1893 wurde für sie ein stattliches

Pfarrhaus mit einem Gebetssaal erbaut. Bald danach ließ jedoch der Berliner Kirchenbauverein mit tatkräftiger Unterstützung Kaiser Wilhelms II. gleich nebenan eine neue, ungewöhnlich prachtvolle evangelische Kirche entstehen. Der Kaiser nahm an ihrer Einweihung im Jahre 1913 höchst persönlich teil, und bis heute fragen sich viele ihrer Besucher, warum eigentlich der kleinen evangelischen Gemeinde in Gerolstein so viel Aufmerksamkeit geschenkt wurde. Welche Bedeutung schrieben ihre Schöpfer der Erlöserkirche zu?

Diese Kirche ist nicht in der Eifel entworfen worden und wurde nicht von hiesigen Fachleuten erbaut. Sie wurde nach Plänen eines der damals renommiertesten deutschen Architekten Franz Schwechten (1841–1924) errichtet, dessen monumentaler Bau der Berliner Kaiser-Wilhelm-Gedächtniskirche sowie unzähliger weiterer Kirchen- und Profanbauten damals das Stadtbild Berlins prägten. Die Entwürfe der bis heute viel bewunderten Mosaikausstattung stammen von dem damals nicht weniger berühmten hannoverschen Kirchenmaler Hermann Schaper (1853–1911) und wurden nach dessen Tod von Friedrich Schwarting (1883–1918) vollendet; auch Letzterer war damals in aller Munde, auch deswegen, weil er Schapers Arbeiten auch bei der Neuausgestaltung des Aachener Doms fertigstellte. Ausgeführt wurden die Mosaikarbeiten von der damals weit über die Grenzen Deutschlands hinaus bekannten Berliner Firma Puhl & Wagner, die die Mosaiken im Oktogon und in der Kaiserloge im Aachener Dom, aber auch in der Kuppel und über dem Hauptportal des Berliner Domes, in der Auferstehungskirche in St. Petersburg oder in der Himmelfahrtskirche auf dem Ölberg in Jerusalem gestaltete. Wie kamen all diese Großen ihrer Zeit dazu, um gerade in Gerolstein eine Kirche zu bauen?

Und nicht nur das. Gerolsteiner Kenner der weit entfernten Stadt Jerusalem pflegen auf eine ungewöhnliche Begebenheit hinzuweisen: die Ähnlichkeit eines Gerolsteiner und Jerusalemer Mosaiks. Einer von ihnen, Udo Hombach, stellte sich daher im Jahre 2010 die folgende Frage: »Welches Gotteshaus auf der ganzen Welt kann sich rühmen, das gleiche Apsismosaik zu haben wie eine Kirche auf dem Ölberg, einem für Christen so bedeutendem Ort?!« Im Altarraum der Jerusalemer berühmten monumentalen Himmelfahrtskirche begegnen wir nämlich einem jedem Gerolsteiner aus der Erlöserkirche wohl vertrauten großen Mosaik der Himmelfahrt Christi. Beide Kirchen wurden nahezu gleichzeitig unter dem Patronat des letzten deutschen Kaisers Wilhelm II. erbaut, und Kunsthistoriker haben viel über die Ähnlichkeiten spekuliert. Udo Hombach hat zur Lösung dieses Rätsels im Archiv der einstigen Berliner Firma Puhl & Wagner, die beide Mosaiken ausgeführt hat, Folgendes entdeckt: »Notizen in der entsprechenden Akte des Firmenarchivs lassen vermuten, dass Puhl & Wagner das Apsismosaik quasi als einen Auftrag in zweifacher Ausfertigung gesehen haben.«[146] Ein Auftrag für Jerusalem und Gerolstein in zweifacher Ausfertigung – das muss man sich auf der Zunge zergehen lassen und sich die Frage stellen: Wie kam es eigentlich, dass diese Spuren der Gerolsteiner Vergangenheit sogar bis zum Ölberg in Jerusalem führen?

Abb. 56: Die Außenansicht der Erlöserkirche

Abb. 57a: Das Apsismosaik der Gerolsteiner Erlöserkirche
Abb. 57b: Das »Gerolsteiner« Mosaik in der Himmelfahrtskirche Auguste Viktoria auf dem Ölberg in Jerusalem

Diese Geschichte fängt in Mirbach, einem rund 20 km von Gerolstein entfernten Ort an. Dort errichtete im Jahre 1901 der preußische Generalleutnant und Oberhofmeister von Kaiserin Auguste Viktoria, Ernst Freiherr von Mirbach (1844–1925), eine künstliche Burgruine, die nach den Worten des Historikers Herbert Wagner »zu den kuriosesten, kunsthistorischen Objekten der Eifel« gezählt wird.[147] Das Adelsgeschlecht Mirbach lebte nämlich bis zum Verkauf ihres Anwesens im Jahre 1595 in der Eifel, und Ernst stellte rund 300 Jahre später mit Entsetzen fest, dass sämtliche Mauerreste ihres einstigen Anwesens verschwunden waren. So erwarb er in Mirbach ein Grundstück mit der Idee, den verschwundenen Sitz seiner Ahnen wiederaufzubauen: Die »Fundamente des Hauses wurden ausgegraben, ein Turm aufgebaut und lauter Bestandteile alter Bauten verwendet«, erzählte Herbert Wagner. Im Jahre 1902 war der Bau der Ruine vollendet. Zu derselben Zeit soll ihr Bauherr im benachbarten Gerolstein viel großartigere Ruinen entdeckt haben, und da er Adjutant der Kaiserin war, konnte er diesmal seine Ruinen-Vorliebe viel großzügiger entfalten.

Kaiserin Auguste Victoria war Schirmherrin des Berliner Kirchenbauvereins und ihr Adjutant Freiherr von Mirbach dessen umtriebiger Akteur. An der Wiege dieses Vereins stand ein Aufruf des Kaisers zum »Einsatz gegen die Verwahrlosung der Massen«, um »der drohenden Gefahr von Seiten der Sozialdemokratie und des Anarchismus entgegenzutreten«, und zu diesem Zwecke sollten viele neue Kirchen errichtet werden. Die Gerolsteiner Erlöserkirche wurde zur 100. der von diesem Verein erbauten Kirchen, gleich neben dem damals frisch neuerbauten und bis heute existierende evangelischen Pfarrhaus mit Gebetssaal: »Das passte der örtlichen Gemeinde gar nicht ins Konzept, weil sie mit dem vorhandenen Bau gut und ausreichend bedient war. Ein Bauantrag wurde abgelehnt. Allein Mirbach ließ nicht locker. Das rheinische Konsistorium gab schließlich unter der Maßgabe nach, daß der Gemeinde weder durch Bau noch durch die Stellenbesetzung Kosten entstehen dürften.«[148]

In Gerolstein existierte damals ein Grundstück namens Hofacker, über das wir in der »Stiftungsurkunde für die Evangelische Erlöser-Kirche zu Gerolstein« vom 4. Mai 1911 Folgendes erfahren:

> »Im März 1903 erwarb der unter dem Protektorat Ihrer Majestät der Kaiserin Auguste Victoria stehende Evangelische Kirchenbau-Verein Berlin einen Theil des alten Hofackers, um seine über zwanzigjährige segensreiche Thätigkeit auch auf die Diaspora-Gemeinden auszudehnen. Er entdeckte auf seinem Kirchbau-Grundstück umfangreiche Ueberreste der alten Villa Sarabodis, die er aufdeckte und herstellte.«[149]

Welche Rolle bei der »Entdeckung« der römischen Baurelikte Zufall oder der Ruinenliebhaber Graf Mirbach spielten, lässt sich nicht rekonstruieren. Sicher ist nur, dass schon früher, etwa im Jahre 1854 im »Jahresbericht der Gesellschaft für nützliche Forschungen zu Trier«, über römische Funde in Gerolstein berichtet wurde. Sicher ist auch, dass gleichzeitig mit der Erlöserkirche auf demselben Grundstück ein »römisch-germanisches Altertumsmuseum«[150] erbaut wurde.

Warum ein »römisch-germanisches« Museum an der Stelle einer einstigen römischen Villa? Aus der Stiftungsurkunde der Erlöserkirche geht hervor, dass ihre Autoren eher an der schriftlichen Erwähnung der Bezeichnung »villa sarabodis« aus dem 8. Jahrhundert im Fränkischen Reich interessiert waren als an den antiken Funden.

Den Sinn, den die Bauherren ihrem Bauprojekt zuschrieben, formulierten sie nämlich so:

> »So legen wir heute am Himmelfahrtag, den 25. Mai 1911, den Grundstein zur Erlöserkirche, welche sich auf dem durch den frommen Sinn Karls des Großen und seiner Eltern geweihten Boden erheben soll als ein Wahrzeichen deutscher Frömmigkeit und Königstreue, deutscher Kunst und Arbeit, als ein Denkmal für den ersten großen Kaiser des alten Deutschen Reiches Karl den Großen und für den ersten großen Kaiser des neuen Deutschen Reiches Wilhelm den Großen.«[151]

Hier wurde ganz im Sinne der damals modischen Ideologie ein Geschichtsbild formuliert, das der Verherrlichung des einstigen germanischen Stammes der Franken als Ahnen des modernen, im Jahre 1871 gegründeten wilhelminischen Reiches dienen sollte. Aus der Fundstelle antiker römischer Überreste und einer schriftlichen Erwähnung des Begriffs »villa sarabodis« im 8. Jahrhundert konstruierte man deshalb die Vorstellung, als handle es sich um einen »geweihten Boden« und ein »Krongut« der Familie Karls des Großen als vermeintlicher Vorfahre des preußischen Geschlechts der Hohenzollern. Kein Wunder, dass manche der damaligen archäologischen Funde bis heute Fragen aufwerfen. »Besonders rätselhaft« sei bis heute »die Entdeckung von 27 Gräbern in den Ruinen«, lesen wir etwa im DuMont Reiseführer *Die Eifel* aus dem Jahre 1999,[152] da die vermeintlich fränkischen Funde selbst im Museum neben der Erlöserkirche bis heute ohne entsprechende wissenschaftliche Beweise präsentiert werden.[153] Die rätselhaften Begleitumstände ihrer Entstehung machen die Erlöserkirche über das

Bauwerk hinaus auch als ein zeitgeschichtliches Dokument zur deutschen Geschichte am Vorabend des Ersten Weltkriegs sehr bemerkenswert.

Abb. 58: Kaiser Wilhelm II. am Eingang zum Museum Villa Sarabodis

An der Eingangstafel zum damals gleichzeitig mit der Erlöserkirche erbauten Museum Villa Sarabodis begegnen wir einem rätselhaften Text, der die vor dem Ersten Weltkrieg gängigen deutschen Geschichtsbilder veranschaulicht. Erbaut sei die Anlage schon im Jahre 8 n. Chr. vom Kaiser Augustus, erfahren wir gleich zu Beginn, und weitere edle Namen folgen …

»Erbaut anno d. VIII. Imp. Augustus. Zerstört 450.
13. Aug. 762. Pipin u. Bertrada. Abtei Prüm.
Karl d. Grosse. Otto d. Grosse. Barbarossa.
1904. Ev. Kirchenbau-Verein Berlin. 1913.
Renov. 13. Sept.1908 Wilhelm II. I.R. 20 Oct. 1911.«

Nachweise zu den hier evozierten Verbindungen der genannten Persönlichkeiten zu den Gerolsteiner Baurelikten liegen bis auf eine Ausnahme nicht vor: Es trifft nur zu, dass der Berliner Evangelische Kirchenbauverein sowie Kaiser Wilhelm II. sich um das Bauprojekt der Erlöserkirche verdient gemacht haben.

Abb. 59: Karl der Große in der Erlöserkirche

Nahezu 1100 Jahre nach dem Tod Karls des Großen am 28. Januar 814 in Aachen, fand sein Antlitz in Gerolstein seine Heimat.

Von den Gerolsteinern jene Zeit wurde der heute kunsthistorisch interessante Bau nicht besonders geschätzt. Insgesamt sei »die ‚Erlöserkirche' in der Eifel ein ‚Fremdkörper'« gewesen, schrieb der evangelische Pfarrer von Gerolstein Hans-Martin Stüber im Jahre 1993. Heute möchte ihn dagegen »aber niemand in Gerolstein mehr missen«. Längst seien »die empörten Stimmen der rheinischen (Zentrums-)Presse verstummt, die sich seinerzeit über diese Prachtentfaltung und Geldausgabe empörten und meinten, dieses Geld hätte man besser für soziale Zwecke ausgegeben«.[154] Für die kleine evangelische Diasporagemeinde, damals noch von den Kosten für die Erbauung ihres Pfarrhauses und Gebetssaales aus dem Jahre 1893 belastet, seien die zusätzlichen finanziellen Belastungen, die allein der Unterhalt der Erlöserkirche mit sich brachte, untragbar gewesen. So wurde am 27. Juni 1914 die Erlöserkirche feierlich dem Kaiser »geschenkt«, der sie formell der Gerolsteiner evangelischen Gemeinde »zur Verfügung« stellte und alle finanziellen Verpflichtungen auf sich nahm.

Bald danach war jedoch die Blütezeit im Leben des unglückseligen Kaiser Wilhelms II. vorbei. Schon ein paar Wochen nach der Einweihung der Erlöserkirche erklärte Deutschland seinen beiden benachbarten Staaten Russland (am 1. August 1914) und Frankreich (am 3. August 1914) den Krieg. Am 2. August 1914 marschierten die deutschen Truppen in Luxemburg sowie am 3. August 1914 in Belgien ein, und am 5. August 1914 erklärte deshalb Großbritannien Deutschland den Krieg. Anschließend, am 6. August 1914, richtete Kaiser Wilhelm II. einen Aufruf an das deutsche Volk: »Um Sein oder Nichtsein unseres Reiches handelt es sich, das unsere Väter sich neu gründeten. Um Sein oder Nichtsein deutscher Macht und deutschen Wesens.« Manch einer der ihm zujubelnden Deutschen stellte sich wahrscheinlich vor, dass es um die Ehre »deutscher« Menschen von den Franken bis zum wilhelminischen Reich ging.

Vier Jahre später, als der Erste Weltkrieg endete, konstituierte sich in Deutschland eine parlamentarisch-demokratische Republik, und der Kaiser begab sich ins Exil nach Doorn im Königreich der Niederlande, wo er 1941 starb. Zehn Jahre später, im Jahre 1951, »schenkte« dann »das Haus Hohenzollern« die Erlöserkirche der Evangelischen Kirche in Rheinland mit der »Verpflichtung zur Instandsetzung und Unterhaltung« der Kirche.[155] Seitdem wird sie gut gepflegt, und in Gerolstein ist der Anteil der Einwohner evangelischer Konfession auf rund 10 % gestiegen; im Jahre 2021 lebten sie hier neben rund 65 % der Einwohner katholischer Konfession und rund einem Viertel derjenigen, die entweder einer anderen Religion angehören oder konfessionslos sind. Von vielen Besuchern wird die Erlöserkirche nach wie vor insbesondere wegen ihrer großartigen, aus 24 Millionen glitzernden Steinchen bestehenden Mosaiken bewundert, zumal man dort auch das Museum Villa Sarabodis sowie alte römische Ruinen kennenlernen kann, über die in diesem Buch schon erzählt wurde (vgl. Zwischen Kelten und Römern).

Auf dem Weg zum zerstörten Gerolstein im 20. Jahrhundert

Ella: Überall höre ich, dass Gerolstein am Ende des Zweiten Weltkriegs zerbombt wurde. Leben wir also nach den Stadtzerstörungen von 1691 und 1944/45 in einem »dritten« Gerolstein?

Oma: Nein, derartige Ereignisse pflegen das Antlitz der betroffenen Städte gravierend zu verändern, aber neu wurde Gerolstein nach Zweiten Weltkrieg nicht erbaut. Es wurde wiederaufgebaut. Bei den Bombardierungen von 1944/45 sind viele Menschen ums Leben gekommen, aber viele haben auch überlebt. Als sie Gerolstein wiederaufbauten, hielten sie sich an die ihnen bekannten Umrisse ihrer Stadt. Wie Du schon selbst gesehen hast, kann man heute immer noch viele Spuren der früheren Zeiten finden.

Und das gilt auch für andere Städte. Die Erfahrungen der Gerolsteiner waren weder im Jahre 1691 noch 1944/45 einmalig. Im ersten Falle wurden viele Burgen und Städte in der großen Umgebung von Gerolstein zerstört, wie ich Dir erzählte, und im Jahre 1945 lagen unzählige Städte im gesamten Europa in Ruinen. Bombardiert wurden damals nicht zuletzt auch Deine beiden anderen Lieblingsstädte London und Prag. Im Jahre 1945 ging ein schrecklicher Krieg zu Ende, der auch Gerolstein schwer getroffen hat.

Ella: Und wie soll ich mir die damalige Zerstörung von Gerolstein vorstellen?

Oma: Wenn man die Überlebenden von damals fragt, erzählen sie meist von der Zerstörung der ganzen Stadt. Nach den Recherchen der Historiker sah die Bilanz so aus:

> »Die Stadt Gerolstein hatte viele Opfer zu beklagen: 142 Zivilpersonen, die bei den Luftangriffen getötet wurden, dazu viele Verletzte, 158 Wehrmachtsangehörige, die vermißt sind; alle die sich noch jahrelang in Gefangenschaft befanden und Kriegsverletzte (Kriegsbeschädigte). Etwa 70 % der Stadt war zerstört bzw. beschädigt: 176 Gebäude total zerstört, 123 schwer und 344 leicht beschädigt«.[156]

Im Vergleich zu Großstädten wie London oder Prag könnten Dir die absoluten Zahlen hier recht niedrig erscheinen, aber Zerstörungen und Beschädigungen von 70 % einer Stadt waren ungewöhnlich viel. Auf der Website der Stadt Gerolstein kannst Du auch erfahren, dass sie im Jahre 1939, also zu Beginn des Zweiten Weltkriegs, 3 042 Einwohner gehabt haben soll, und an dessen Ende sollen sich dort nur 600 Einwohner befunden haben; im Jahre 1946 sollen es 2 633 Einwohner gewesen sein.[157]

Der Krieg hat die Lebensverhältnisse nahezu aller Europäer zerrüttet, und danach fanden Millionen nur allmählich zu ihren Familien, ihrer Heimat und gewohnten Lebensweisen zurück. In Gerolstein wurden Männer meist zum Militär eingezogen. Viele überlebten den Krieg nicht, und viele blieben noch jahrelang in Kriegsgefangenschaft. Viele Frauen, Kinder und ältere Menschen wurden im Jahre 1944 evakuiert, um sie vor den letzten Kriegshandlungen zu schützen. Jene Bombardierungen erlebte nur ein relativ kleiner Teil der Gerolsteiner, und in den Ruinen konnten sie den Schaden nicht so ohne weiteres einschätzen. Deshalb hieß es nach manchen Zeugenaussagen, dass die Stadt zu 70 % zerstört wurde, manchmal hieß es 80 %, manchmal erzählte man sich, dass 90 % der

Abb. 60: Gerolstein im Jahre 1908
Abb. 61: Gerolstein im Jahre 1920
Abb. 62: Gerolstein in den 1930er Jahren

Stadt davon betroffen wurde. So oder so, für alle Gerolsteiner war es eine sehr schlimme Erfahrung.

Ella: Wieso wurde ein so kleines süßes Städtchen mitten in Bergen und Wäldern überhaupt bombardiert?

Oma: Angesichts dieser Frage musst Du zweierlei bedenken: Erstens kamen im Jahre 1933 in Deutschland die Nationalsozialisten mit dem berüchtigten Adolf Hitler als ihrem Führer an die Macht und stürzten 1939 Europa in den Zweiten Weltkrieg. Zweitens spricht man im Blick auf Gerolstein meist nur von den Bombardierungen zu Weihnachten 1944 und viele Menschen meinen, es sei nur deshalb geschehen, da Gerolstein an einem Eisenbahnknoten lag. In Wirklichkeit veränderte sich das Leben aller Deutschen und damit auch der Gerolsteiner schon seit 1933 grundlegend. Ihre schweren Kriegserfahrungen waren viel länger und viel komplizierter, als Du offensichtlich bisher erfahren hast. Unsere Stadt wurde nicht plötzlich vom blauen Himmel wegen ihrer Eisenbahn zerbombt, und sie war damals schon lange kein idyllisches Städtchen mitten in den Bergen und Wäldern, wie Du denkst.

Ella: Was hat sich also im Jahre 1933 in Deutschland geändert?

Oma: Ab 1933 regierte hier die nationalsozialistische Partei. Sie entstand aus einer schon im 19. Jahrhundert in Österreich entstandenen politischen Bewegung, die vor allem Juden und Marxisten hasste und alle Deutschen aus allerlei Staaten in einem Großdeutschland vereinigen wollte. Nach dem Ersten Weltkrieg verbreitete sich ihre abstruse Hass-Ideologie rasant auch in Deutschland. Hier predigten die Nazis vor allem, dass die Deutschen eine auserwählte Rasse und allen anderen Völkern überlegen seien und deshalb für sich ein ganz neues großes Imperium aufbauen sollten. Hitler erläuterte schon 1925/26 in seiner programmatischen Schrift *Mein Kampf*, dass sich die Deutschen künftig die Welt mit den Engländern aufteilen sollten: Das damals existierende Britische Imperium solle erhalten bleiben und Deutschland würde daneben sein eigenes großes Kolonialimperium im östlichen Europa aufbauen.

Im Jahre 1933 errichteten die Nazis dann im Namen derartiger Weltvorstellungen in Deutschland eine sehr brutale Diktatur, verfolgten ihre Gegner und insbesondere alle Juden und bereiteten den Staat auf den programmatisch avisierten Krieg vor. International haben sie zunächst ihre vermeintliche Friedfertigkeit zur Schau gestellt – bis sie 1939 ihren Krieg begannen. Davon wurden die meisten europäischen Staaten in Mitleidenschaft gezogen, und so ist es zwischen 1939 und 1945 zu dem bisher folgenschwersten europäischen Krieg gekommen.

Ella: Und so ist es also auch Weihnachten 1944 zu den amerikanischen Bombardierungen in Gerolstein gekommen?

Oma: Ja, aber die Bombenflugzeuge sind am Himmel von Gerolstein keineswegs erst zu Weihnachten des Jahres 1944 erschienen. »Bomberverbände gehörten zu Beginn des Jahres 1944 zum Alltagsbild am Horizont über der Vulkaneifel«[158] schrieb Nico Sastges; die erste Bombardierung der von Gerolstein 20 km entfernten Stadt Daun erfolgte am 19. Juli 1944. Bald danach, am 21. September 1944, erlebte Gerolstein seine erste große Bombardierung, und in Hillesheim fielen die ersten Bomben am 29. September 1944. Das war aber nicht das einzige Unglück, das hier damals vom Himmel fiel. Am 4. November 1944 etwa explodierte in der heute zu Gerolstein gehörenden Gemeinde Gees eine fehlgestartete deutsche Rakete; dabei verloren 13 Geeser ihr Leben. In der Eifel war schon im ganzen Jahr 1944 besonders viel los.

Am Ende des Krieges war auch hier sehr viel zerstört. Der Historiker Walter Ewertz fasste es sogar in folgenden Worten zusammen:

> »Die Zerstörung und Schäden durch die Auswirkungen der Kämpfe ab September 1944, und vor allem in den ersten Monaten des Jahres 1945, waren katastrophal. Die Regionen beiderseits der Grenze zwischen Aachen und Trier, also vom Hürtgenwald bis zur Sauermündung, hatten die schlimmsten Schäden aller ländlichen Gebiete in Deutschland, aber auch in Ost-Belgien und Nord-Luxemburg erlitten.«[159]

Dass Gerolstein damals zerstört wurde, war eine der Folgen des Krieges für eine ganze Region.

Ella: Was hat sich denn in dieser Region so Besonderes abgespielt?

Oma: Der Krieg tobte zu jener Zeit über große Teile Europas, aber die schwersten Erfahrungen der Gerolsteiner gehen auf die Zeit zwischen zwei wichtigen Tagen zurück: zwischen dem 6. Juni 1944, als die Alliierten Armeen in der Normandie landeten, und dem 6. März 1945, als vormittags noch deutsche Soldaten die Kyll-Brücken sprengten, ganz kurz bevor die US-Truppen Gerolstein befreiten. Um zu verstehen, was sich in dieser Zeit bei uns abgespielt hat, musst Du Dir drei Begriffe merken: *Eifelschreck*, *Westwall* und *Ardennenoffensive*.

***

Ella: Das werde ich mir nur merken können, wenn ich weiß, was sie bedeuten. Also: Was heißt »Eifelschreck«?

Oma: So bezeichnete man volkstümlich die deutschen V-1 und V-2 Raketen. Ihr Name wurde von dem Wort »Vergeltungswaffe« abgeleitet. Die Nazis haben sie als vermeintliche Wunderwaffen präsentiert, mit deren Hilfe sie den Krieg zu gewinnen versprachen. Heute werden derartige Waffen als Marschflugkörper (oder englisch *cruise missiles*) bezeichnet und gehören zum gängigen Waffenarsenal. Damals waren sie aber neu. Im Unterschied zum damals üblichen Abwerfen von Bomben aus von Piloten gesteuerten Flugzeugen konnten die V-1 und V-2 Raketen ferngesteuert mit sehr großer Geschwindigkeit sehr lange Strecken zurücklegen, um ausgewählte Ziele zu zerstören.[160]

In den USA und Großbritannien kannte man solche Waffen noch nicht. Dementsprechend verbreiteten sie große Angst. Dort nannte man sie *flying bombs*, und in London erinnert bis heute eine Gedenkplakette an den ersten Anschlag: Unmittelbar nach der Normandie-Landung der alliierten Streitkräfte wurde am 13. Juni 1944 die erste V-1 Rakete und am 7. September 1944 die erste noch zerstörerischere V-2 Rakete abgefeuert. Bis Ende März 1945 wurden derartige Raketen mit Zielen in England, Belgien und Frankreich, aber vor allem in die beiden Städte London und Antwerpen abgefeuert und sollen allein in London nahezu 9 000 Menschen getötet, über 100 000 Häuser zerstört und unzählige weitere beschädigt haben.

Abb. 63: Die Londoner Gedenktafel zur Erinnerung an den ersten dort erschienenen »Eifelschreck«

Ella: Das ist doch sehr, sehr viel, in ganz Gerolstein lebten doch wohl nie so viele Menschen und standen nie so viele Häuser …

Oma: Das stimmt, aber allein in der Eifel sollen zwischen Oktober 1944 und Februar 1945 über 5 000 jener neuartigen Raketen aus rund 15 Stellungen abgeschossen worden sein. Für die Eifler brachte dies zwei große Probleme mit sich. Erstens versuchten die alliierten Armeen fieberhaft, die streng geheimen Abschussrampen dieser Raketen lahmzulegen, wodurch die Eifel in den besonderen Fokus ihrer Bomber geriet. Das zweite Problem für die Eifler ergab sich daraus, dass etwa jede fünfte der »Wunderraketen« schon rasch nach ihrem Abschuss hier in der Eifel wie in Gees kollabierte und explodierte, und das hat ihnen den volkstümlichen Namen »Eifelschreck« erbracht.

Ella: Also das, was man in London *»flying bombs«* nannte, wurde hier »Eifelschreck« genannt – das kann ich mir gut merken.

Oma: Und was dieser Eifelschreck beispielsweise in London angerichtet hat, könntest Du Dir auch gut merken. Denn dort, wo dreißig Jahre später Dein Papa aufgewachsen war und zur Schule ging, im Zentrum des Londoner Stadtviertels Lewisham, landeten am 28. Juli 1944 solche Raketen: Abgesehen von massiven Zerstörungen an Gebäuden im Umkreis von 600 m haben sie 59 Menschen ums Leben gebracht sowie 124 sehr ernsthaft verletzt.[161]

Ella: Das konnten die Eifler damals wohl kaum gewusst haben, aber auch sie müssen in großer Angst gelebt haben, sonst hätten sie diese teuflische Erfindung nicht Eifelschreck benannt ...

Oma: In der benachbarten Stadt Hillesheim erinnerte sich ein Zeitzeuge an die Entstehung der Bezeichnung jener Raketen als Eifelschreck so:

> »An mehreren Stellen der Eifel befanden sich, meist in Tunneln versteckt, ihre Abschussrampen. Diese heimtückische Waffe, die den Feind treffen sollte, wurde oft zum gefährlichen Bumerang. Tag und Nacht dröhnten sie über die Dörfer hinweg, um plötzlich auszusetzen, die Richtung zu ändern und im eigenen Land zu krepieren. Zahlreiche V-1 gingen in den Feldern von Hillesheim nieder.«[162]

Dort wurde sogar noch im Jahre 2009 eine nicht explodierte V-1 Rakete gefunden. In Gerolstein erinnerte man sich ähnlich:

> »Großer Schrecken wurde den Menschen durch die V-1 eingejagt. Mit unheimlichem Getöse kamen diese Geschosse aus südöstlicher Richtung und gerieten beim Überfliegen des Tales oft in große Schwankungen. Einmal drehte sich eine, kam zurück und schlug im Gebiet der Dietzenley ein. Auch an der Hustenley ging eine nieder.«

Der damals 14-jährige Junge Albert Deiß aus Nordhessen wurde im Herbst 1944 in den heute zu Gerolstein gehörenden Ort Lissingen zum Bau von Verteidigungsanlagen zwangsverpflichtet: »Die Front hatte sich westlich von Gerolstein (22 km) und Prüm (4 km) gefestigt. Für die weitere Verteidigung hieß es nun Stellungen bauen entlang der Flüsschen Prüm und Kyll.« Als er im Jahre 2020 seine Erfahrungen ausführlich beschrieb, erinnerte er auch an die V-1 Raketen:

> »Ende Oktober 1944 erlebten wir die deutsche ›Wunderwaffe‹, einige wenige Marschflugkörper V1 pro Tag, die über unsere Köpfe in Richtung Belgien und England flogen. Manche stürzten schon in Sichtweite von uns ab. Dabei explodierte nur deren Triebsatz. Die Höchstzahl, die wir einmal an einem Tag zählten, waren 32 V1, davon stürzten 16 ab (unsere Zählung). Wahrscheinlich zum Teil auch durch Abschuss der in ca. 24 km und weiter liegenden Amerikaner.«[163]

Deswegen erlebten damals auch viele Gerolsteiner, wie der Krieg hier immer gefährlicher wurde, als der Eifelschreck im Herbst 1944 nicht nur in London oder in Antwerpen, sondern auch von ihrem Himmel zu fallen begann.

Ella: Und warum sollte ich mir den Begriff Westwall merken?

Oma: Vor dem Krieg erzählten die Nazis, dass sie friedliebend seien, aber versuchten gleichzeitig, Deutschland im Westen hinter einer gigantischen militärischen Befestigungsanlage zu verbarrikadieren. So wurde entlang der deutschen Westgrenze zwischen der niederländischen Grenze im Norden und der Schweizer Grenze im Süden ein 630 km langes militärisches Verteidigungssystem errichtet, das unter der Bezeichnung Westwall bekannt war. Es bestand aus rund 18 000 Bunkern, Stollen sowie zahllosen Gräben und Landstreifen mit sogenannten Drachenzähnen; letztere waren versetzt gesetzte höcker- oder zahnförmige Betonsockel, die den Panzern den Weg sperren sollten. Eine derartig gigantische Anlage wurde in den

Jahren zwischen 1936 und 1940 unter Einsatz von bis zu 500 000 Menschen erbaut und in der NS-Propaganda oft mit dem römischen Limes verglichen.[164] Wenn Du Dir eine genauere Vorstellung über den Westwall machen möchtest, besuche im etwa 50 km von Gerolstein entfernten Irrel das Westwallmuseum »Panzerwerk Panzerkopf«, es befindet sich in einem jener damaligen mehrstöckigen unterirdischen Bunker.

Ella: Verlief dieser Westwall direkt durch Gerolstein?

Oma: Nein, aber ganz in der Nähe. Von einem so monumentalen Bauprojekt wurden dennoch ganze Gegenden in Mitleidenschaft gezogen. Unsere Stadt gehörte nicht zu den unmittelbar betroffenen Orten in dem entlang des Westwalls gelegenen 10 km breiten Landstreifen, der sogenannten Roten Linie. Aber sie lag im dessen nächstgelegenem Hinterland und war somit vom Westwall-Geschehen auch betroffen. Darüber hinaus gehörte Gerolstein aber auch zu der dem Westwall vorgelagerten Luftschutzzone West (LVZ West). Sie bestand aus einem parallel zum Westwall mit einem Abstand von 20 bis 40 km verlaufenden Landstrich, in dem betonierte Stellungen der leichten und schweren Flak errichtet wurden. Dabei handelte es sich um Mannschafts- und Munitionsbunker sowie betonierte Geschützstände mit eigener Wasserversorgung, die meist auf exponierten Bergkuppen lagen. Derartige befestigte Anlagen wurden auch in Gerolstein sowie dessen unmittelbarer Umgebung errichtet, etwa in Hillesheim, Dockweiler, Oberstadtfeld oder Birresborn.

Ella: All dies diente immerhin nur zur Verteidigung von Deutschland, wenn ich Dich richtig verstehe ...

Oma: So haben es die Nazis öffentlich erzählt. Heute wissen wir jedoch, was damals schon viele Europäer richtig ahnten: dass der Krieg von den Nazis schon lange zuvor geplant und heimlich vorbereitet wurde. Verteidigungsanlagen haben nach dem Ersten Weltkrieg viele Staaten in Europa gebaut, aber niemand tat es in einer derartig rasanten und gigantischen Intensität und in Begleitung einer derartig kämpferischen und hassschürenden Rhetorik wie die Nazis. Schließlich überfielen auch keine Staaten Deutschland, sondern das Deutsche Reich überfiel und besetzte einen Staat nach dem anderen.

Ella: Dazu haben die Nazis jedoch den Westwall weder gebraucht noch nutzen können, oder?

Oma: Als Deutschland die Staaten entlang des Westwalls (Niederlanden, Belgien, Luxemburg und Frankreich) besetzte, schien es so. Aber in den letzten Kriegsmonaten wurde der Westwall reaktiviert und erweitert, und er wurde zum großen Problem für die alliierten Truppen, als sie das NS-Regime besiegen wollten.

Ella: Und was hatte mit all dem die Gerolsteiner Zivilbevölkerung zu tun gehabt?

Oma: Sehr viel. Schon vor dem Krieg strömten Hunderttausende von Arbeitern in die Eifel, um den Westwall aufzubauen, von denen sich Hunderte allein in Gerolstein aufhielten. Sie mussten bei der hiesigen Bevölkerung einquartiert und versorgt werden, und »der Großeinsatz von Lastwagen brachte auch einen starken Verschleiß von Straßen und Wegen mit sich«. Darüber hinaus wurden allein auf der Gemarkung Gerolstein fünf Wehrmachtsbunker errichtet und zu Kriegsbeginn »etwa 2 500 Soldaten, darunter das Kommando der 3. Armee sowie ein Armeeverpflegungslager und eine Frontsammelstelle« untergebracht. All dies brachte Probleme mit sich, bald gab es »die ersten größeren Diebstähle und Schlägereien, uneheliche Kinder u. dgl. mehr«.[165] Als die Wehrmacht einrückte, »hielten sich in Gerolstein fast mehr Fremde als Einheimische auf«, stellte Karl-Heinz Böffgen fest, und ab dem Sommer 1944 seien auch hier die Bauarbeiten zur Erweiterung des Westwalls wiederaufgenommen worden: Allein in Gerolstein sollen damals am linken Kyllufer 4 km Panzergräben, 12 km Laufgräben, 130 Einmannlöcher und 0,5 km Drahthindernisse sowie 5 Wehrmachtsbunker errichtet worden sein.[166]

Ella: Dazu brauchte man wohl wieder viele Arbeiter, obwohl die meisten Männer doch in der Wehrmacht kämpfen mussten, oder?

Oma: Richtig, diesmal setzte man dazu viele Zwangsarbeiter ein, wie beispielsweise den schon erwähnten 14-jährigen Albert Deiß aus Nordhessen. Er wurde 1944 mit 200 anderen Jungen aus seiner Heimat nach Gerolstein »abkommandiert«, wie es damals hieß, und in der Schule in Lissingen untergebracht: »Statt Betten gab es Strohlager. Gewaschen wurde sich mit freiem Oberkörper an dem vorbeifließenden Flüsschen Kyll bei +15°, später bis −20°/−25°! Nach Planung der Wehrmacht war es unsere Aufgabe, den Bau von Grabenstellungen um Gerolstein in 21 km Entfernung zur Front auszuführen.« Zum Essen gab es nicht viel: »Die Verpflegung wurde bald immer miserabler: nur noch ein Kommissbrot für acht Jungen, ½ Pfund Butter geteilt durch achtzehn, ‚Blut-Grießwurst' und mal etwas andere Wurst. In der Mittagssuppe (20 Liter) war gerade mal eine große Kelle gewürfeltes Fleisch.« Erst im Dezember 1944, als die Ardennenoffensive begann, wurden diese Jungen »aus der Gefahrenzone abgezogen« und konnten nach Hause zurückkehren.

Und sie mussten nicht nur schwer arbeiten, sondern wurden auch sehr hart behandelt: Als ein Junge nach Hause zu flüchten versuchte, musste er »bitter büßen, dies galt nämlich als Befehlsverweigerung«. Er wurde zurückgeholt, die erste Nacht unter die Eingangstreppe der Schule eingesperrt, am nächsten Abend im Schulsaal vorgeführt und gedemütigt, 14 Tage musste er hinter einem Lattengitter separat schlafen und ebenso lange ein Schild mit der Aufschrift: »Ich bin der Ausreißer der Gefolgschaft 2/II« tragen und in einem Abstand vor der Kolonne durch die Orte marschieren. Diese Kinder durften nach mehreren Wochen nach Hause zurückkehren, aber ausländische Zwangsarbeiter nicht.

Ella: Wieso? Lebten hier damals etwa auch Ausländer? Ich dachte, dass die Nazis keine Ausländer mochten ...

Oma: Das stimmt, aber sie beuteten Ausländer als Arbeitskräfte aus. Als sich im Dezember 1944 die Kriegsfront näherte, hielten sich in Gerolstein viele unfreiwillige »Arbeitskräfte« auf, die den einheimischen damals »helfen« sollten. Sie stammten aus unterschiedlichen Ländern und wurden hier meist als Kriegsgefangene, verurteilte Häftlinge oder Zwangsarbeiter in unterschiedlichen Unterkünften in schweren Bedingungen festgehalten, oft ohne sich gegen Kriegsgefahren schützen zu können. Deshalb waren unter den Opfern der Bombardierungen keineswegs nur Gerolsteiner. Über die Schicksale der Ausländer wissen wir noch wenig, z. B. über jene Amerikaner, die als Kriegsgefangene während der Bombardierungen »Gräber für die Toten schaufeln« mussten, wie uns Karl-Heinz Böffgen erinnerte: »Bis zum Tode erschöpft, kamen sie bei ihrer Arbeit nur mühsam voran. Viele sanken von Elend nieder. Sie wurden zum Forstamt gebracht, wo ein Lazarett notdürftig für sie eingerichtet war. Hier starben viele.«[167] Die Gerolsteiner Malerin Gertrud Becker (1922–2020) erzählte später sogar über eine Gerolsteiner »internationale Gemeinde«: Allein zu ihrem Freundeskreis zählten amerikanische und französische Kriegsgefangene ebenso wie zur Arbeit zwangsverpflichtete Belgier, Franzosen, Luxemburger, Polen und Russen, die sich alle dem tragischen Geschehen am Kriegsende in Gerolstein nicht entziehen konnten.[168]

Ella: All das hört sich wirklich nicht wie Geschichten aus einem kleinen süßen Städtchen mitten in den Bergen und Wäldern an, aber auch nicht wie die Geschichten von kämpfenden Frontsoldaten, die ich aus dem Kino kenne. Und was heißt nun Dein dritter Begriff, den ich mir merken soll: die *Ardennenoffensive*?

Oma: Seit dem Sommer 1944 plagte die Gerolsteiner nicht nur der Eifelschreck und der Westwall-Rummel, unserer Gegend kam auch eine wichtige Rolle in den letzten Kriegsoperationen zu. Die Eisenbahn wurde für den Transport von deutschen Truppen, Waffen, Munition und sonstigem Kampfmaterial genutzt, und das war ein weiterer Grund, warum sie in den Fokus der alliierten Luftkriegsführung geriet. Am »21. September 1944 fielen die ersten Bombenteppiche auf Gerolstein«, erinnerte sich der Dechant Alois Molter.

Zu jener Zeit seien zahlreiche Frauen mit Kindern in Gebiete rechts des Rheins evakuiert worden, und im Herbst sei die Lage immer dramatischer geworden: »Auch wurden Schützengräber gezogen und Panzersperren errichtet«, erzählte Dechant Molter, bis dann noch einmal etwas Neues hinzukam: »Unaufhörlich ging der Strom der Volksarmee zur Westfront«. Damit meinte er die Einheiten des sogenannten Volkssturms, in denen alle in der Armee noch nicht dienenden Männer im Alter von 16 bis 60 Jahren in die letzten Kämpfe der Nazis eingebunden wurden. Meist waren es Jugendliche und gebrechliche alte Männer, die nun auch durch Gerolstein zur Westfront transportiert wurden. Zugleich wurden hier auch reguläre Armeetruppen und ihre Bewaffnung in Vorbereitung der letzten Offensive des NS-Regimes transportiert, bis am 16. Dezember 1944 dann »morgens um 5 Uhr unaufhörlicher Kanonendonner von der Front her zu hören« gewesen sei. Die Offensive habe begonnen.[169]

Ella: War das die Ardennenoffensive?

Oma: Ganz genau. Das war ein groß angelegter Angriff der Wehrmacht gegen die im Westen vorrückenden alliierten Streitkräfte. Gerolstein lag in der unmittelbaren Nachbarschaft dieses Kampfgebiets und wurde daher in vieler Hinsicht direkt miteinbezogen, nicht nur für den Transport, sondern z. B. auch zur Fürsorge für die verwundeten Soldaten. Das Krankenhaus, Volksschule, Kindergarten, Kinosaal und Hotel zur Post seien in Lazarette umgewandelt und viele Verwunderte eingeliefert worden, erinnerte sich Dechant Molter. Frau Becker berichtete auch darüber, wie nach dem Beginn der Ardennenoffensive am 16. Dezember 1944 die Bombardierungen an Intensität zunahmen.[170]

Den Amerikanern blieb »der nächtliche Aufmarsch der Wehrmacht für die Ardennen-Offensive bis zum Beginn am 16. Dezember 1944 wochenlang unbemerkt«, wissen wir heute, und schlechtes Wetter verhinderte noch »nach dem Beginn des deutschen Vormarsches den Einsatz der alliierten Luftflotten«. Erst acht Tage nach dem Beginn der Ardennenoffensive habe sich »das winterliche Wetter soweit aufgeklärt, daß Luftangriffe nach terrestrischer Navigation (auf Sicht) geflogen werden konnten.«[171] Das war der 24. Dezember 1944, an den sich die Gerolsteiner bis heute mit Schrecken erinnern, wie ich Dir noch erzählen werde.

Ella: Aber im Dezember 1944 war Deutschland doch schon nahezu geschlagen, eingekesselt seit der Normandie-Landung der Amerikaner und Engländer vom Westen her und von der Roten Armee im Osten, wie ich es gelernt habe ...

Oma: Das stimmt, aber die letzten Kämpfe des Krieges waren doch noch sehr schwer. Es war weder an der Ostfront noch an der Westfront leicht, das NS-Regime zu besiegen. Im Westen lag die Last vor allem auf den amerikanischen und britischen Armeen, und sie wussten schon im Voraus, dass die Überwindung des Westwalls nicht leicht sein werde. Der Versuch, den Westwall zu umgehen und zwischen dem 17. und dem 27. September 1944 bei Arnheim den Rhein zu überqueren, gelang leider nicht. Auch die folgenden Monate brachten für die US-Armee weitere sehr schwere Erfahrungen. »Im Herbst 1944 tobte in der Eifel eine der grausamsten Schlachten des Zweiten Weltkriegs«, erinnerte uns im Jahre 2019 die Zeitung *Frankfurter Rundschau* an die »Schlacht am Hürtgenwald«. In diesem Waldgebiet der Nordeifel südlich von Aachen versuchte die US-Armee, monatelang unter schweren Opfern ein relativ kleines Gebiet einzunehmen. In den Augen vieler Amerikaner soll es die verlustreichste Schlacht in der Geschichte der United States Army überhaupt gewesen sein.

Ella: Wie bitte, ich dachte, dass die Amerikaner ihre Schlachten und Kriege immer mit großer Überlegenheit gewinnen?

Oma: Diese Idee hast Du wohl auch aus dem Kino. Denk nur an die großen verlorenen amerikanischen Kriege etwa in Vietnam oder Afghanistan. Erfolglos bemühten sich die USA mittels militärischer Interventionen auch schon, die kommunistischen Regime 1920 in Russland oder 1962 in Kuba zu stürzen, und sie scheiterten weitgehend auch 1950–1953 in Nord-Korea ebenso wie 1980 im Iran, als sie ihre dort in Geiselhaft genommenen Gefangenen zu befreien versuchten. Die amerikanischen Militäroperationen sind manchmal erfolgreich und manchmal nicht, so wie es in der Geschichte aller Kriege immer der Fall ist. Nur im Zweiten Weltkrieg, als die Nazis ihre abstrusen Ziele mit extrem brutaler Gewalt durchzusetzen versuchten, kämpften so viele Europäer gemeinsam mit den Amerikanern gegen sie, dass sie früher oder später siegen mussten.

Ella: Aber in dem schon massiv zerbombten und teilweise im Osten schon besetzten Deutschland muss doch die Wehrmacht nur noch mit den letzten Kräften gekämpft haben ...

Oma: Das stimmt, und manche deutschen Generäle sollen die Lage auch so gesehen haben. Aber die Ardennenoffensive war Hitlers persönliches Lieblingsprojekt. Er hat sie seit September 1944 mit Hilfe eines nur kleinen Kreises seiner Vertrauten vorbereitet. Sein Ziel war es, vom Westwall her bis zum Hafen von Antwerpen vorzudringen, dem wichtigsten Hafen für die Versorgung der alliierten Armeen auf ihrem Vormarsch nach Deutschland. Er hoffte dabei auch, die Wehrmacht als einen Keil zwischen Amerikanern und Briten zu positionieren, um sie auseinanderzutreiben. So begann diese für die Alliierten überraschende Offensive am 16. Dezember 1944 und dauerte bis zum 28. Januar 1945, als sie mit dem letzten deutschen Rückzug hinter den Westwall endete.

Ella: Die Stadt Antwerpen liegt doch in Belgien. Jetzt verstehe ich, warum es Ardennen- und nicht Eifeloffensive heißt und keineswegs als »Verteidigungskrieg« bezeichnet werden kann ...

Oma: Richtig, im Winter 1944 griffen drei deutsche Armeen im Osten und Nordosten von Belgien sowie in Teilen Luxemburgs die US-Einheiten an. Für die Alliierten brachte der unerwartete deutsche Vorstoß sehr schwere Kämpfe. Zu eben jener Zeit erlebte auch Gerolstein sowie andere Eifler Städte den Höhepunkt der Bombardierungen, ähnlich wie auch zahlreiche belgische Gemeinden und Städte auf der anderen Seite der deutsch-belgischen Grenze damals von Bomben, Kämpfen und Massakern teilweise oder völlig zerstört wurden.

So legten beispielsweise an den beiden Weihnachtstagen 1944 die alliierten Bomberverbände die belgische Stadt St. Vith in Schutt und Asche, wobei 153 Einwohner und über 1 000 Soldaten starben und fast 600 Gebäude (über 90 % des Bestandes) zerstört oder schwer beschädigt wurden. Zu derselben Zeit wurde auch Houffalize bombardiert, völlig zerstört und 189 Zivilisten verloren dabei ihr Leben. Das Denkmal in Bastogne auf dem Mardasson-Hügel erinnert an Zerstörungen durch damalige Belagerung und Kämpfe ebenso wie an 76 890 amerikanische Soldaten, die bei der Ardennenoffensive verwundet, getötet oder vermisst worden seien. In La Roche-en-Ardennes wurde ein großer Teil der Burganlage und des Städtchens durch alliiertes Bombardement zerstört. In Stavelot wurden von Angehörigen einer SS-Division 174 Zivilisten ermordet, in Malmedy 82 kriegsgefangene US-amerikanische Soldaten erschossen, und in Wereth erinnert ein kleines Denkmal an elf afroamerikanische Soldaten der US-Army, die dort mit kaum vorstellbarer Grausamkeit ermordet wurden.

Wir wissen auch, dass die damals von Bombardierungen betroffenen Menschen überall sehr entsetzt waren; selbst der US-General George S. Patton Jr. soll sich im zerstörten Städtchen Houffalize in

Anlehnung an das berühmte amerikanische Weihnachtslied *O Little Town of Bethlehem* folgende, von mir ins Deutsche übertragene Verse notiert haben:

»O kleines Städtchen Houffalize
wie still du vor uns liegst;
Hoch über zerschlagenen Gassen
manch Kampfflugzeug nun fliegt.
Doch in den dunklen Sträßchen,
kein gottverdammtes Licht;
All' Hoffnung vieler Jahre
Über Nacht wurde sie zersprengt.«

Ella: Welches Denkmal erinnert in Gerolstein an jene Ereignisse?

Oma: Am bekanntesten ist der Gedenkstein auf dem Kasselburger Weg 19, der an ein besonders schlimmes Ereignis erinnert. Am 2. Januar 1945 suchten 52 Menschen in einem Stollen Schutz vor den Bombardierungen, sechs von ihnen sollen russische Zwangsarbeiter gewesen sein. Doch wurden sie dort durch den Einschlag einer Bombe auf den Eingang so eingeschlossen, dass kein Fluchtweg vorhanden war. Der einzige Überlebende, der damals 25-jährige Josef Weber, beschrieb das »Unglück« später dramatischer, als es der Gedenkstein andeutet:

> »Die Bombe verschüttete nicht nur den Eingang, sondern der Luftdruck richtete auch auf den ersten acht Metern des Stollens Schäden an. Da die Erdschicht über diesen ersten Metern entsprechend gering war, fielen hier Erdklumpen von oben herab, und die Stollenbretter stürzten zusammen. [...] Es dauerte nicht lange, bis uns klar wurde: wir waren völlig abgeschnitten von der Außenwelt – wir waren verschüttet!«

Am Ende erfuhr der aus der Ohnmacht erwachte und schwer verletzte Josef Weber Folgendes: »Von den 52 Personen – darunter einige Russen – waren sieben lebend aus dem Stollen herausgekommen; sie starben einer nach dem anderen. Als Fräulein Pauls (vom Sprudel) nach drei Wochen starb, war ich der einzig überlebende.«[172]

Ella: Das muss ja furchtbar gewesen sein ...

Oma: Ja, deshalb haben sich die Bombardierungen im Gedächtnis der Gerolsteiner sehr tief eingeschrieben, obwohl hier keine großen öffentlichen Denkmäler erbaut wurden. Die Geschichte dieser zweiten Zerstörung von Gerolstein ist weitgehend nur durch persönliche Erzählungen bekannt. Viele Zeitzeugen hinterließen ihre Erinnerungen an ihre persönlichen Erfahrungen, aber sie konnten die historischen Ursachen der erlebten Schrecken nicht kennen und daher sich auch nicht erklären.

Ella: Jetzt verstehe ich also, warum Gerolstein keineswegs nur wegen seiner Eisenbahn bombardiert wurde. Die Bomben können die damaligen Gerolsteiner nicht überrascht haben ...

Oma: Überrascht wohl nicht, dennoch muss es sehr, sehr schlimm gewesen sein, wie etwa aus dem Erzählen von Dechant Molter hervorgeht. Er beschrieb die damaligen Weihnachtstage und fing mit dem 24. Dezember 1944 an:

> »In den frühen Mittagsstunden ging ein großer feindlicher Angriff auf Gerolstein nieder. Es regnete Spreng- und Brandbomben. Getroffen wurden der Kindergarten und die Schule. Viele Soldaten wurden getötet, 26 Pfarrkinder verloren ihr Leben. Feindliche Flieger schossen wahllos in die Stadt. Gerolstein stand lichterloh in Brand. Fahrende Panzer zerschnitten die Schläuche der Feuerwehr. Sie tat, was in ihren Kräften stand, aber sie war machtlos. Am Weihnachtstag selbst regnete es schon um die Mittagsstunden Bomben. Das Leben im Flecken war so gut wie erstorben.«[173]

Doch das Ende des Schreckens war nicht abzusehen. Dechant Molter hielt seine Erfahrungen von Tag zu Tag fest: »Am 27. Dezember ging ein dritter Großangriff über Sarresdorf und die Lindenstraße nieder. [...] Am 29. Dezember furchtbares Bombardement über Obere Markt-, Haupt- und Gerolstraße und Bahnhof«, und seine Liste war lang. Die Zahl der Toten erhöhte sich, und die Erfahrungen der Überlebenden können wir uns heute gar nicht vorstellen.

Ella: Was haben sich wohl die bombardierenden Soldaten dabei gedacht?

Oma: Wahrscheinlich nicht viel, zumindest ihre Berichte wurden »rein sachlich« verfasst, wie es in militärischen Berichten üblich ist. So heißt es etwa in einem Bericht zu den Weihnachtstagen: »12 Explosionen sind im Zielgebiet zu sehen, von denen sich 10 im äußersten Ostteil der Stadt befinden. Kleinformatige Fotos und Rauch von den Angriffen verhindern eine genaue Interpretation. Ungefähr 100 Einschläge sind zu sehen an Gebäuden, in Wäldern und Feldern unmittelbar südlich des Zielgebietes.«[174]

Ella: Wie schrecklich, dass unterschiedliche Menschen eine und dieselbe Situation so unterschiedlich sehen und erleben. Kein Wunder, dass man sich ständig über die Geschichte streitet ...

Oma: Peter Horsch versuchte im Jahre 1949, seine Erfahrungen in einem Brief an einen Freund zusammenfassend zu beschreiben. Seine Familie habe von September 1944 bis Januar 1945 Schutz »in einer Höhle der Burg und später bis März – Einmarsch der Amerikaner – in einem selbstgebauten Erdbunker in der Nähe der Dietzenley« gesucht:

> »Die Bevölkerung war zum größten Teil rechtsrheinisch evakuiert. Etwa ein Drittel der Einwohner blieb in der Heimat und suchte Unterschlupf in selbstgebauten Bunkern, in den Höhlen der Munterley und Hustenley. Unser Dechant blieb mit

> seinen Kaplänen bei seiner Gemeinde und las des Öfteren im Buchenloch und in der Büschkapelle die heilige Messe. Seine Samariterdienste: Brot und Milch für die Kinder und Kranken und auch die anderen zu beschaffen, verdienen besondere Würdigung. Vielen Sterbenden auf Feldern und in Straßengräben konnte er die letzte Wegzehrung [Sterbekommunion] geben, indem sich die ‚Braunen Helden' [Nazis] jenseits des Rheins in Sicherheit flüchteten.«[175]

Zwischen Weihnachten 1944 und dem 6. März 1945, als die Amerikaner Gerolstein befreien konnten, müssen die Überlebenden sehr schwere Wochen von schier unvorstellbarer Not erlebt haben. Angesichts der zerstörten Stadt und völliger Unsicherheit hinsichtlich der Zukunft konnten sie kaum anderes tun als in ihren Verstecken verharren und die bis zum Schluss fortdauernde Zerstörungswut der Nazis beobachten:

> »Am 6. März sahen wir von unserer Höhle aus einen Trupp deutscher Soldaten an den beiden Brücken, der Eisenbahn-Hoch-Brücke (Stahlträgerbrücke) sowie an der in Sandstein-Hauwerk ausgeführten schönen Bogenbrücke über die Kyll hantieren. Gegen 10 Uhr erfolgte die Sprengung; die Stahlbrücke flog in Fetzen in die Luft, die Kyllbrücke stürzte in sich zusammen. Die Soldaten zogen eiligst ab und hierließen bei uns eine große Niedergeschlagenheit.«

Der Arzt Hans Luy beschrieb die letzten Kriegstage aus der Perspektive jener etwa 30 Gerolsteiner, die sie in zwei Höhlen der Munterley, und derjenigen 60–80 Menschen, die sie im Buchenloch verbrachten:

> »Die Amerikaner hatten in den Tagen vorher ab und zu eine leichte Granate in die Randbezirke von Gerolstein geschossen. Am 6.3. wurde um die Mittagszeit das Artilleriefeuer lebhafter. Wir sahen eine Reihe Einschläge in Häuser am Lissinger Weg,

> die aber nur leichtere Schäden an Dächern und Mauern anrichteten. Dann sahen wir die ersten Panzer von Lissingen her langsam, immer wieder Pausen einlegend, anrücken.«[176]

In Gerolstein war damit der Krieg zu Ende. Die Überlebenden konnten sich langsam sammeln, erholen und gemeinsam mit ihren Kindern und Enkeln ihre Stadt wiederaufbauen. In den ersten Jahrzehnten nach dem Krieg blühte Gerolstein auf. Es ist viel größer und für seine Bewohner bequemer als je zuvor geworden. Allmählich wurde es so, wie wir es heute kennen. In die 1949 gegründeten Bundesrepublik Deutschland kehrten Lebensverhältnisse ein, von denen viele Menschen auf der ganzen Welt lange geträumt hatten: Frieden und freiheitlich-demokratische Staatsordnung. Menschen stritten sich nach wie vor über alles Mögliche, aber das öffentliche Leben scheint von einer lebensfrohen Stimmung getragen worden zu sein. Das kannst Du nicht zuletzt aus vielen erhaltenen Fotos entnehmen, und darüber können Dir viele der heutigen Gerolsteiner einschließlich Deines Opas viel erzählen. Dennoch kannst Du auch in der Stadt, die Du heute kennst, allen Zerstörungen zum Trotz viele Spuren ihrer langen wechselvollen Vergangenheit begegnen, wenn Du den alten Steinen zuzuhören gelernt hast.

Abb. 64: Das um die Jahreswende 1944/45 zum zweiten Mal zerstörte Gerolstein etwa drei Jahre später

Im Zentrum von Gerolstein, hier vom heutigen Platz an der Normaluhr aus in Richtung zum heutigen Naturkundemuseum (im Hintergrund rechts der heutigen Hauptstraße) sowie dem Wasserturm am Burgberg sehen wir das Ausmaß der damaligen Zerstörungen. Es dauerte Jahrzehnte, bis die Stadt allmählich zu ihrem heutigen Antlitz fand.

Abb. 65: Die Wiederkehr der Stadtrechte im Jahre 1953

Als im Juni 1953 Gerolstein seine im 19. Jahrhundert verlorenen Stadtrechte wiedererlangte, wurde viel gefeiert – auch das zeigte mit aller Deutlichkeit wieder einmal den langen Atem der Geschichte.

Friedhöfe als Brücken zwischen Vergangenheit und Gegenwart

Den Spuren der Vergangenheit begegnen wir zwar allerorts um uns herum, aber die leiblichen Überreste unserer Vorfahren weilen selten unter uns. Am häufigsten begegnen wir ihnen auf den Friedhöfen, die heute meistens nur von Familienangehörigen der dort ruhenden Toten besucht werden. Dennoch können uns Gräber auch viel über die Geschichte der Menschheit erzählen. Dass Verstorbene begraben werden, gehört zu einer unserer ältesten kulturellen Errungenschaften. Sie verweist erstens auf die Entwicklung des Bewusstseins vom Tod als einem ganz besonderen »Ereignis« im menschlichen Leben und zweitens auf die Fähigkeit zu sozialen Bindungen zwischen Menschen über den Tod hinaus. Das älteste bisher bekannte Grab eines *Homo sapiens* soll in Uganda gefunden worden und ca. 80 000 alt sein. In Deutschland gilt heute eine ca. 8 000 Jahre alte Grabstätte in der Uckermark als die älteste. Archäologen untersuchen alte Gräber und Grabfelder gerne, da sie ihnen wertvolle Informationen über die Lebensweisen und kulturelle Gepflogenheiten vergangener Zeiten bieten.

Zu den berühmtesten alten Grabstätten gehören ägyptische Pyramiden mit ihren aufwendigen Bauten. Sie werden seit Langem als beliebte touristische Attraktion besucht. Manche großen alten Friedhöfe werden auch als feste Bestandteile uralter Städte wie etwa in Kairo oder in Jerusalem besucht. Unweit von Gerolstein gilt das Gräberfeld in Trier mit über 1000 Sarkophagen unter der ehemaligen Abteikirche Sankt Maximin als ein wertvolles Relikt aus der spätantiken und frühchristlichen Zeit. In Aachen liegen bis heute die Gebeine Karls des Großen in dem um das Jahr 1200 aufwendig hergestellten Karlsschrein. In der Londoner Westminster Abbey werden seit Jahrhunderten britische Royals und Zelebritäten begraben, im Prager Veitsdom besuchen Touristen gerne die Grabstätten von tschechischen Königen sowie von vier Kaisern und einer Kaiserin (Kaiser IV., seine erste Ehefrau Blanca Margarete von Valois, Ferdinand I., Maximilian II. und Rudolf II.), aber auch die oben erwähnte Grabstätte des Erzbischofs Johann Moritz Gustav Graf von Manderscheid-Blankenheim liegt dort.

Gerolsteiner Friedhöfe bieten uns keine Begegnungen mit Relikten ähnlich prominenter Toten, geben dafür aber Einblicke in die heutigen Umgangsformen mit den Verstorbenen. So werden wir dort etwa schnell bemerken, dass man zwar auf Friedhöfen häufig Hinweisen auf die »Ewigkeit« begegnet, aber keinen ewig in der Erde ruhenden Toten. Auch Friedhöfe kommen und gehen, und Menschen begraben ihre Toten entsprechend regional unterschiedlichen und mit der Zeit sich wandelnden Gepflogenheiten. Friedhöfe müssen immer wieder verändert, aufgelöst und neue angelegt werden, sonst würde sich die Erde in ein großes Gräberfeld verwandeln.

Die ältesten Gräber von Gerolstein könnte man unter den Überbleibseln aus der Keltenzeit erwarten. Solche Gräber muss man sich als in der Natur kaum erkennbare Hügel vorstellen, die sich meist nur anhand erhaltener Grabbeigaben identifizieren lassen. Sie sind selten zu finden, da sie in Laufe der Zeit meist zum Opfer von Natur, Bauarbeiten und Grabungen geworden sind. In der zu Gerolstein heute zugehörigen Gemeinde Müllenborn führt dennoch ein wunderschöner Waldspaziergang am Buntsandsteinfelsen Lenzerath zu einer als »Keltengrab« markierten Stelle. Von einem Grab ist dort jedoch nichts zu sehen. Im Jahre 1913 wurden dort zwei keltische Grabhügel sowie ein Eisenreif, Ringe und ähnliche weitere kleine Beigaben entdeckt. Die Fundstücke wurden ordnungsgemäß in das Preußische Landesmuseum Berlin verbracht, dort archiviert und sind im Zweiten Weltkrieg verloren gegangen. Deshalb findet sich nur noch jene Grabstelle verzeichnet und belegt, die wir immerhin bis heute in Müllenborn besuchen können.

Angesichts der gallorömischen Baurelikte könnte man in Gerolstein auch Gräber aus jener Zeit erwarten. Dennoch fand sich hier bisher nach Aussagen des Archäologen Peter Henrich außer einigen wenigen ungesicherten Hinweisen aus dem 19. Jahrhundert nichts Derartiges.[177] Das ist umso erstaunlicher, wenn man bedenkt, dass in der etwa 10 km entfernten und heute zur Verbandsgemeinde Gerolstein gehörenden Ortsgemeinde Duppach in den letzten zwei Jahrzehnten unter der Leitung von Peter Henrich Überreste erstaunlich großartiger römischer Grabdenkmäler entdeckt wurden. An der Stelle der heutigen Gerolsteiner Villa Sarabodis seien zwar 15 Skelettgräber dokumentiert, allerdings, ohne dass bisher eine genaue Datierung vorgenommen werden konnte. Nur in einem Fall sollen Hinweise mit einer ungesicherten Datierung zwischen dem späten 5. und dem 7. Jahrhundert vorliegen, also aus der nachrömischen Zeit. Ob Archäologen mit ihren heutigen Methoden auch in Gerolstein noch Neues entdecken werden, wird die Zukunft zeigen.

Aus späteren Jahrhunderten kennen wir in Gerolstein den Alten Friedhof von Sarresdorf (vgl. Abstecher nach Sarresdorf); ein Teil des Geländes soll um die 1000 Jahre alt sein. Vermutlich entstand hier ein Friedhof zusammen mit der ersten dort erbauten Kirche, da die römisch-katholische Kirche über Jahrhunderte für alles Geschehen rund um den Tod zuständig war. Das Wort Friedhof leitet sich vom althochdeutschen Wort »frithof« ab, die Bezeichnung für den eingefriedeten Bereich um eine Kirche; die Verstorbenen sollten in einem geschützten Bereich ruhen. Aber Friedhöfe waren auch rituell engstens mit der Kirche verbunden: Die Toten sollten in einem geweihten Stück der Erde ruhen, und so nannte man Friedhöfe häufig auch Gottesacker. Faktisch bestimmte die römisch-katholische Kirche auch nach eigenem Ermessen, wer auf einem Friedhof begraben werden dürfe und wer nicht; die »Unwürdigen« mussten am Ortsrand oder außerhalb der Friedhofsmauern ruhen. Die Kirche bestimmte jahrhundertelang weitgehend auch die Form der Gräber sowie Begräbnisrituale, und sie war bis ins 19. Jahrhundert hin auch für die aktenkundige Evidenz der Menschen von der Geburt bis zum Tod in den sogenannten Kirchenbüchern zuständig. Heute werden die entsprechenden staatlichen Personenstandsbücher in Standesämtern geführt.

Auf dem Sarresdorfer Alten Friedhof finden sich heute nur noch wenige Gräber, wie wir schon gesehen haben. In den letzten Jahrzehnten wurde der Alte Friedhof allmählich von einem neu angelegten Waldfriedhof außerhalb der Stadt ersetzt, an der Landesstraße 29 zwischen Gerolstein und Büscheich. Anders als es jahrhundertelang üblich war, können hier Gerolsteiner aller Konfessionen sowie die Konfessionslosen bestattet werden, und sie können auch unterschiedliche Formen der Bestattung wählen, sei es in einem traditionellen Grab oder anonym, im Urnenfeld oder unter Bäumen eines nahen Waldes, ja kürzlich wurde auch ein Sternenfeld für Kinder angelegt, die zu früh verstorben sind, um in die Geburts- und Sterberegister eingetragen zu werden.

Die neuen Formen weltoffener und individuell gestalteter Bestattungen änderten nicht viel daran, dass es nach wie vor in Deutschland gesetzlich genau geregelt ist, was mit einem Verstorbenen zu geschehen hat. Die Bestattungspflicht legt fest, welche Personen nach dem Tod dafür zu sorgen haben, dass eine ordnungsgemäße Bestattung innerhalb der gesetzlichen Fristen veranlasst wird. In den meisten Bundesländern gilt auch die Bestimmung, dass mit Ausnahme einer Seebestattung alle Verstorbenen für einen vorgesehenen Zeitraum auf Friedhöfen begraben werden müssen. So haben moderne Friedhöfe, aller ihrer Vielfalt zum Trotz, ihre bedeutende Rolle im Leben der Menschen nicht verloren. Auf dem Gerolsteiner Waldfriedhof begegnen wir heute anstelle der traditionellen Gräber immer häufiger kleinen Urnengräbern und immer größeren Lücken zwischen den Gräbern, wie wenn viele Nachkommen an der Pflege der Gräber ihrer Angehörigen immer weniger Interesse hätten. An die einstige Herrschaft der römisch-katholischen Kirche über die Toten und ihre Bestattungen erinnert nur noch eine hier neu erbaute und nur für die Begräbnisrituale offene kleine Kapelle.

Mehr Aufmerksamkeit kommt in Gerolstein denjenigen zu, die ihr Leben in Kriegen verloren haben. Schon im Stadtzentrum, am Brunnenplatz, erhebt sich ein unübersehbares Denkmal: das Kriegerdenkmal aus dem Jahre 1936. Auf zwei Gedenktafeln finden wir hier die Namen der im Ersten Weltkriegs gefallenen Gerolsteiner: Im Jahre 1914 verloren acht Soldaten ihr Leben, 1915 waren es 15, ein Jahr später starben zwei Soldaten, im Jahre 1917 sind 16 und im Jahre 1918 sogar 17 junge Männer im Kriegsdienst ums Leben gekommen. Weitere zwei Tafeln dieses Denkmals tragen die folgenden Inschriften: »Gerolstein seinen im Kampf für Deutschland gefallenen Söhnen 1914 – 1918« und »Sie standen und starben im Kampf fest wie die Felsen der Heimat«. Hier werden gefallene Soldaten als Helden erinnert, während man an die eigentlichen Kriegsopfer unter den Zivilisten früher weniger dachte als heute. Als auf demselben Platz in den 1960er-Jahren ein zweites Ehrenmal errichtet wurde, das an die »Opfer des Zweiten Weltkrieges« erinnern sollte, fand es bei den Gerolsteinern so wenig Zuspruch, dass es bald im Zuge einer Umgestaltung des Platzes in die Stille des entfernten Waldfriedhofs verbannt wurde.

An Kriege erinnert aber auch ein besonderer Friedhof oberhalb von Gerolstein unweit der Büschkapelle, der Ehrenfriedhof. Er wurde nach dem Ersten Weltkrieg angelegt, nach dem Zweiten Weltkrieg erweitert und im Jahre 1958 offiziell eingeweiht. Zunächst sollen hier 80 deutsche Soldaten bestattet worden sein, heute sollen hier insgesamt 391 Kriegstote, davon 181 deutsche, 9 österreichische und 4 unbekannte Soldaten ruhen. Neben 69 Deutschen seien hier auch 9 ausländische Zivilpersonen bestattet. Alle hier ruhenden Toten sind namentlich mit Angabe der Grablage in einem Gräberbuch erfasst, in dem die Besucher sogar selbst blättern und so auch die einzelnen Gräber namentlich identifizieren können. Da es sich um einen Soldatenfriedhof handelt, wird der Ehrenfriedhof entsprechend internationalen Abkommen rechtlich durch ein fortdauerndes Ruherecht und gesicherte Pflege der Gräber geschützt. Außer der Fürsorge um den Ehrenfriedhof pflegt hier die Stadt Gerolstein am Totensonntag eine ökumenische Gedenkstunde unter Beteiligung der Bundeswehr zu veranstalten.

Der Ehrenfriedhof ist malerisch gelegen und von der Natur sowie künstlerisch schön gestaltet. Ohne Prunk in einer nahezu idyllischen Ecke der Erde ruhen hier zumindest einige der Opfer jener grausamen Gewalt, die die neuzeitlichen Kriege dem kleinen Städtchen Gerolstein beschert haben. Am Eingang begegnen wir aber auch zwei besonderen Gedenksteinen. Ein Obelisk mit Kreuz aus dem späten 19. Jahrhundert erinnert an namentlich bekannte Gerolsteiner, die in den Kriegen des 19. Jahrhunderts ihr Leben verloren haben, und trägt die Inschrift »Zur Erinnerung an die verstorb. Veteranen der Feldzüge 1848-64-66-70/71, die siegreich waren, als der Feind uns drohte«; ein Gedenkstein aus dem Jahre 2014 erinnert an die in Afghanistan gefallenen Soldaten der Bundeswehr.

Im Jahre 2019 wies der Oberstleutnant Lars T. Decker in seiner Festrede am Ehrenfriedhof allerdings auch an die aktuellen Kriege hin. Die weltpolitische Lage sei angespannt, sagte er, vielleicht angespannter als je zuvor, und beschrieb sie so: »In vielen Regionen herrschen Krisen und Kriege. Nicht zuletzt die kontroverse Debatte hinsichtlich des Umgangs mit der Souveränität der Ukraine und das damit verbundene Aufflammen früherer Zeiten des Eisernen Vorhangs« seien bedrohlich. Das klingt wie eine Vorwegnahme des durch die Invasion Russlands in der Ukraine von 2022 ausgebrochenen neuen großen europäischen Krieges. Dabei wies Oberstleutnant Lars T. Decker auch auf Folgendes hin: »Derzeit stehen Soldaten aus Gerolstein im Irak, in Mali und auch in Jordanien im Einsatz«[178] und stellte die beiden folgenden Fragen: »Warum fügen

Menschen anderen Menschen dieses entsetzliche Leid zu?«, und »Warum geschah dies in der Vergangenheit und geschieht unverändert heute?«.

Beim Nachdenken über diese beiden Fragen können uns die Kenntnisse der Gerolsteiner Geschichte helfen. Sie erzählt uns viel über die von Kriegen wiederholt verursachten Leidenserfahrungen der Gerolsteiner, und es wird uns schwerfallen, darunter einen »sinnvollen« Krieg zu entdecken. So drängt sich auch die Frage auf, warum eigentlich im heutigen Gerolstein die Erinnerungen an die Kriegstoten sorgsamer gepflegt werden als die Erinnerungen an unzählige Generationen jener Menschen, die die Geschichte dieser Stadt gewaltlos mitgestaltet haben. Ihre leiblichen Überreste weilen bis auf ganz wenige Ausnahmen nicht mehr unter uns, aber auf einer historischen Pirsch nach den Spuren der Vergangenheit können wir ihren Hinterlassenschaften bis heute allerorts begegnen und aus ihren Erfahrungen auch über Krieg und Frieden viel lernen.

Viele Gerolsteiner kennen und mögen die von ihren Vorfahren und Nachbarn erzählten Geschichten sowie erhaltenen Fotos. Um jedoch die ganze lange Geschichte dieser Stadt kennenzulernen, kommt man um das Lesen mehr oder weniger dicker Bücher nicht herum, da sich persönliche Erzählungen und Fotos auf die Erfahrungen einiger weniger Menschen aus nicht mehr als drei bis vier Generationen beschränken. Eine historische Stadtbibliothek wäre von Interesse für alle, die nicht nur die neuesten, sondern auch die lang vergangenen Erfahrungen und kulturellen Gepflogenheiten unserer Vorfahren kennenlernen möchten. Wäre ein Geschichtsverein nicht ein attraktiver Sammelpunkt für die historisch interessierten Gerolsteiner sowie ihre Schulkinder, um die Volkssagen früherer Generationen mit den stets wachsenden wissenschaftlichen Erkenntnissen zu bereichern? Wäre nicht ein Museum der Gerolsteiner Geschichte attraktiv für Einheimische ebenso wie für Touristen? Die Vergangenheit dieses kleinen Städtchens hinterließ uns Spuren aus den weit entfernten Zeiten der Erdgeschichte ebenso wie aus der gesamten relativ »kurzen« Geschichte der heutigen Europäer. Solche Spuren bieten wertvolle Einblicke in die Geschichte der Menschheit, um sie überschaubar und verständlich zu machen und uns damit zur Orientierung auch in unseren zeitgenössischen Problemen zu verhelfen.

Aus Gerolstein sind keine Kriege hervorgegangen. Hier begegnen wir den Erfahrungen der Gerolsteiner mit den schweren Folgen fremder Versuche, Konflikte gewaltsam zu lösen, und gerade solche Erfahrungen waren den meisten Menschen aller Zeiten und aller Kontinente gemeinsam. Aus der Gerolsteiner Geschichte wird man nicht viel über große »Krieger« und große »Heldentaten« erfahren, hier lebten nicht Schöpfer politischer Ideologien, die nach Gewalt und Militärmacht riefen und Kriege befeuerten. Hier kann man vielmehr anschaulich kennenlernen, wie Menschen in unterschiedlichen Zeiten in unterschiedlichen Formen, Grenzen und Herrschaftsverhältnissen lebten und sich dennoch in vielem ähnelten und mit ähnlichen Problemen konfrontiert waren, wie wir es auch heute sind. Ist das nicht ein beachtenswertes historisches Erbe eines ohnehin schon malerischen und naturkundlich einmalig interessanten kleinen Eifler Städtchens?

Vor 1900 Jahren – am 5. Oktober 124 – stiftete der gallorömische »Gerolsteiner« Marcus Victorius Pollentinus die bis heute teilweise erhaltene Tempelanlage Juddekirchhof sowie eine Geldsumme von umgerechnet 300 000 Euro für deren Pflege. Wir wissen nichts über sein Leben und wir kennen sein Grab nicht. Dennoch lernen wir an diesem Relikt der Vergangenheit zu begreifen, dass sich schon vor nahezu zwei Jahrtausenden manche Menschen friedensstiftenden Aktivitäten hingaben. Die Bemühungen des Gerolsteiner Grafen Karl Ferdinand um die Neutralität mitten drin in den schrecklichen Kriegen des 17. Jahrhunderts ist nicht weniger inspirierend; auch sie zeigen, wie schon damals manche Menschen versuchten, sich den zerstörerischen Kriegen entgegenzustellen. Wer an den in Gerolstein vorhandenen Spuren der Vergangenheit desinteressiert vorbeiläuft, beraubt sich der Gelegenheit, die Erfahrungen sehr vieler Menschen aus sehr vielen sehr unterschiedlichen Zeiten und Kulturen kennenzulernen, die sich von unseren heutigen Erfahrungen viel weniger unterscheiden, als oft vermutet wird. Wer an die viel beschworenen universalen Menschenrechte glaubt, der muss den Zusammenhang zwischen der Vielfalt der Menschen in unterschiedlichen Zeiten und Weltgegenden einerseits und ihren universal wirkenden gemeinsamen Eigenschaften andererseits begreifen lernen. Und dafür eignet sich die überschaubare Geschichte von Gerolstein mit ihren weit über ihre unmittelbare Eifler Umgebung hinausragenden Bezügen exemplarisch sogar noch besser auf, als manch eine weltberühmte Metropole.

ANHANG 1

Zeittafel

vor ca. 390 Millionen Jahren

Die aus dieser Zeit in Gerolstein gefundenen Trilobiten gehören im 19. Jahrhundert neben denen aus Großbritannien und Tschechien zu den ersten Funden dieser Art.

vor ca. 247 Millionen Jahren

Der in Oberbettingen (VB Gerolstein) zu Beginn des 20. Jahrhunderts gefundene *Eifelosaurus triadicus* lebt in der Nähe von Oasen und trockenen Flussbetten der damals wüstenähnlichen Eifel relativ nah am Äquator (ca. 30 nördlicher Breite).

vor ca. 2,5 Millionen Jahren bis ca. 10 000 v. Chr.

Dieser Zeitraum wird in Europa üblicherweise als Altsteinzeit (Paläolithikum) bezeichnet und gilt als die älteste und längste Periode der Menschheitsgeschichte, benannt nach Steinwerkzeugen als ihren wichtigsten Spuren. Alle mehr als zwei Millionen Jahre alten Funde stammen aus Afrika. Vor ca. 2 Millionen bis ca. 1,5 Millionen Jahren beginnen sich hominide Gruppen von Afrika aus ins südliche Europa und Asien zu verbreiten. Spuren von Neandertalern finden wir in Europa, im Nahen Osten, in Zentralasien und im westlichen Sibirien aus der Zeit vor ca. 400 000 bis vor ca. 40 000 Jahren. Die anatomisch modernen Menschen *Homo sapiens* hinterlassen nach neuesten Funden ihre Spuren um vor ca. 300 000 Jahren in Nordafrika (Jebel Irhoud, Marokko) und verbreiten sich allmählich weltweit.

ab vor ca. 220 000 Jahren

die ältesten bislang bekannten Spuren von frühen Menschen (Neandertaler) im Raum Gerolstein (Gerolsteiner Maar), Funde aus dem Buchenloch sind deutlich jünger

vor ca. 30 000 Jahren

Der letzte Vulkanausbruch in Gerolstein an der Papenkaule bzw. Hagelskaule soll sich früher als bisher angenommen ereignet haben.

vor ca. 25 000 Jahren

Spuren des frühen *Homo sapiens* in der Gerolsteiner Magdalenahöhle

vor ca. 7 500 Jahren

Beginn der sogenannten neolithischen Revolution in Mitteleuropa, in der Menschen regional unterschiedlich sesshaft werden, um Pflanzen- sowie Viehzucht zu betreiben.

ca. 500 v. Chr.

keltischer Ringwall (Fliehburg) auf der Dietzenley

58–50 v. Chr.

Bericht von *Gaius Iulius Caesar* (100–44 v. Chr.) über die römische Eroberung Galliens einschließlich der Treverer-Gebiete

Die Zeitenwende

18/17 v. Chr. bis um 480 n. Chr.

die rund 80 km von Gerolstein entfernte Stadt Augusta Treverorum (Trier) unter römischer Herrschaft

5. Oktober 124

Marcus Victorius Pollentinus wird an der Tempelanlage Juddekirchhof als erster namentlich nachgewiesener »Gerolsteiner« genannt.

bis ca. 260

Blütezeit der römischen Kultur in der Vulkaneifel, ab dem Ende des 3. Jahrhunderts macht sich ein langfristiger Rückgang der Besiedlung bemerkbar

um 270 bis 337

Kaiser *Konstantin der Große,* zunächst von Trier aus regierend, erbaut seit 330 die Stadt Konstantinopel (heute Istanbul) zum »neuen Rom« und prägt nachhaltig die Geschichte Europas.

ab ca. 300

die Bezeichnung eines germanischen Stammes als »Franken« nachgewiesen

371

Decimus Magnus Ausonius (310–393/394) erwähnt in seiner Beschreibung der Mosel (*Mosella*, um 371) auch die Kyll.

395

Zweiteilung des Römischen Reichs in einen weströmischen und einen oströmischen Reichsteil

476

die Absetzung des letzten weströmischen Kaisers; die Vulkaneifel ab dem 5./6. Jahrhundert im fränkischen Einflussbereich

482

Tod *Childerichs I.*, des ersten nachgewiesenen fränkischen Königs aus dem Geschlecht der Merowinger

496

Nach seinem Sieg als König der Franken gegen die Alemannen in der Schlacht bei Zülpich wird in der heute französischen Stadt Reims Childerichs Sohn *Chlodwig I.*, der als Begründer des Frankenreiches gilt, römisch-katholisch getauft.

538 bis 594

Gregor von Tours verfasst eine der wichtigsten Quellen zur Geschichte der Franken.

660 bis nach 721

Bertrada die Ältere, eine der Urgroßmütter Karls des Großen, stiftet 20 km von Gerolstein die historisch bedeutende Abtei Prüm.

688–741

Karl Martell, der Großvater Karls des Großen, ist ein fränkischer Hausmeier, besiegt 732 zwischen Tours und Poitiers die ins Frankenreich eingedrungenen Araber. Sein Sohn *Pippin III.*, Vater Karls des Großen, wird im Jahre 751 zum König der Franken gekrönt.

um 747

Karl der Große soll einer Legende nach auf der Bertradaburg im ca. 10 km von Gerolstein entfernten Ort Mürlenbach geboren worden sein.

762

Die Eltern *Karls des Großen*, das Königspaar *Pippin III.* und *Bertrada die Jüngere*, schenken der Abtei Prüm einen Weiler oder ein Gehöft mit der Bezeichnung »sarabodis villa«.

ca. 795 bis 803

Erbauung der Königspfalz einschließlich des zentralen Teils des heutigen Aachener Doms als dessen Pfalzkapelle durch *Karl den Großen* im ca. 100 km von Gerolstein entfernten Aachen

800

In Rom wird *Karl der Große* als erster westeuropäischer Herrscher seit der Antike zum Kaiser der Römer gekrönt, womit die einstige weströmische Kaiserwürde erneuert wird.

843

die Dreiteilung des Fränkischen Reiches im Vertrag von Verdun

ab ca. 1000

Seit der Zeit der Karolinger und verstärkt ab etwa dem Jahr 1000 erfolgen die Rodungen der Eifler Wälder zur Gewinnung von Ackerflächen und Entstehung erster Dorfsiedlungen.

ca. 1000 bis 1250

Aufstieg der Stadt Köln zu einer der wichtigsten europäischen Kunst-, Kirchen- sowie Handelsmetropolen

1075

Sarresdorf, heute Stadtteil von Gerolstein, wird zum Pfarrort erhoben, der bis 1803 zum Eifeldekanat des Erzbistums Köln gehört.

13. Jahrhundert

Ursprünge der Burg Gerhardstein (Löwenburg), als derer eigentlicher Erbauer *Gerhard IV. von Blankenheim* vermutet wird; das Gebiet gehört zur Herrschaft/Grafschaft Blankenheim.

1291

Der Ort Sarresdorf kommt durch einen Gütertausch zwischen der Abtei Prüm und den Herren von Blankenheim an das Blankenheim-Gerolsteiner Territorium.

1336

Verleihung der Stadtrechte an das Burgdorf Gerhardtstein (Gerolstein)

1469

Gerolstein fällt mit Blankenheim durch Erbfall an die Grafen von Manderscheid.

1524 bis 1691

Gerolstein wird zur Residenz einer Nebenlinie des Hauses Manderscheid, die sich Grafen von Manderscheid-Blankenheim-Gerolstein nennt und bis zur Zerstörung der Burg und Stadt im Jahre 1691 in Gerolstein residiert.

1550

Eine kurze Beschreibung von »Gerhardstein« im kartographischen Werk von *Sebastian Münster*

zwischen 1580 und 1633

In den sog. Hexenprozessen sind mindestens 47 Fälle in Gerolstein nachgewiesen, mit dem wichtigsten Hinrichtungsplatz auf der »Keks« gegenüber dem heutigen Naturkundemuseum.

1680

Entstehung des Grafenkreuzes in der Nähe der Gerolsteiner Büschkapelle

5. August 1691

Zerstörung der heute als Löwenburg bekannten Schlossanlage sowie der Stadt Gerolstein durch jülische Truppen

1697

Graf Carl Ferdinand von Manderscheid-Blankenheim-Gerolstein stirbt in Aachen. Die Grafschaft Gerolstein wird künftig als Amt Gerolstein von der Grafschaft Blankenheim verwaltet.

1744 bis 1811

Die letzte regierende Gräfin, *Augusta Dorothee Gräfin von Manderscheid-Blankenheim,* ist seit 1762 mit dem böhmischen Reichsgrafen *Franz Philipp Christian Graf von Sternberg* (1732–1811) verheiratet; sie nennen sich »von Sternberg-Manderscheid«.

1794

Die Flucht der gräflichen Familie von Sternberg-Manderscheid vor den französischen revolutionären Truppen ins Königreich Böhmen (heute Tschechien); so geraten wertvolle Manderscheider, Blankenheimer und Gerolsteiner Archivalien sowie das berühmte wissenschaftliche Werk *Eiflia Illustrata* nach Prag, wo sie bis heute im Archiv des Nationalmuseums aufbewahrt werden.

1801

Die linksrheinischen Territorien des Heiligen Römischen Reiches und damit auch Gerolstein werden an Frankreich angeschlossen.

1815

Gerolstein fällt mit der gesamten Eifel an das Königreich Preußen, wird von dessen Hauptstadt Berlin aus regiert und gehört zu dessen Rheinprovinz.

1834

Der wallonische Künstler *Jean Nicolas François Ponsart* (1788–1870) aus der ca. 70 km von Gerolstein entfernten belgischen Stadt Malmedy veröffentlicht die als die älteste Abbildung der Stadt Gerolstein geltende Lithographie.

1856

Gerolstein verliert infolge der preußischen Verwaltungsreform seine Stadtrechte.

1867

Uraufführung der bis heute bekannten Operette »La Grande-Duchesse de Gérolstein« von *Jacques Offenbach* (1819–1880) während der Weltausstellung in Paris

1865 bis 1871

Eröffnung der Bahnlinie Köln-Gerolstein-Trier und des bis heute bemerkenswerten Gerolsteiner Bahnhofgebäudes; 1883 folgt die Bahnlinie Gerolstein-Prüm, 1895 die Bahnlinie Gerolstein-Daun-Mayen.

1882 bis 1999

Die Drahtwarenfabrik Christian Oos zur Herstellung von Haus- und Küchengeräten aus Draht und Blech sowie Lackierwaren gilt als die erste Fabrik in Gerolstein.

1888

Gründung des Mineralwasserunternehmens Gerolsteiner Sprudel

1913

Einweihung der evangelischen Erlöserkirche in Anwesenheit des Kaisers *Wilhelms II.* im Gerolsteiner Ortsteil Sarresdorf

1914 bis 1918
Der Erste Weltkrieg hinterlässt Gerolstein im Vergleich zum Zweiten Weltkrieg relativ unbeschädigt.

1918 bis 1933
die erste parlamentarisch-demokratischen Republik in Deutschland, währenddessen bis 1930 beschwerliche Jahre der Gerolsteiner unter französischer Besatzung

1933 bis 1945
Deutschland unter der NS-Diktatur

1936
öffentliche Feiern des 600-jährigen Jubiläums der Verleihung der Stadtrechte an Gerolstein

1939 bis 1945
Im Zweiten Weltkriegs wird Gerolstein insbesondere wegen seiner Nähe zur deutschen Westgrenze schwer betroffen und 1944/45 weitgehend zerstört.

1945 bis 1949
Gerolstein gehört zur französischen Besatzungszone.
Am 18. Mai 1947 wird die Verfassung des neugegründeten Landes Rheinland-Pfalz angenommen, 1949 erfolgt die Gründung der parlamentarisch-demokratischen Bundesrepublik Deutschland, bis 1990 unter Ausschluss der kommunistisch regierten DDR.

1953
Wiederverleihung der Stadtrechte an Gerolstein

1950 bis 2000

In der zweiten Hälfte des 20. Jahrhunderts erlebt Gerolstein eine Blütezeit; seine Einwohnerzahl, bezogen auf das heutige Stadtgebiet, wächst von ca. 3 600 im Jahre 1905 über ca. 5 500 im Jahre 1950 auf knapp 7 600 im Jahre 2005.

5. Oktober 2024

1900. Jubiläumstag des ersten namentlich bekannten »Gerolsteiners« *Marcus Victorius Pollentinus*

ANHANG 2

Verzeichnis der empfohlenen und abgekürzt zitierten Literatur

Das folgende Verzeichnis enthält zweierlei bibliographische Hinweise. Einerseits handelt es sich um eine Auswahl der zur Weiterlektüre empfohlenen einschlägigen Literatur, andererseits werden hier die in Anmerkungen abgekürzt zitierten Buchtitel aufgeführt. Zusätzlich hervorgehoben seien noch drei besonders wertvolle Informationssammlungen: *Dilibri* ist die digitalisierte Sammlung von landeskundlichen Werken zu Rheinland-Pfalz sowie von Beständen aus rheinland-pfälzischen Bibliotheken (www.dilibri.de/ [03.12.2023]); die *Datenbank der Kulturgüter in der Region Trier* bietet eine umfangreiche Erfassung aller Baudenkmäler, technischer Denkmäler, Naturdenkmäler, Wüstungen und Museen der Stadt Trier und der Landkreise Bernkastel-Wittlich, Trier-Saarburg, Vulkaneifel sowie des Eifelkreises Bitburg-Prüm (https://kulturdb.de/ [03.12.2023]); das kunsthistorische Portal *Eifel und Kun*st von Jan Wilbert aus Hürth erschließt ein einmaliges Kapitel der Eifler Kulturgeschichte (www.eifel-und-kunst.de/homepage/html/startseite.htm [03.12.2023]).

60 Jahre Eifelverein 1948 → 60 Jahre Eifelverein 1888-1948. Im Auftrag des Vorstands des Eifelvereins herausgegeben und verfasst von Dr. Emil Kimpen [Bonn 1948]

Arndt 1844 → Arndt, Ernst Moritz: Wanderungen aus und um Godesberg, Bonn 1844

Ausonius 2014 → Ausonius, Decimus Magnus: Mosella. Die Mosel. Mit Texten von Symmachus und Venantius Fortunatus. Lateinisch/ Deutsch. Herausgegeben, übersetzt und kommentiert von Otto Schönberger, Stuttgart 2014

Böffgen, Karl-Heinz 2014 → Böffgen, Karl-Heinz: Meine Geschichte von Gerolstein in 43 Stationen, 2. Aufl. Gerolstein 2014

Bracht 1883 → Bracht, Eugen: Die Ausgrabung des Buchenlochs bei Gerolstein in der Eifel und die quaternären Bewohnungsspuren im demselben, Trier 1883

Brand 2018 → Brand, Gregor: Kinder der Eifel – aus anderer Zeit II., Norderstedt 2018

Caesar 2015 → Caesar, Gaius Iulius: Der Gallische Krieg. Übersetzt und herausgegeben von Marieluise Deißmann, Stuttgart 2015

Daners 2000 → Daners, Peter: Die Erlöserkirche in Gerolstein. Hrsg.: Rheinischer Verein für Denkmalpflege und Landschutz, Neuss 2000

Datenbank der Kulturgüter in der Region Trier → vgl. Datenbank der Kulturgüter in der Region Trier (kulturdb.de) [03.12.2023]

Der Untergang des Römischen Reiches 2022 → Der Untergang des Römischen Reiches. Begleitband zur Ausstellung Der Untergang des Römischen Reiches, Trier 2022

Die Manderscheider 1990 → Die Manderscheider. Eine Eifeler Adelsfamilie. Herrschaft, Wirtschaft, Kultur. Katalog zur Ausstellung in Blankenheim und Manderscheid 1990, Köln 1990

Doering-Manteuffel 1995 → Doering-Manteuffel, Sabine: Die Eifel. Geschichte einer Landschaft, Frankfurt/New York 1995

Dohm 1932 → Dohm, Batti: Im Riff. Meerwunder auf deutscher Erde, Köln 1932

Dohm 1933 → Dohm, Batti: Stielauge der Urkrebse. Die Lebensgeschichte eines Trilobiten im Gerolsteiner Devonmeer. Herausgegeben von der Stadt Gerolstein 1997 (1. Aufl. Leipzig 1933)

Dokumentation Westwall 1994 → Dokumentation Westwall in der Eifel. Begleitheft zur 3-teiligen Ausstellung. Herausgeber: Geschichtlicher Arbeitskreis Bitburg-Land, Bitburg 1994 (Beiträge zur Geschichte des Bitburger Landes Band 14)

Eiflia illustrata 1824 bzw. 1825 → Eiflia illustrata oder geographische und historische Beschreibung der Eifel von Johann Friedrich Schannat. Aus dem Lateinischen Manuscripte übersetzt, mit Anmerkungen und Zusätzen bereichert, nebst vielen Abbildungen von Alterthümern, Sigillen und Wappen hrsg. von Georg Bärsch. Des ersten Bandes erste Abtheilung, Köln am Rhein 1824 und Des ersten Bandes zweite Abtheilung, mit 13 Tafeln Abbildungen in Steindruck und 39 Stammtafeln, Aachen und Leipzig 1825

Fortey 2004 → Fortey, Richard: Trilobiten. Fossilien erzählen die Geschichte der Erde, München 2004

Freimuth 1890 → Freimuth, Heinrich: Eifelstrauß. Poesieen, Prüm 1890

Fried 2014 → Fried, Johannes: Karl der Große. Gewalt und Glaube. Eine Biographie, 3. Aufl., München 2014

Führer durch Gerolstein 1993 → Führer durch Gerolstein und das Gerolsteiner Land. Natur- und Kulturlandschaft. Siedlungsgeschichte. Der Wöllersberg. Wandervorschläge in und um Gerolstein mit Wegebeschreibungen. Schriftenreihe »Die schöne Eifel«, herausgegeben von Eifelverein e.V., Düren 1993

GEO-Infoband Vulkaneifel 1999 → GEO-Infoband Vulkaneifel, hrsg. v. GEO Zentrum Vulkaneifel und Landkreis Daun. Wissenschaftlicher Leiter: Dr. Iradj Eschghi, Daun 1999

Gerolstein 1905 → Gerolstein und seine Umgebung, hrsg. vom Verschönerungs-Verein der Ortsgruppe des Eifelvereins [Gerolstein 1905]

Gerolstein 1953 → Gerolstein in der Eifel. Seine Landschaft, Geschichte und Gegenwart. Herausgeber: Stadtverwaltung Gerolstein, Manuskript: Dr. B.[Batti] Dohm, Gerolstein 1953

Gerolstein 1986 → Gerolstein. Herausgeber: Stadt Gerolstein 1986 [Schriftenreihe Ortschroniken des Trierer Landes, Band 19]

Gerolstein 2003 → Gerolstein. Band 2, Herausgeber: Stadt Gerolstein 2003 [Schriftenreihe Ortschroniken des Trierer Landes, Band 38]

Groben 2018 → Groben, Joseph: Das stille Tal der Kyll. Geschichte, Dichtung, Malerei, Musik, Trier 2018

Gückelhorn/Paul 2004 bzw. 2007 → Gückelhorn, Wolfgang/Paul, Detlev: V1 »Eifelschreck«. Abschüsse, Abstürze und Einschläge der fliegenden Bombe aus der Eifel und dem Rechtsrheinischen 1944/45. Dokumentation, Aachen 2004 und Gückelhorn, Wolfgang/Paul, Detlev: V2 gefrorene Blitze. Einsatzgeschichte der V2 aus Eifel, Hunsrück und Westerwald 1944/45. Eine Dokumentation, Aachen 2007

Henrich 2004/05 → Henrich, Peter/Tabaczek, Marianne/Zelle, Michael: Die römische Villa von Gerolstein »Auf dem Hofacker« – Villa Sarabodis, Kreis Daun, in: Trierer Zeitschrift 67/68, 2004/05, S. 93–140

Henrich 2006 → Henrich, Peter: Die römische Besiedlung in der westlichen Vulkaneifel, Trier 2006 (Trierer Zeitschrift Beiheft 30, Hg. Rheinisches Landesmuseum Trier)

Horsch 1982 → Horsch, Peter: Burg Gerhardstein auch Löwenburg genannt. Die Schicksale der Eifelburg während ihres 700jährigen Bestehens [Gerolstein 1982]

Köhler 1963 → 50 Jahre Erlöserkirche in Gerolstein 1913–1963. Die evangelische Diasporagemeinde Gerolstein-Jünkerath, Gerolstein 1963 (Herausgegeben im Auftrage des Kuratoriums der Erlöserkirche und Villa Sarrabodis und des Presbyteriums der Evangelischen Kirchengemeinde Gerolstein-Jünkerath von Udo Köhler)

Koppka 2021 → Koppka, Jens: Crawlers on the Seabed – The Famous Devonian Trilobites of Gerolstein, in: Geoconservation Research 4/1, 2021, S. 196–212

Krause 2002 → Krause, Arnulf: Die Geschichte der Germanen, Frankfurt/New York 2002

Krüger 2013 → Krüger, Jürgen: Die Erlöserkirche in Gerolstein. Ein Beispiel für das Kirchenbauprogramm Kaiser Wilhelms II., Königstein im Taunus 2013

Land/Kramp 2017 → Land, Manfred/Kramp, Ralf (Hg.): Die Eifel – das Beste. Ein Lesebuch aus dem rauen Land der sanften Menschen, Hillesheim 2017

Lange 2021 → Lange, Sophie: Wo Göttinen das Land beschützen. Matronen und ihre Kultplätze zwischen Eifel und Rhein, Daun 2021

Löhr 1990 → Löhr, Hartwig/Lipinski, Erich/Koch, Ingrid/May, Peter: Steinzeit im Gerolsteiner Raum. Herausgeber Naturkunde-Museum Gerolstein, Gerolstein [1990]

Macquoid 1995 → Macquoid, Kathrin S./Gilbert S. Macquoid: Die Eifelreise. Eine englische Lady beschreibt ihre Eindrücke von Land und Leuten im Jahre 1895. Mit Zeichnungen von Thomas R. Macquoid. Aus dem Englischen von Dr. Charlotte Houben. Rhein-Mosel-Verlag in Briedel/Mosel 1995

Merkelbach 2021 → Merkelbach, Thea/Merkelbach, Wolfgang/Janitschke†, Marion: Das »Dritte Reich«, die Kriegsjahre in Pelm & die schweren Jahre danach, Pelm 2021

Noelke et al. 2021 → Noelke, Peter/Hanel, Peter/Pauly, Peter: Die Antiken der Grafen von Manderscheid-Blankenheim. Kontext, Schicksal und Kommentierung einer rheinischen Sammlung der Zeit des Humanismus mit Beiträgen von Guido von Büren et al., Darmstadt 2021 (Beiheft der Bonner Jahrbücher 60)

Piccolomini 2005 → Piccolomini, Enea Silvio: Europa. Hrsg. v. Frank, Günter/Metzger, Paul, Übersetzung Albrecht Hartmann, Heidelberg–Ubstadt-Weiher–Basel 2005

Pippke/Leinberger 1999 → Pippke, Walter/Leinberger, Ida: Die Eifel. Geschichte und Kultur des alten Vulkanlandes zwischen Aachen und Trier, 2. Aufl. Köln 1999 (DuMont Kunstführer)

Rieder 2023 → Rieder, Elisabeth: Um Munterley und Löwenburg. Teil 1. Neuauflage der 1979-1981 von Pater Josef Böffgen (SAC) erstmals veröffentlichten Gerolstein-Hefte, grundlegend überarbeitet und mit vielen Anmerkungen, Zusatzkapiteln und neuem Bildmaterial versehen. Herausgeber: Förderverein Naturkundemuseum Gerolstein, o. O. 2023

Rückert/Klever 2007 → Rückert, Andreas/Klever, Thomas: Trilobiten – Schätze des Gerolsteiner Landes, Neroth 2007

Schneider 1853 → Schneider, Jakob: Das Kyllthal mit seinen nächsten Umgebungen, nach geschichtlich-antiquarischem und naturhistorischem Bezuge und mit Rücksicht auf die Sagen, zweite Ausgabe, mit einer Karte, Trier 1853

Schwind 1984 → Schwind, Werner: Der Eifelwald im Wandel der Jahrhunderte ausgehend von Untersuchungen in der Vulkaneifel. Hrsg. vom Eifelverein, Düren 1984

Schwind 2003 → Schwind, Werner: Aus der Geschichte der Grafschaft Manderscheid-Gerolstein. Zerstörung von Schloss und Stadt Gerolstein im Rheinischen Krieg (1688–1697) und die Folgen. Das letzte Jahrzehnt der Grafschaft, Gerolsteiner Schulden und das weitere Schicksal der Schlossruine sowie der übrigen gräflichen Güter, in: Gerolstein 2003, S. 251–323

Steiner 1926 → Steiner, P[aul]: Die gallorömische Tempelstätte auf dem »Judenkirchhof« bei Gerolstein (Bezirk Trier). Mit 5 Abbildungen, in: Trierer Zeitschrift 1, 1926, S. 149–156

Wackenroder 1928 → Wackenroder, Ernst: Die Kunstdenkmäler der Rheinprovinz. Zwölfter Band: Die Kunstdenkmäler des Kreises Daun, Düsseldorf 1928. Nachdruck der Ausgabe von 1928, Trier 1983

Weiss 2002 → Weiss, Gerhard: Die Ausgrabungen der Magdalenahöhle in Gerolstein/Eifel, Bittburg 2002

ANMERKUNGEN

Für die Buchtitel (Autorenname & Erscheinungsjahr) siehe ANHANG 2: Verzeichnis der empfohlenen und abgekürzt zitierten Literatur

1 GEO-Infoband Vulkaneifel 1999, S. 93

2 Dohm 1932, S. 14

3 Für die neuesten Forschungserkenntnisse vgl. Koppka 2021, S. 5

4 Forty 2004, S. 28

5 Ebenda, S. 31

6 Internetpräsentation des Gerolsteiner Naturkundemuseums, vgl.: Startseite: Naturkundemuseum Gerolstein – Offiziell (nkm-gerolstein.de) [26.01.2023]

7 Ebenda

8 Rückert/Klever 2007, S. 9–10

9 Dohm 1932, S. 65

10 Wilhelm, Klaus: Aug in Aug mit dem Neandertaler. Wissenschaftler rekonstruieren das Verhältnis zwischen modernem Menschen und Neandertaler, in: Max-Planck-Gesellschaft 7. 6. 2017, vgl. Aug in Aug mit dem Neandertaler | Max-Planck-Gesellschaft (mpg.de) [03.12.2023]

11 In Europa lebten im frühen Jungpaläolithikum im Schnitt nur 1.500 Menschen. Meseg-Rutzen, Gabriele: Presse und Kommunikation Universität zu Köln, zit. nach In Europa lebten im frühen Jungpaläolithikum im Schnitt nur 1.500 Menschen (idw-online.de) [05.03.2019]

12 Albring, Heribert: Menschen zwischen Eisen und Feuer, in: Gerolstein 2003, S. 38–42, hier S. 38; mit dem Begriff Säuerling bezeichnet man natürliches Mineralwasser, das von Natur aus natürliche Kohlensäure enthält.

13 Die Museumsbezeichnung beruht auf der bis zum frühen 20. Jahrhundert üblichen Schreibweise der Ortsbezeichnung »Neanderthal«.

14 Bracht 1883, S. 30–31

15 Als Quartär wird das jüngste Eiszeitalter und die jüngste Epoche der Erdgeschichte bezeichnet, die vor ca. 2,6 Millionen Jahren begann und bis in die Gegenwart andauert.

16 Bracht 1883, S. 31

[17] Vgl. Löhr 1990

[18] Führer durch Gerolstein 1993, S. 116

[19] Magdalenahöhle Gerolstein, vgl.: Datenbank der Kulturgüter in der Region Trier (kulturdb.de) [03.12.2023]

[20] Weiss 2002

[21] Probst, Matthias: Das Paläolithikum der Magdalenahöhle bei Gerolstein. Hausarbeit zur Erlangung des Akademischen Grades eines Magister Artium vorgelegt dem Fachbereich 07 Geschichts- und Kulturwissenschaften der Johannes Gutenberg-Universität Mainz 2012

[22] Caesar 2015, S. 3

[23] Henrich 2006, S. 14–15: »Hierbei ist zu beachten, daß die Grenze zwischen der Provinz Gallia Belgica und Niedergermanien nicht genau zu lokalisieren ist. Der Grenzverlauf wird nördliche von Oos und südlich von Jünkerath vermutet«.

[24] Caesar 2015, S. 161

[25] Ebenda, S. 163

[26] Ebenda, S. 170

[27] Ebenda, S. 114

[28] Keul, Benjamin (Universität Koblenz-Landau, 2013): Fliehburg Dietzenley, vgl.: Fliehburg Dietzenley | Objektansicht (kuladig.de) [03.12.2023]; siehe auch Brück, Ernst: Die Fliehburg Dietzenley (1968), in: Gerolstein 1986, S. 77–80 und Brück, Ernst: Fliehburg Dietzenley. Neunkirchen/Saar 1967

[29] Vgl. Steiner 1926, S. 156

[30] Mehr dazu vgl. Lange 2021

[31] Löhr, Hartwig: Spuren des eiszeitlichen Menschen in der Eifel vor ihrem erdgeschichtlichen Hintergrund, in: Löhr 1990, S. 2–5, hier S. 5

[32] Henrich 2004/05, S. 136

[33] Wackenroder 1928, S. 71 und Schneider 1853, S. 55

[34] Henrich 2004/05, S. 134–135

[35] Angaben des Portals statista.com vgl. Geschätzte Bevölkerung des Römischen Reiches zur Zeit des Augustus | Statista Fliehburg Dietzenley | Objektansicht (kuladig.de) [03.12.2023]

[36] Konstantin der Große regierte 306–311 als Caesar, d. h. Unterkaiser im weströmischen Reich, 312–324 als Alleiniger Kaiser des weströmischen Reiches und 324–337 als Alleiniger Kaiser im Römischen Reich.

37 Henrich 2006, Klappentext

38 Das Mosellied Ausons. Deutsch von M. W. Besser, Marburg 1908, S. 47–48

39 Ausonius 2014, S. 23

40 Ebenda, S. 25

41 Ebenda, S. 29

42 Ebenda, S. 31

43 Ebenda, S. 29

44 Ebenda

45 Hier zitiert nach: Der Untergang des Römischen Reiches 2022, S. 78

46 Winter, Joachim: Der Gerolsteiner Raum im frühen und hohen Mittelalter, in: Gerolstein 1986, S. 83–84, hier S. 84

47 Vgl.: LVR-LandesMuseum Bonn https://landesmuseum-bonn.lvr.de/de/museum/sammlung/Sammlungen.html [03.12.2023]

48 Krause 2002, S. 196

49 Pippin der Mittlere heiratete Plektrudis (vor 660–nach 717), die einem einflussreichen austrasischen Adelsgeschlecht entstammte und über Besitzungen von der mittleren Mosel über die Eifel bis an den Niederrhein verfügte. Durch diese Heirat konnte er seine Macht ausbauen.

50 Für eine gute Übersicht von Legenden zum Geburtsort Karls des Großen vgl. Becker, Ernst: Ist Karl der Große in Mürlenbach geboren? in: Ders.: Mürlenbacher Geschichten in rund 50 abgeschlossenen Beiträgen zur Vergangenheit und Gegenwart des Dorfes, Mürlenbach 2015 (Selbstverlag Ernst Becker), hier Dritte Auflage 2021, S. 54-61

51 Fried 2014, S. 35

52 Ebenda, S. 403

53 Ebenda, S. 404

54 Ebenda, S. 510–512

55 Kaiser Karl IV. 1316–2016. Erste Bayerisch-Tschechische Landesausstellung. Ausstellungkatalog, hg. v. Fajt, Jiří / Hörsch, Markus, Praha 2016, S. 86–88 und S. 363–366

56 Eiflia illustrata 1824, S. 102

57 Vgl. Wackenroder 1928, S. 80–82 und Kochs, Marita (Birgel): Von Sarabodisvilla bis Sarresdorf. Geschichte eines alten Pfarrhauses in Gerolstein, in: Heimatjahrbuch Vulkaneifel 2006 vgl. Von Sarabodisvilla bis Sarresdorf (heimatjahrbuch-vulkaneifel.de) [03.12.2023]

[58] Vulkaneifel-Erlebnistouren, vgl. Wir über uns (vulkaneifel-erlebnistour.de) [03.12.2023]

[59] Wackenroder 1928, S. 77

[60] Böffgen, P. Josef: Um Munterley und Löwenburg Heft 6: Aus der Geschichte der Pfarrei Sarresdorf – Gerolstein, Gerolstein 1980, S. 17

[61] Böffgen, Karl-Heinz: »... ist nur lang geworden 80 Fuß«. Die St. Anna-Kirche in Gerolstein wird 200 Jahre alt, in: Heimatjahrbuch Vulkaneifel 2013, vgl.: Die St. Anna-Kirche (heimatjahrbuch-vulkaneifel.de) [03.12.2023]

[62] Auf Sarresdorf wird niemand mehr begraben, in: Volksfreund 4. 10. 2010 vgl. Auf Sarresdorf wird niemand mehr begraben (volksfreund.de) [03.12.2023]

[63] Zur Geschichte dieses Friedhofs vgl. u.a. Engelskirchen, Lutz: Der jüdische Friedhof von Gerolstein und die Geschichte der jüdischen Gemeinde, in: Führer durch Gerolstein 1993, S. 153–162

[64] Wackenroder 1928, S. 80, für weitere Informationen siehe Böffgen, P. Josef SAC: Das Kreuz am alten Rathaus zu Gerolstein, in: Heimatjahrbuch Vulkaneifel 1980, vgl. Das Kreuz am alten Rathaus zu Gerolstein (heimatjahrbuch-vulkaneifel.de) [03.12.2023]

[65] Petzold, Michael: Arnold von Blankenheim (1350–1360). Ein Quellenbericht über einen Gerolsteiner Herrn und die Geschichte Gerolsteins von 1300–1669 im Überblick, in: Gerolstein 1986, S. 89–99, hier S. 96f.

[66] Gerolstein 1953, S. 14, vgl. auch Horsch 1982 und Horsch, Peter jun.: Burg Gerhardstein – im Volksmund Löwenburg genannt. In 700 Jahren prägten 28 Burgherrscher die Geschicke der Gerolsteiner Bürger, in: Die Eifel. Zeitschrift des Eifelvereins 98, Heft 1, Jan./Feb. 2003, S. 5–9

[67] Petzold, Michael: Arnold von Blankenheim (1350–1360). Ein Quellenbericht über einen Gerolsteiner Herrn und die Geschichte Gerolsteins von 1300–1669 im Überblick, in: Gerolstein 1986, S. 89–99, hier S. 95

[68] Gerolstein 1953, S. 15–16

[69] Die Manderscheider 1990, S. 16

[70] Schwind 2003, S. 260

[71] Peters, Hans-Eberhard: Sebastian Münsters »Eyfalia« – Die älteste Landkarte der Eifel. Veränderungen im Kartenbild von 1550–1628, in: Eifeljahrbuch 2012, S. 83–95, hier S. 85

[72] Schwind 2003, S. 261

73 Ebenda, S. 266

74 Ebenda, S. 267

75 Eine gute Übersicht bietet die deutsche Wikipedia, gestützt auf die Studie Young, William: International Politics and Warfare in the Age of Louis XIV and Peter the Great, Lincoln 2004, vgl. https://de.wikipedia.org/wiki/Pfälzischer_Erbfolgekrieg - cite_note-Young_223-26 [03.12.2023]

76 Schwind 2003, S. 297

77 Ebenda, S. 300

78 Ebenda, S. 258

79 Vgl. die Website Grafschaft Gerolstein vgl. Grafschaft Gerolstein – GenWiki (genealogy.net) [03.12.2023]

80 Vgl. Leuschen, Peter: Die Glocken der Kalenborner Kapelle, in: Heimatjahrbuch Vulkaneifel 2018 vgl. Die Glocken der Kalenborner Kapelle (heimatjahrbuch-vulkaneifel.de) [01.12.2023]

81 Brand 2018, S. 279f.

82 Ebenda, S. 283f. und Die Manderscheider 1990, S. 83–87

83 Die Manderscheider 1990, S. 86–87

84 Zitiert in originaler Orthographie nach Gussone, Monika/Langbrandtner, Hans-Werner: Franz Joseph Graf von Šternbergs Sammlungsinteressen und sein wissenschaftlicher Austausch mit Ferdinand Franz Wallraf im Spiegel seiner Briefe an Franz Freiherrn von Ledeburg, in: Noelke et al. 2021, S. 65–77, hier S. 76

85 Schneider 1853, S. 39

86 Losse, Michael: Die Kasselburg, ein spätmittelalterlicher Burgenbau, in: Heimatjahrbuch Vulkaneifel 2013, vgl.: Losse, Die Kasselburg (heimatjahrbuch-vulkaneifel.de) [03.12.2023]

87 Dahn, Alfred: Die Kasselburg. Geschichte und heutige Verwendung, in: Heimatjahrbuch Vulkaneifel 1974 vgl. Dahn, Die Kasselburg (heimatjahrbuch-vulkaneifel.de) [03.12.2023]

88 Macquoid 1995, S. 38–39

89 Wackenroder 1928, S. 158

90 Grommes, Gerald: Burg Lissingen. Geschichte einer Wirtschaftsburg im 20. Jahrhundert, in: Heimatjahrbuch Vulkaneifel 2000, vgl. Burg Lissingen (heimatjahrbuch-vulkaneifel.de) [03.12.2023]

91 Internetpräsentation der Unterburg Lissingen, vgl. Unterburg Lissingen (unterburg-lissingen.de)[02.03.2022]

[92] Böffgen, Karl-Heinz 2014, S. 30

[93] Gerolstein 1953, S. 22–24 und S. 66f.

[94] Wortlaut der Urkunde in Gerolstein 1953, S. 26

[95] Döring, Alois: Die Strahlkraft der Heiligen Drei Könige, in: Damals 55/6 (2023) S. 36–39, hier S. 36

[96] Piccolomini 2005, S. 224–225

[97] Ebenda, S. 227

[98] Nach Böffgen, Karl-Heinz 2014, S. 24

[99] Gerolstein 1953, S. 26–28

[100] Böffgen, Karl-Heinz 2014, S. 24–26

[101] Ebenda, S. 30 und S. 121

[102] Ebenda, S. 121

[103] Ebenda, S. 23

[104] Im Original hieß es: »Sarresdorff ist Vor alterß auch ein Dorff gewesen, haben doch den Orth die Einwohner verlaße und seyend wegen freyheit in den Flecken Gerolstein gezogen; alßo die Kirch, Fahrhauß und Hoff sambt dem Custerhauß allein geblieben«, hier zit. nach P.Josef Böffgen: Um Munterley und Löwenburg Heft 6: Aus der Geschichte der Pfarrei Sarresdorf – Gerolstein, Gerolstein 1980, S. 11

[105] Böffgen, Karl-Heinz 2014, S. 31–32

[106] Vgl. Kettel, Adolf: Hexen in der Grafschaft Gerolstein. Der Prozeß gegen den Amtmann Heinrich von Mühlheim, in: Gerolstein 1986, S. 100–105 und Schöning, Erwin: Vom Hexenwahn geplagt. Rückblick in eine Zeit geistiger Verirrung, in: Heimatjahrbuch Vulkaneifel 1982, vgl. Vom Hexenwahn geplagt (heimatjahrbuch-vulkaneifel.de) [03.12.2023]

[107] Groben 2018, S. 154

[108] Internetpräsentation der Stadt Gerolstein, vgl. Kirchen und Heilige: Stadt Gerolstein – Offiziell [05.02.2022]

[109] Vgl. Horsch 1982, S. 15–16. Diese Zitate seien »Auszüge aus einem Brief der Grafen Ferdinand-Ludwig und Domherr Wilhelm-Ernst, Grafen zu Manderscheid, Blankenheim, Gerolstein, vom 20. August 1670«. Hier verweist Peter Horsch auf die »Schrift ‚Die Büschkapelle bei Gerolstein' von Rektor [Martin] Krock«.

[110] Eiflia illustrata 1825, S. 821

[111] Wackenroder 1928, S. 82–83: »Büschkapelle. Aus Anlaß der Errettung aus der Hand von Wegelagerern ließ Wilhelm Ernst, Graf von Manderscheid-Gerolstein, Domherr zu Köln und Straßburg, i.J. 1681 an altem Hohlwege im dichten Wald sw. von Gerolstein, unterhalb der Dietzenley, eine Kapelle, die sog. Büschkapelle errichten.« Als Quellenhinweise werden hier Schannat/Bärsch und De Lorenzi genannt). An deren Stelle sei im Jahre 1904 »ein aufwendiger Neubau getreten«.

[112] Böffgen, P. Josef: Um Munterley und Löwenburg Heft 7: Wegekreuze und Bildstöcke, Gerolstein 1981, S. 30, vgl. Rieder 2023, S. 237–239

[113] Vgl. Anm. 108

[114] Die Rheinlande von der Schweizer bis zur Holländischen Grenze: Handbuch für Reisende von K. Baedecker, Leipzig 1890, S. 315

[115] Mirbach, Ernst Freiherr von: Die Geschichte des Geschlechtes Mirbach. Der Familie gewidmet. Teil 1–2, Potsdam (Vereinsdruckerei) 1903–1910, S. 308

[116] Böffgen, Karl-Heinz 2014, S. 72f.

[117] Gerolstein 1953, S. 42

[118] Ebenda

[119] Doering-Manteuffel 1995, S. 123–130

[120] Ebenda, S. 85

[121] Meyers Konversations-Lexikon. Dritte Auflage. Siebenter Band, Leipzig 1876, S. 681

[122] Official Catalogue. Saturday, July 16th, to Saturday, August 13th, South Kensington by International Medical and Sanitary Exhibition, London 1881, S. 30

[123] The Times 11.6.1891, S. 3

[124] A. R.: Gerolstein in der Eifel, in: Sonntagsbote (Milwaukee), 21. April 1912, o. S.

[125] Schwind 1984, S. 304

[126] Macquoid 1995, S. 28

[127] Ebenda, S. 30

[128] Zit. nach Lang/Kramp 2017, S. 224

[129] Zit. in der Übersetzung aus Macquoid 1995, S. 16; für das Original siehe in Charles Kingsley: His Letters and Memories of His Life. Edited by his wife. One-Volume Edition, London 1908, S. 118

[130] Arndt 1844, S. 219

[131] Vgl. die website der Semper Oper Dresden https://www.semperoper.de/spielplan/stuecke/stid/grossherzogin/61453.html [03.12.2023]

[132] Stevenson, Robert Louis Balfour: Prinz Otto. Eine Romanze. Deutsche Erstausgabe München 2013 (Orig. London 1885)

[133] Freimuth 1890, S. 131–133

[134] Gerolstein 1905

[135] Eifelschreiber (Stefan Lieser – Herausgeber und Redakteur): Der Eiffelturm und die Eifel, vgl. Der Eiffelturm und die Eifel (eifelschreiber.com) [03.12.2023]

[136] Bärsch, Georg: Beschreibung des Regierungs-Bezirks Trier. Nach amtlichen Quellen bearbeitet und im Auftrage der Königl. Preuß. Regierung herausgegeben von Georg Bärsch. Erster Theil, Trier 1849, S. 4; für denselben Satz siehe in: Erwerbs- und Verkehrs-Statistik des Königstaats Preußen. In vergleichender Darstellung vom Frhr. Friedr. Wilh. von Reden, Zweite Abtheilung. Darmstadt, 1853, S. 1492

[137] Vgl. ebenda (Erwerbs- und Verkehrs-Statistik des Königstaats Preußen)

[138] Macquoid 1995, S. 133–134

[139] Ebenda, S. 136

[140] Groben 2018, S. 217

[141] Macquoid 1995, S. 135

[142] Ebenda, S. 124

[143] Näheres zur Geschichte der Mausefallen in Neroth sowie Gerolstein vgl. Doering-Manteuffel 1995, S. 186–192

[144] 60 Jahre Eifelverein 1948, S. 12; zur Geschichte des Eifelvereins vgl.: Doering-Manteuffel 1995, S. 194–196

[145] Macquoid 1995, S. 100

[146] Udo Hombach: Liegt der Ölberg in der Eifel? Die Erlöserkirche Gerolstein und die Jerusalemer Himmelfahrtkirche, in: Die Eifel. Zeitschrift des Eifelvereins (Düren) 5/2010, S. 18–22, hier S. 22 und 20

[147] Vgl. Wagner, Herbert: Mirbach in der Eifel. Rheinische Kunststätten Band 246, 2. Auflage 1991 sowie Ders.: Künstliche Burgruine. Mirbach, Gemeinde Wiesbaum, vgl.: Datenbank der Kulturgüter in der Region Trier (kulturdb.de) [03.12.2023]; vgl. auch Losse, Michael: Die »Burg Mirbach«. Ein vergessenes Bauwerk der späten »Burgen-Romantik« im Kontext seiner Entstehung, in: Heimatjahrbuch Vulkaneifel 2021 vgl. Losse, Burg Mirbach (heimatjahrbuch-vulkaneifel.de) [03.12.2023]

[148] Krüger 2013, S. 6

[149] Mirbach, Ernst Freiherr von: Die Geschichte des Geschlechtes Mirbach. Der Familie gewidmet. Teil 1–2, Potsdam (Vereinsdruckerei) 1903–1910, S. 308

[150] Vgl. Stüber, Hans-Martin: Die Erlöserkirche zu Gerolstein, in: Führer durch Gerolstein 1993, S. 149–152, hier S. 149

[151] Mirbach, Ernst Freiherr von siehe Anm. 149

[152] Pippke/Leinberger 1999 , S. 230

[153] Künstliche Burgruine. Mirbach, Gemeinde Wiesbaum, vgl.: Datenbank der Kulturgüter in der Region Trier (kulturdb.de) [03.12.2023] in Anlehnung an Walter Pippke/Ida Leinberger siehe Anm. 152

[154] Stüber, Hans-Martin: Die Erlöserkirche zu Gerolstein, in: Führer durch Gerolstein 1993, S. 149–152, hier S. 152. Der Verfasser (*1933 in Koblenz) wirkte in den Jahren 1980–1995 als der vierte Pfarrer der evangelischen Kirchengemeinde Gerolstein/Jünkerath in Gerolstein.

[155] Köhler 1963, S. 19

[156] Böffgen, Karl-Heinz 2014, S. 90

[157] Geschichte in Zahlen, vgl. Kernstadt: Stadt Gerolstein – Offiziell [28.6.2023]

[158] Sastges, Nico: Vor 30 Jahren: Ende der Kriegsschrecken in der Vulkaneifel, in: Heimatjahrbuch Vulkaneifel 1975, vgl. Vor 30 Jahren (heimatjahrbuch-vulkaneifel.de) [03.12.2023]

[159] Ewertz, Walter: Vor 75 Jahren: Kriegsende in der Westeifel. Bitteres Ende und bitterer Beginn, in: Der Prümer Landbote. Zeitschrift des Geschichtsvereins Prümer Land Nr. 147, 39. Jahrgang, Heft 4/2020, S. 58–81, hier S.79

[160] Für eine ausführliche Dokumentation zum Thema »Eifelschreck« vgl. Gückelhorn/Paul 2004/2007

[161] Eine detaillierte Dokumentation zu den Anschlägen des »Eifelschrecks« in London findet sich im Internet, vgl. FlyingBombsandRockets V1 Flying Bomb Lewisham Market [03.12.2023]

[162] Hermann Meyer (Hillesheim): Der Kampf wurde immer erbitterter, vgl. Zeitzeugenberichte Zeitzeugen-Archiv persönliche Geschichten HM9 (trianomedien.de) [03.12.2023]

[163] Deiß, Albert (Hohenroda-Ausbach): Westeinsatz Ende 1944 als Fronthelfer zur Reaktivierung des Westwalls, in: Mein Heimatland. Zeitschrift für Geschichte, Volks- und Heimatkunde 59/2020, Nr.3, S. 10–11

[164] Dokumentation Westwall 1994, S. 14

[165] Kreisverwaltung Daun (Hrsg.): Kriegsgeschehen und Wiederaufbau im Eifelkreis Daun 1939–1955, Daun 1956, S. 9, hier zit. nach Merkelbach 2021, S. 69

[166] Böffgen, Karl-Heinz 2014, S. 87–89

[167] Ebenda, S. 90

[168] Kriegserinnerungen von Gertrud Becker, aufgeschrieben von Wilma Herzog 2013, vgl.: Datenbank der Kulturgüter in der Region Trier (kulturdb.de) [03.12.2023]

[169] Böffgen, P. Josef: Kriegsende 1945 in Gerolstein I. Teil, Heft 3, Gerolstein 1980, S. 14

[170] Kriegserinnerungen von Gertrud Becker siehe Anm. 168

[171] Weber, Heinz: Luftangriffe auf Gerolstein. Hintergründe der Zerstörungen im Winter 1944/45. In: Heimatjahrbuch Landkreis Vulkaneifel 1986, S. 202–207, hier zit. nach Merkelbach 2021, S. 181

[172] Gedenkstein für das Stollenunglück von 1945. Gerolstein, Stadt Gerolstein Kasselburger Weg 19, vgl.: Datenbank der Kulturgüter in der Region Trier (kulturdb.de) [03.12.2023]

[173] Böffgen, P. Josef: vgl. Anm. 169

[174] Nowatschin, Alois: Die Bombardierung Gerolsteins 1944/45 aus der Sicht von Freund und Feind, in: Gerolstein 1986, S. 154–158, hier S. 155f.

[175] Aschemann, Maria (Gerolstein): Brief an Albert Hens. Das Leben hat sich im Großen und Ganzen wieder normalisiert, in: Heimatjahrbuch Vulkaneifel 2014, vgl. Brief an Albert Hens (heimatjahrbuch-vulkaneifel.de) [03.12.2023]

[176] Dr. Luy in Böffgen, P. Josef: vgl. Anm. 169, S. 31

[177] Henrich 2004/05, S. 134

[178] Oberstleutnant Lars T. Decker, Kommandeur ItBtl 281 am 1. Dezember 2019, vgl. Rede Totensonntag von Oberstleutnant Lars T. Decker, Kommandeur ItBtl 281: Stadt Gerolstein – Offiziell [08.08.2022]

Bildnachweise

Ohne die Unterstützung vieler Partner wäre die Veröffentlichung der Abbildungen in diesem Buch nicht möglich gewesen. Unser besonderer Dank für die freundlichen Veröffentlichungsgenehmigungen sowie Beschaffung der Druckvorlagen richtet sich an die folgenden Personen und Institutionen:

Björn Pollmeyer Abb. 1, 2 (auf Grundlage einer Landkarte von Gerhard Mercator aus dem 16. Jh., gemeinfrei)
Naturkundemuseum Gerolstein (insbesondere Jens Koppka) für die Abb. 3, 4, 5, 6, 7, 8, 41
Landesbibliothekszentrum Rheinland-Pfalz, Fachbereichsleitung Wissenschaftliche Bibliotheken (insbesondere Christoph Mayr) für die Abb. 9
Evangelische Kirchengemeinde Gerolstein-Jünkerath für die Abb. 10a, 10b, 15, 17, 22, 57a, 59
Rheinisches Landesmuseum Trier (insbesondere Thomas Zühmer) für die Abb. 11a, 11b, 13, 16
Wikimedia Commons für die Abb. 12, 18 (Berthold Werner: »Trier Konstantinbasilika von NNW«), 20 (Carole Raddato: »Constantine the Great«), 21 (Novarte: »Reichsteilung 395«), 23, 24 (Axel Brocke: »St-Denis Pippin-Berthe«), 27, 28a (Beckstet: »Karlsbüste«), 28b, 29 (Furfur: »Dreiteilung 843«), 30 (IngAd: »Alt Sarresdorfer Pfarrhaus«), 32d, 36, 40, 47, 48 (Berthold Werner: »Trier Karl Marx Statue«), 51, 55, 56, 57b (Tamarah: »The Lutheran Ascension Church« Ausschnitt von evahahn), 63 (Spudgun67: »The first flying bomb«)
Herr PD Dr. phil. Tobias Weger in München für die Abb. 19
Wissenschaftliche Bibliothek der Stadt Trier/Stadtarchiv (insbesondere Anja Runkel) für die Abb. 26
Stadtarchiv Gerolstein (insbesondere Hans-Josef Hunz) für die Abb. 31, 42, 46, 50, 62 (mit Dank auch an Frau Gabi Christen), 64

Stadt Gerolstein für die Abb. 32b

Stadt Blankenheim für die Abb. 32c

Herr Günther Becker in Gerolstein für die Abb. 35

Národní muzeum Praha (Nationalmuseum Prag) für die Abb. 37 [Das Titelblatt des Manuskripts Codex probationum Eifliae Illustratae, Teil I. Archiv des Nationalmuseums, Šternberk-Manderscheid, kart. 128] und für die Abb. 38 Národní muzeum Praha [Graf Franz Josef von Sternberg-Manderscheid. Maler: Josef Lavos, Wien, ca. 1836–1839, nach einer Radierung Ferdinand von Lütgendorffs aus dem Jahr 1820, Ölgemälde, 76,5 × 62,5 cm, Nationalmuseum, Prag, Abteilung für ältere böhmische Geschichte, Inv.-Nr. H2-11813 [Kat.-Nr. 201], fotografiert von Radovan Boček]

Frau Edith Lange-Löckenhoff in Bergkamen für die Abb. 45

Antiquariat Peter Fritzen in Speicher (Eifel) für die Abb. 49

Rhein-Mosel-Verlag in Zell/Mosel (insbesondere Arne Houben) für die Abb. 52

Frau Elisabeth Riedel in Gerolstein für die Abb. 58, 65

Frau Eva Hamer in El Salvador für die Abb. 61

Eliška Hartmann steuerte die Photographien zu Abb. 4, 5, 6, 8, 10a, 10b, 14a, 14b, 15, 17, 22a, 22b, 25, 32a, 33, 34, 39, 41, 43, 44, 57a, 59 bei. Die Vorlagen für die Abb. 45, 53, 54, 60 stammen aus dem Privatarchiv der Autorinnen.